比較民事司法研究

大村 雅彦 著

日本比較法研究所
研究叢書
89

中央大学出版部

装幀　道吉　剛

　　　　　　　　はしがき

　本書は，私がこれまでに著してきた論文のうち，比較手続法・比較司法制度論的な性格の強いものをおさめたものである。個人論文集をまとめるというのは，脱皮したヘビが自分の抜け殻を拾い集めるようなもので，生産的な仕事ではない。しかし，自分の還暦が見え始めたこともあり，研究生活の区切りとしてそろそろやっておかなければ，いつまで経ってもできないだろうと考えて，意を決した次第である。昔と違って法改正の盛んな時代となり，情報がすでに古くなっている部分も多いのであるが，それらも時代の断面図としての意味がないわけではない，と割り切ることにした。

　本書の構成は，情報および証拠の収集，集合訴訟，司法制度改革，訴訟主体論という自分のこれまでの研究関心をおのずから反映する体裁になっている。第1章から第4章の内容については，章ごとに前注のような解題を付することにしたので，そちらを参照していただければ幸いである。末尾に付篇の一つとして，法科大学院制度に関する韓国での講演を（まったく学術的なものではないにもかかわらず）掲載することにしたのは，中央大学法科大学院の創設に携わった自分なりの思いのゆえである。

　中央大学に助手として採用されてから，より正確にはその前の修士課程の2年間も含めて，長らく小島武司先生にご指導いただき，今日に至った。民事訴訟法学会で学者の端くれとして認めていただけているとすれば，それはひとえに小島先生のおかげである。この場を借りて，これまでの学恩に心から感謝申し上げる。

　また，長期入院するような大病を経験せずに研究を続けてこられたのは，丈夫に生み育ててくれた両親と，日常生活を支えてくれている妻のおかげである。改めて感謝したい。

振り返ればこれまで遅々とした歩みであったし，この先もどれくらい研究成果を出せるかはなはだ心許ないのが正直なところであるけれども，恩師や先輩諸氏が活躍されておられる間は，自分も頑張りたいと念じている。

　最後になったが，本書の制作にあたっては，日本比較法研究所事務室はもとより，中央大学出版部（担当髙橋和子氏）にお世話になった。深甚の謝意を表する次第である。

2013 年(巳年) 1 月

大　村　雅　彦

目　　次

　　はしがき

第1章　情報および証拠の収集

1　アメリカ民事訴訟における事件情報の早期開示の動向……*3*
　Ⅰ　はじめに　*3*
　Ⅱ　ディスクロージャー制度の提唱　*5*
　Ⅲ　ディスクロージャー普及の動き　*13*
　Ⅳ　連邦民事訴訟規則改正案の概要　*16*
　Ⅴ　ディスクロージャー導入論に対する批判　*21*
　Ⅵ　結　　び　*26*

2　アメリカ民事訴訟における開示手続の改革……………*28*
　Ⅰ　序　*28*
　Ⅱ　連邦規則のディスクロージャーの概要　*28*
　Ⅲ　情報収集制度についての若干の検討　*32*

3　民事訴訟におけるディスクロージャーについて……………*34*
　　――連邦民事訴訟規則における開示合理化の改革――
　Ⅰ　本稿の目的　*34*
　Ⅱ　連邦規則におけるディスクロージャー制度の概要　*36*
　Ⅲ　ディスクロージャーの実施状況　*52*
　Ⅳ　ディスクロージャーの導入を中心とする規則改正の検討　*55*
　Ⅴ　ディスクロージャーの観点からみたわが国の
　　民事訴訟法改正　*59*

4 新民事訴訟法とアメリカ法 …………………………………… 63
 　　　――争点整理・証拠収集の比較を中心として――
 　　Ⅰ　検討の視角　63
 　　Ⅱ　集中審理（集中証拠調べ）を要請するもの　64
 　　Ⅲ　争点整理手続　66
 　　Ⅳ　情報および証拠の収集手段　70
 　　Ⅴ　お わ り に　78

第2章　集合訴訟制度

 1 消費者集合訴訟モデルの予備的検討 ……………………………… 81
 　　Ⅰ　本稿の目的　81
 　　Ⅱ　手続構成の視点　83
 　　　――オプトイン型・オプトアウト型と二段階型
 　　Ⅲ　消費者庁報告書におけるモデル案　86
 　　Ⅳ　ま　と　め　102

 2 カナダのクラスアクションの基本構造 ……………………………… 108
 　　Ⅰ　研究の意義　108
 　　Ⅱ　クラスアクション制度の目的　110
 　　Ⅲ　クラスアクション制度の概要　112
 　　Ⅳ　結　　　び　121

第3章　アメリカ民事司法改革の潮流

 1 アメリカ民事司法の現況と改革の動向 …………………………… 125
 　　　――民事司法改革法（1990年）を中心として――
 　　Ⅰ　序　　　論　125
 　　Ⅱ　民事司法改革法の成立過程　140
 　　Ⅲ　民事司法改革法の内容　155

Ⅳ　民事司法改革法の位置づけと展望　*172*

2　アメリカ民事司法改革の最近の動向…………………………………*180*
　Ⅰ　はじめに　*180*
　Ⅱ　民事司法改革法の制定　*181*
　Ⅲ　ADRの普及　*182*
　Ⅳ　ディスクロージャー制度の導入　*183*

第4章　比較民事手続各論

1　公平な裁判所………………………………………………………………*187*
　　　――忌避権の保障をめぐって――
　Ⅰ　はじめに　*187*
　Ⅱ　忌避制度検討の視角　*189*
　Ⅲ　除斥と忌避の相対的把握　*193*
　Ⅳ　忌避事由開示義務と回避義務　*198*

2　当事者変更に関する基礎的研究………………………………………*210*
　　　――アメリカ民事訴訟の場合――
　Ⅰ　本稿の目的　*210*
　Ⅱ　適格当事者原則　*211*
　Ⅲ　当事者とすべき者を誤った場合の当事者変更　*227*
　Ⅳ　まとめ　*270*

付　篇
　1　A Comparative Analysis of Trial Preparation :
　　　Some Aspects of the New Japanese Code of Civil Procedure……………*275*
　2　The Trend of Japan's Legal Education System :
　　　In Pursuit of the Ideal in the Future……………………………………*290*

索　　引………………………………………………………………………*306*

初 出 一 覧

第 1 章
1 「アメリカ民訴における事件情報の早期開示の動向」木川統一郎博士古稀祝賀論集『民事裁判の充実と促進 下巻』（判例タイムズ社，1994 年）
2 「アメリカ民訴における開示手続の改革」民事訴訟雑誌 41 号（法律文化社，1995 年）
3 「民事訴訟におけるディスクロージャーについて—連邦民事訴訟規則における開示合理化の改革」比較法雑誌 29 巻 1 号（日本比較法研究所，1995 年）
4 「新民事訴訟法とアメリカ法—争点整理・証拠収集の比較を中心として」自由と正義 48 巻 12 号（日本弁護士連合会，1997 年）

第 2 章
1 「集合的権利保護訴訟モデルの予備的検討」民事訴訟雑誌 57 号（改題　法律文化社，2011 年）
2 「カナダのクラスアクションの基本構造」（書き下ろし　2012 年）

第 3 章
1 「米国における民事司法の現況と改革の動向—民事裁判改革法（1990 年）を中心として」国際商事法務 21 巻 5 号，6 号，7 号（改題　国際商事法研究所，1993 年）
2 「米民事司法改革の最近の動向」民事法情報 88 号（民事法情報センター，1994 年）

第 4 章
1 「公平な裁判所—忌避権の保障をめぐって」日本比較法研究所 40 周年記念『Conflict and Integration : Comparative Law in the World Today』（日本比較法研究所，1989 年）
2 「当事者変更に関する基礎的研究—アメリカ民訴の場合」法学新報 89 巻 9・10 号（中央大学，1983 年）

付　篇

1　"A Comparative Analysis of Trial Preparation : Some Aspects of the New Japanese Code of Civil Procedure" 日本比較法研究所 50 周年記念『Toward Comparative Law in the 21st Century』（日本比較法研究所，1998 年）

2　"The Trend of Japan's Legal Education System : In Pursuit of the Ideal in the Future" Yonsei Law Journal, Volume 1（Yonsei University, 2010）

第 1 章

情報および証拠の収集

［第 1 章解題］

　本章の 4 つの論稿は，現行民事訴訟法が制定された平成 8 年（1996 年）の前後に相次いで執筆したものである。民事訴訟法改正作業が動き出した頃，筆者は我が法の足らざる点とみてかねて関心を抱いていた「情報および証拠の収集」という観点からの執筆を思い立った。最初の 3 編の論稿では，情報および証拠の収集に関するアメリカ法の歴史と 1990 年代初めの動向を探ったものである。その当時，アメリカではディスカヴァリ制度の部分的手直しとは別に，新たなディスクロージャー制度の導入が注目を集めていた。本章の各論稿では，それが主要なテーマになっている（3 番目の論稿は，法制審議会の民事訴訟法部会における作業において参照資料の末端に加えていただいたと仄聞している）。平成 8 年の改正後まもなく執筆した 4 つめの論稿では，情報および証拠の収集を中心としてアメリカ法と日本法の若干の比較考察を試みた。
　なお，ディスクロ―ジャーに関するその後の改正等については，笠井正俊「アメリカの民事訴訟における 2000 年のディスカバリ制度改正をめぐって」新堂幸司先生古稀祝賀『民事訴訟法理の新たな構築 下巻』1 頁（有斐閣，2001 年），リチャード・マーカス（三木浩一訳）「アメリカにおけるディスカヴァリの過去，現在，未来」大村＝三木編『アメリカ民事訴訟法の理論』41 頁（商事法務，2006 年）を参照されたい。
　我が国の平成 8 年改正は，当事者照会制度の新設，文書提出義務の大幅拡大などを実現したが，まず提訴してから本格的に情報・証拠を収集できる仕組みのアメリカと異なり，提訴前に慎重吟味せざるを得ない日本の実情に合わせて，平成 15 年（2003 年）に，さらに，提訴前の証拠収集処分等が導入された。それ以前に執筆した本章の諸論稿では，平成 15 年改正については触れるところがない。
　特に前 3 編の論稿では，平成 8 年改正前の時制で論述されていることに伴う紛らわしさがあるかも知れないが，ご留意とご海容をお願いする次第である。

1 アメリカ民事訴訟における事件情報の早期開示の動向

I　はじめに

　1980年代後半から，民事訴訟制度改革の新たな機運の高まりの中で，審理の充実と促進をめざす種々の方策案や提案が発表され，実施に移されてきた。そのような動向の一環として，いわゆるさみだれ審理あるいは漂流審理への反省に基づく，新たな集中審理の試みとその成果が裁判官によって相次いで報告されている[1]。「集中証拠調べを成功させるためには，争点整理が確実に行われていることが前提であり，……的確な争点整理のためには，必要な情報がもたらされることが前提である」[2]。諸々の間接事実や基本的書証などの情報を裁判所と両当事者が早期に共有できるようにするために，弁論兼和解方式や釈明権・釈明処分が活用されてきた。既存の制度の枠内で可能な集中審理の姿を追求する実務の試みは歓迎しつつ注目していきたいが，他方で，アメリカのディスカヴァリのような情報収集制度がないと集中審理の普及は無理であるという考え方もある[3]。

---

1)　田村洋三「民事集中審理について―その実務的経験から（上）（下）」判例時報1383号3頁，1384号13頁，井垣敏生「民事集中審理について―体験的レポート」判例タイムズ798号6頁。なお，集中審理に関する文献は多いので，両判事の詳細な文献目録に譲ることにし，ここでは割愛させていただく。

2)　井垣・前掲（注1）20頁。

3)　西野喜一「民事集中審理の問題点」判例時報1341号3頁。なお，小林秀之『民

プリトライアル段階で準備をしてトライアルで集中審理をするアメリカでは，半世紀以上以前にディスカヴァリが導入されてから，その果たす役割の重要性は一般に承認されつつも，70年代以降は，ディスカヴァリの肥大化，過剰，濫用が批判されるようになった[4]。濫用がどの程度一般的な現象であるのかについては，実態調査によっても必ずしも明確ではないが[5]，連邦民事訴訟規則は濫用的なディスカヴァリを抑制するために数次にわたる改正を経てきた。しかし，その改革が成功しているという評価はまだない。そのような状況の中で，ここ数年来，アメリカのプリトライアル手続の改革論議において論争の的になっている問題の一つに，ディスクロージャー（disclosure）制度の導入がある。これは自動的ディスクロージャーあるいは強制的ディスクロージャーとも呼ばれるが，最近は単にディスクロージャーと呼ばれることも多くなってきた[6]。これらの呼び方が示すとおり，ディスカヴァリとの違いは，一方当事者の要求によって初めてその要求された事項について開示する義務が他方に生ずるのではなく，両当事者が，相手方の要求を待たずに，一定の事項については当然に開示する義務を負うとするところにある。ディスクロージャーとディスカヴァリをどのように組み合わせるかについては，後にみるようにいろいろな考え方がある。

事裁判の審理』230頁（有斐閣，1987年）。

[4] 本稿はディスカヴァリ自体を中心に扱うものではないので，ディスカヴァリの理念・機能・問題点等については，先達の諸業績を参照されたい。例えば，高橋宏志「米国ディスカバリー法序説」『法学協会百周年論集第3巻』527頁（有斐閣，1983年），霜島甲一「アメリカ合衆国の開示手続―わが国の研究の現状・意義・方法」法学志林79巻4号1頁，小林秀之『アメリカ民事訴訟法』166頁，181頁以下（弘文堂，1985年），伊藤眞「開示手続の理念と意義（下）―民事訴訟法改正への導入をめぐって」判例タイムズ787号11頁，等がある。

[5] ディスカヴァリの実態に関するいくつかの調査については，高橋・前掲（注4）555頁以下，小林・前掲（注4）167頁，191頁等参照。

[6] ディスカヴァリを開示と訳すとディスクロージャーとの区別がつかなくなるので，いずれもカタカナで表記することにする。開示という訳語の由来については，霜島・前掲（注4）10頁参照。

1993年12月1日に効力を生ずる予定の連邦民事訴訟規則（以下，連邦規則という）改正案では，その26条・37条でディスクロージャー制度の導入が予定されている。（本稿執筆当時では，議会が改正案のこの部分を通過させるかどうかは予測しがたい。後述。）本稿は，このディスクロージャー制度の生成と機能を概観しようとするものである。ディスクロージャーについては伊藤眞教授の労作の中ですでに取り上げられているが[7]，本稿はそこでの紹介をさらに敷衍するとともに，近時の動向をできるだけ広く観察し，日本の民事訴訟における裁判所と両当事者間の事件情報の早期取得の参考に供したい。立法論としてだけでなく，論議の過程での考え方にも，訴訟構造の違いを超えて，汲むべきものがあるように思われる。

II ディスクロージャー制度の提唱

1993年改正案の連邦民事訴訟規則諮問委員会注釈によれば，ディスクロージャー制度の基本的なコンセプトは，ウェイン・ブラジル判事（長年，マジストレイト・ジャッジを勤め，2009年から教授）およびウィリアム・シュウォーザー判事の論稿[8]によって提唱されたもので，連邦規則改正案はこれらを基に起草

---

7) 伊藤・前掲（注4）17頁以下。伊藤教授のこの論文は，立法論として日本型開示手続のあり方を探るものである。なお，木川統一郎博士も，かつて「限定された低廉な仕組み」でディスカヴァリ制度を導入する価値を示唆されたことがある。木川統一郎『訴訟促進政策の新展開』228頁，290頁（日本評論社，1987年）。但し，同「ラウンドテーブル方式の主張整理」三ケ月先生古稀『民事手続法学の革新中巻』305頁（有斐閣，1991年）では結局消極的か。

8) Wayne D. Brazil, The Adversary Character of Civil Discovery: A Critique and Proposals for Change, 31 Vanderbilt L. Rev. 1295 (1978); William W. Schwarzer, The Federal Rules, the Adversary Process, and Discovery Reform, 50 Univ. of Pittsburgh L. Rev. 703 (1989) ［以下，Schwarzer, Discovery Reform として引用］後者をさらに敷衍した論文として，Schwarzer, Slaying the Monsters of Cost and Delay: Would Disclosure be more Effective than Discovery?, 74 Judicature 178 (1991) ［以下，Schwarzer, Slaying the Monsters として引用］がある。なお，ブラ

されたものであるとともに，若干の地方裁判所のローカル規則で施行されてきたディスクロージャー制度の経験にも基づいているという[9]。そこで，まず，ブラジル判事およびシュウォーザー判事の論文によって，ディスクロージャー制度の基本的な考え方をみることにしよう。

1．ブラジル論文

(1) 論旨の要点

従来は真実発見があまりに軽視されすぎてきたとして，アドヴァサリ的思考の修正，真実発見の重視，関連情報等の提出を義務づける弁護士倫理典範の改正を提言したマーヴィン・フランクル判事[10]と共通の問題関心を，ブラジル判事も懐き，この提言の方向をさらに発展させようとする[11]。ブラジル判事は，ヒックマン判決や学説を引用しつつ，ディスカヴァリ制度の主要な目的は，真実の発見とそれに従った紛争の適正な解決（多くの事件は和解で終結するが，その場合は適正な和解〔just settlements〕）を促進することにあり，そのために採用された手段ないし方法が，すべての関連性のある事実や証拠を当事者に相互に開示させることであったとする[12]。しかし，この方法は所期の目的の達成のため

　　ジル判事は連邦民訴規則諮問委員会のメンバーであり，シュウォーザー判事は連邦司法センター所長で，いずれも連邦の民事訴訟制度改革において指導的立場にあるといってよい。
 9) Preliminary Draft of Proposed Amendments to the Federal Rules of Civil Procedure and the Federal Rules of Evidence (August, 1991), 137 F. R. D. 53, 99. なお，その後の手直しを経て最高裁判所が最終的に承認して議会に送付した規則改正案の全文は 61 U.S.L.W. 4365 に掲載されている。
10) Frankel, The Search for Truth : An Umpireal View, 123 Univ. of Pennsylvania L. Rev.1031, 1038, 1052 (1975). フランクル判事のこの講演や後の著書 Partisan Justice (1980) については，高橋・前掲（注4）553頁以下，小林・前掲（注4）109頁以下参照。
11) Brazil, supra note 8, at 1296.
12) Id. at 1298-1303, 1361. なお，ディスカヴァリに期待された種々の効用について，高橋・前掲（注4）552頁参照。

に十全に機能しなかった。その最大の原因は，伝統的なアドヴァサリ的圧力がプリトライアル段階をも支配してきたからである。すなわち，弁護士がその訴訟活動を律する基準は，いかにすれば依頼者を勝訴させることができるかという観点であり，さらにそこに，より多くの収入を得ることや弁護過誤責任を追及されないようにという考慮が加わる[13]。そうすると，自分の側に不利な情報をなるべく開示せずにすむように，逆に，自分の側に有利な情報は相手方からなるべく多く開示させるように，また場合によっては相手方を幻惑させたり困惑させたりするために，さまざまな策を講ずることになる[14]。その結果，ディスカヴァリ制度が本来予定していた相手方や裁判所への情報の流れが制限され，ゆがめられることになる。アドヴァサリ・システムの陥りがちであった欠陥，すなわち裁判スポーツ観ないしゲーム観を克服する有望な特効薬としてディスカヴァリ制度が導入されたはずであったのに，その同じ欠陥がディスカヴァリ制度にも侵入してしまった。

　また，規則制定者はディスカヴァリ制度の抱える問題に対処するために裁判官によるコントロールを加味していく試みの一環として，ディスカヴァリ・カンファレンス（協議）を提案し，当事者の申立てがあればこのカンファレンスを開いて，争点を整理したり，ディスカヴァリの計画や予定を立てたり，なしうるディスカヴァリを制限したりするものとしたが，ブラジル判事は，アドヴァサリ的なベースの上にこれを導入しても，結局実効性がないと批判する。すなわち，裁判官によるコントロールが効果的になされるためには，事件に関する十分な知識が必要であるが，現在のルールの下では，依頼者に忠誠を尽くすべき弁護士に提出が期待できるのはせいぜい自己の側に有利な情報に限られるから，早期のディスカヴァリ・カンファレンスの時点で裁判官が十分な知識を獲得することはほとんど不可能である，と[15]。

---

　13)　Id. at 1311.
　14)　Id. at 1315-1331 は，そのような策を事細かに描き出している。なお，高橋・前掲（注4）548頁にその要約がある。
　15)　Id. at 1344-1347.

そこで，ブラジル判事の提唱する改革は，プリトライアル段階でのアドヴァサリ的要素の払拭（アドヴァサリ・システムはトライアル以降で維持する）と，これに対応する裁判官の介入の強化という方向をとる。提言のポイントを略記すれば次のようになろう。すなわち，弁護士倫理典範および民事訴訟規則の改正を通じて，ディスカヴァリ段階（および事前調査段階）においては，依頼者に忠誠を尽くす義務よりも裁判所のオフィサーとしての義務が優先することを明確に定め，そのような立場から勤勉に調査して得た資料を（事件の公正な解決に役立つものである限り）相手方および裁判所と共有するためにその自発的な提出（ディスクロージャー）を両当事者に義務づける。早期の情報共有を確保する場として，プリーディングののち速やかに必要的な第１回ディスカヴァリ・カンファレンスを開くが，当事者は，見込まれる証人や関連性のありそうな文書のリストおよびそれらの証拠から得られるであろう情報の内容説明書を，事前に提出しておくことを義務づけられる。ディスクロージャーを実効あらしめる手当として，ディスクロージャーのたびごとの宣誓および不誠実宣誓に対する制裁，知っていたまたは知るべきであった証拠でディスクローズしなかったもののトライアルにおける使用禁止，などが必要である。また，ディスクロージャーを意味あるものにするために，事実情報に関する秘匿特権やワーク・プロダクトの縮小が示唆される[16]。ディスカヴァリ・カンファレンスで得られた情報に基づいて，裁判所はさらに調査命令を出し，証人等の宣誓陳述書の提出を命じ，それ以上に正規のデポジッションが必要であるか否かは，申立てにより裁判所が判断する。第２回以降のカンファレンスでは，調査命令やディスカヴァリ命令がきちんと遵守されたか，制裁の必要性，さらなる調査の必要性などを吟味するとともに，争点をさらに煮詰め，却下の申立てやサマリ・ジャッジメントの申立てを判断し，あるいは和解の勧試を行う。事件が続行される場合，

---

16) ワーク・プロダクト保護の法理の射程は弁護士の法律調査，法律構成および訴訟追行戦略に制限され，証人との面談調査の結果などはその中に含まれず，弁護士＝依頼者間特権も事実情報をディスクロージャーから免れさせることのないように制限されるべきであろうという。Id. at 1351.

正式のディスカヴァリを命ずることはなるべく少なくする。なお，一定額以上の係争利益を有する事件では，和解の成立には裁判所の認可を必要とする[17]。

(2) 論旨の評価

弁護士のワーク・プロダクトをディスカヴァリから相対的に保護したヒックマン判決は，弁護士の事前調査にインセンティヴを与えることにより，プリトライアル段階においてもアドヴァサリ・プロセスの機能を維持する方向をとった[18]。従来の民訴規則の立場もそうであろう。1980 年・83 年の改正によってディスカヴァリの濫用を抑制するために裁判官の介入の余地を広げたものの，ディスカヴァリは基本的に弁護士の間で行われるものという基本線は現在も維持されている。これに対し，プリトライアルにおけるアドヴァサリ・システムを否定して裁判所が継続的・積極的に介入する三面的な準備制度とし，ディスクロージャー義務の導入によってディスカヴァリの機能場面を極力制限しようとするブラジル判事の提案は，それに賛成するかどうかは別として，伝統的な立場からみれば，まさにパラダイムの転換を主張するものといえよう[19]。

2．シュウォーザー論文

(1) 論旨の要点

諮問委員会注釈で引用された論文で，シュウォーザー判事は，古典的なアドヴァサリ・プロセスの観念を現実に照らして検討した上で，トライアルにおいてはアドヴァサリ・システムを（好ましいものとして）維持しつつ，プリトライアル段階においてはアドヴァサリ・システムを修正すべきであるとする。そして，具体的な改善の方法として，やはり，ディスカヴァリを大幅に制限してディスクロージャーに置き換えることを主張する。肝心なのは情報の開示（ディ

---

17) Id. at 1348-1357. なお，高橋・前掲（注 4 ）553 頁。
18) Id. at 1359. 住吉博「ヒクマン原則の成立と展開（2・完）」法学新報 73 巻 2 = 3 号 100 頁，136 頁参照。
19) もっとも，この提案はいささか観念的にすぎ，現実的迫力に欠けるという日本側の批判がある。高橋・前掲（注 4 ）549 頁。

スクロージャー）がなされることであって，規則が詳細に規定しているデポジッションや質問書等のディスカヴァリのさまざまな手段自体に本質的な価値があるわけではないという。シュウォーザー判事の提唱するディスクロージャー制度の概要は次のようなものである[20]。

　(a)　ディスクロージャー義務

　原告は，訴状を送達するときに，次の資料をも被告に送付しなければならない。すなわち，(i)自己の支配下にあるすべての文書で請求や防御に「重要な関係がある (material)」もののコピー，(ii)事件に重要な関係のある情報を有すると考えられるすべての者の氏名および住所，および，(iii)自己の支配下にある者が有する重要な情報の陳述書。被告もまた，答弁書および本案に関わりのある申立てを提出するときに，あわせてこれと同様の義務を負う。但し，被告にはこの義務を遵守するのに十分な時間が与えられる。

　両当事者のディスクロージャー義務は，訴訟の係属中は継続し，自己の知識内に入った事柄は速やかにディスクローズしなければならない。

　ディスクロージャー義務は現在，規則11条で要求されているところを越えて調査を行うことを義務づけるものではない[21]。当事者は，自己の支配下にあり，かつ文書や情報の発見が通常期待されるような場所や者について，探索を行う義務を負う。原告およびその弁護士が起訴前に行った調査によって得たものは，有利・不利を問わず，すべてディスクロージャーの対象となり，同様に，被告も，答弁書や申立てに先立って行った調査の結果得られたものはすべてディスクローズしなければならない。但し，保護措置命令は現在のそれと同

---

20)　以下の叙述は，Schwarzer, Discovery Reform, supra note 8, at 721-723 および，その後同判事がさらに詳細に自説を展開した Schwarzer, Slaying the Monsters, supra note 8, 180-183 に基づいており，個々の引用は煩瑣にわたるので原則として省略する。

21)　規則11条は，「合理的な調査の後に得られた」知識，情報および信念に照らして，訴答書面・申立書等が十分な事実上および法律上の根拠を有することを証する趣旨の署名をその提出者（弁護士または当事者）に要求し，それが間違っていた場合の制裁について規定する。

じものとして残り，不開示特権やワーク・プロダクトに関する規律は，ディスクロージャーの下でもなんら変更はない[22]。

　ディスクロージャー義務の範囲について合理的な疑いを有する当事者は，その明確化の申立てをして，特定の争点の文脈における情報の重要性について裁判所の判断を求めることができる。弁護士の事前カンファランスを必要的とすれば，これらの申立てを最小限に抑えることができる。

　(b)　ディスカヴァリの補充性

　完全なディスクロージャーをすませて，しかも，特別な必要を証明して裁判所に申立てをしなければ，ディスカヴァリは許されないものとする。ディスクロージャー制度が適切に機能すれば，ディスカヴァリの申立てはあまりないはずである。重要な文書，証人の陳述書，鑑定人の報告書などがディスクロージャーを通じてあらかじめ提出されていれば，弁護士たちは，時間と費用を最小限に抑えた能率的なディスカヴァリ計画を立案することができる。

　(c)　裁判所の関与と負担

　ディスクロージャー制度は，おのずと裁判官による事件管理の推進および実効化につながる。裁判官は，事前のディスクロージャーによる具体的な文脈の中で争点を分析・縮減し，ディスクロージャー義務の明確化の申立てを判断し，ディスカヴァリ計画の監督をするのであり，現在，規則16条の下で開かれているおざなりなスケジューリング・カンファランスは大いに改善され，事件のより早期かつ経済的な処理がもたらされるであろう。また，ディスカヴァリに関するゲームはほとんど姿を消すので，個々の事件はともかく，制度全体としてみれば，裁判所の負担は減少するであろう。

　(d)　リーガル・プロフェッションに対するインパクト

　ディスクロージャー制度は確実にディスカヴァリの量を減らし，その結果，そこから得られる弁護士の収入は減少する。しかし，それは民事訴訟の費用と

---

[22]　シュウォーザー判事は，この点において自分の考えはフランクル判事と異なるというが（Schwarzer, Discovery Reform, supra note 8, at 721, n. 58），前述のブラジル判事の提案とも異なっている。

遅延の減少のためには避けられない代償であり，そこから，民事訴訟へのアクセスの改善，裁判所および法曹に対する社会的評価の向上，およびプロフェッショナリズムの水準の向上といった重要な利益が生み出されるのである。この制度の成功は弁護士の行動にかかっているが，このことは次のような疑問を生じさせる。

第一に，ディスクロージャーは隠匿によって挫折させられないであろうかという疑問であるが，隠匿の危険は，強制的ディスクロージャーの下では，ディスカヴァリにおけるよりも決して大きくはない。ディスカヴァリでは，文書を見つかりにくくし，回答をごまかし，あるいは証言を曇らせるような機会と誘惑があるが，ディスクロージャーの場合は，技巧的な誤解やディスカヴァリ要求のいい抜けの余地はより少なくなるからである。また，サンクションとして，ディスカヴァリに関する規則37条(b)(2)にもみられるように，完全なディスクロージャーをしなかった当事者は出さなかった資料をトライアルで利用できない，あるいは出さなかったことによって影響を受ける争点について証拠を提出できないものとすればよい。

第二に，ディスクロージャー制度は弁護士が事件準備をする意欲を殺ぐのではないか，という疑問である。しかし，そのように推測する根拠はない。既存のワーク・プロダクトの保護や不開示特権は存続する。証人の陳述書，鑑定書や実験データは，現在それらが提出されなければならないのと同じ範囲でディスクローズされなければならない。ただ，時期が早くなるのと労力が少なくなるだけである。大量の情報が一方の当事者——通常は被告側——の手にある事件では，ディスクロージャーの負担は主としてその当事者にかかってくる。しかし，その当事者がディスクローズしなければならない内容は，現在と同じである。ただ，ディスカヴァリ・ゲームなしにそれをしなければならないというだけである。

(e) 調査の必要

しかし，他方，同判事は，これを連邦規則に導入した暁には，改革の常として新たな問題点を招来するかも知れないと慎重な態度をも示しており，まずは

他の法域においてすでに用いられているディスクロージャー手続の運用について，調査がなされるべきであるとする。

(2) 論旨の評価

シュウォーザー提案は，ブラジル提案と理念において共通するが，ワーク・プロダクトの法理や秘匿特権による制約をディスクロージャーにも同様にかぶせる点では，かなり緩やかといってよいであろう（その限度でアドヴァサリ的色彩は残るであろう）。しかし，逆に，ディスクロージャーの時期を，第1回のプリトライアル・カンファランスではなく，訴状や答弁書の提出時点とする点では，できるだけ早期の情報開示という方向を徹底する面がある。

III　ディスクロージャー普及の動き

ディスカヴァリの過剰や濫用に対処するために1980年代初期に行われた連邦規則の改正がなかなか実効性を発揮しないという事態を背景として，ディスクロージャーは，シュウォーザー論文の現れた80年代末からとみに注目を集めるようになった。ディスクロージャーの導入や普及の試みは，さまざまな方面からなされている。ここでは連邦規則改正案以外の動きを簡単にフォローしておこう。

1．ローカル規則

まず，連邦規則改正案の諮問委員会注釈が示唆しているように，1989年に改正準備作業が開始された当時，若干の連邦地方裁判所がすでにその地区限りのローカル規則としてディスクロージャー制度を導入していた。諮問委員会のためにディスクロージャーに関するローカル規則とその実施状況の調査をし，メモランダムとして同委員会に提出したマレニクス教授によれば[23]，それはフ

---

23) Linda Mullenix, Hope over Experience : Mandatory Informal Discovery and the Politics of Rulemaking, 69 North Carolina L. Rev. 795, 808, n. 65 (1991).

ロリダ州南部地区，カリフォルニア州中部地区およびグァム地区であった。ブラジル判事やシュウォーザー判事の提案，また，後に述べる連邦規則改正案と比べると，これらの地区のディスクロージャー規定に共通する特色は，提出時点で合理的に入手できる資料（文書や証人リスト）で，提出者の訴答書面における主張を根拠づけるためのもの——つまり提出者に有利な資料——を相互に交換することを義務づけている点である[24]。これらのローカル規則の下での運用実態については，詳細な調査報告はまだないようであるが，聞き取り調査をしたマレニクス教授によれば，実施状況や成果についての弁護士の評価は分かれているようである[25]。

2．民事司法改革法

次に，大規模な実験的試みとして，民事司法改革法[26]をあげなければならない。1990年末に成立したこの法律は，全国の連邦地方裁判所に対して「民事裁判における費用と遅延の減少計画」を1993年12月1日までに策定・実施することを義務づけ，その先導役として，合衆国司法会議の選んだ10カ所のパイロット地区に同「計画」を91年12月末までに実施するよう命じた。さらに，同期日までに「計画」を策定・実施したその他の裁判所を早期実施地方裁判所として人的・物的リソースの面で優遇することとした結果，パイロット地区を含めて34の地方裁判所が「計画」を実施し始めた。民事司法改革法は，各地方裁判所がその「計画」に取り入れることを検討すべき一定の「方針ないし指針」をいくつか指定しており，その中に，弁護士間での自発的な情報交換

---

24) Id. at 814; Griffin Bell, et al., Automatic Disclosure in Discovery—The Rush to Reform, 27 Georgia L. Rev. 1, 18 (1992). なお，実務手引き書であるManual for Complex Litigation—Second, §21.422 (West 1985) も，ローカル規則などでいくつかの裁判所が実施している自動的ディスクロージャーを推奨している。

25) Mullenix, supra note 23, at 814-819.

26) Civil Justice Reform Act of 1990. これは，Judicial Improvements Act of 1990 (PL101-650, December 1, 1990, 104 Stat 5089) のTitle I: Civil Justice Expense and Delay Reduction Plans の簡称である。

や協力的なディスカヴァリ方法を通じて費用効率のよいディスカヴァリを促進すること，という項目が含まれている。これを受けて，前記の 34 の裁判所のうち 21 の裁判所が，一定の基本的情報についてのディスクロージャーの制度を「計画」に取り入れた。これらの「計画」の成果の詳細はまだ明らかでないが，合衆国司法会議は，特にパイロット地区の 3 年間にわたる実施結果を踏まえて，1995 年 12 月末までに包括的な報告書を提出することになっている[27]。

3．大統領審議会提案

また，競争力に関する大統領審議会（いわゆるクェール委員会）による 1991 年の司法改革の提案の中にも，ディスクロージャーの導入案が含まれていた[28]。これについては伊藤眞教授の紹介もあるので[29]，ここでは内容に立ち入らないことにするが，シュウォーザー判事らの考え方や民事司法改革法，連邦規則改正草案などがこの提案に影響を与えていたであろう。同審議会はさらに，

---

27) 以上につき，大村「米国における民事裁判の現況と改革の動向―民事裁判改革法（1990 年）を中心として（下）」国際商事法務 21 巻 7 号 833 頁以下参照〔本書 125 頁以下に収録〕。なお，Bell et al., supra note 24, at 20 によれば，92 年 6 月時点で 35 の地方裁判所が「計画」を策定し，そのうち 24 の裁判所が何らかの形のディスクロージャーを採用しているという。たとえば，ペンシルヴァニア州東部地区は，事件を類型別に分けて異なる処理軌道を用いるトラッキング制を前提とし，複雑な事件以外の事件で，規則 26 条改正案に類似するディスクロージャーを採用するとしている。Report of the Advisory Group of the United States District Court for the Eastern District of Pennsylvania (August 1, 1991), 138 F.R.D. 167, 260-262.

28) Report from the President's Council on Competitiveness, Agenda for Civil Justice Reform in America (August 1991, U.S. Government Printing Office), at 16. その翻訳紹介として，法務大臣官房司法法制調査部参事官室「〈紹介〉経済競争力に関する大統領審議会の報告書『米国の民事司法制度改革に関する提案事項』」判例タイムズ 773 号 28 頁，38 頁（1992）。この報告書に基づく法案として，Access to Justice Act of 1992 が提出されたが（その紹介として，小林昭彦「米国の民事司法制度改革法案の概要」NBL498 号 6 頁），同法案は成立に至らなかった。

29) 伊藤・前掲（注 4）17 頁。

1992年2月に，連邦規則の改正に関する審議会提案を発表し，その中に基本的情報のディスクロージャー（規則26条改正案）を盛り込んでおり，州法レベルについても同様の提案をモデル州法として提示した[30]。

Ⅳ　連邦民事訴訟規則改正案の概要

1．規則26条等改正案の生成

　議会や行政府からの上記のような民事訴訟改革の動きとほぼ並行して，連邦規則諮問委員会も新たな改正の作業を開始していた。1989年11月の会合で連邦規則諮問委員会はディスクロージャー制度の必要性を審議し，レポーター草案[31]を経て，1991年8月に，諮問委員会は，ディスクロージャーをディスカヴァリに関する26条の中に組み入れて整備した改正草案を公表した[32]。その後，ヒアリングおよび各界からの意見書（ほとんどが反対の意見であった）の提出を経て，1992年2月に諮問委員会はさらに修正を加えた改正草案を公表した。しかし，その直後のヒアリングにおいても改正に反対の見解が多く，委員会は3月に，民事司法改革法による実験結果を待つのが望ましいとして，26条の改正提案を撤回することを一旦決めた。ところが，諮問委員会は，5月に訴訟規則常任委員会に送付した最終案では，大方の予想を裏切ってこれを復活させた。訴訟規則常任委員会は，26条の改正案をめぐって若干の慎重意見が提出されたものの，結局これを含む全体を承認して，合衆国司法会議に送付した[33]。

---

30) Proposed Civil Justice Reform Legislation : Proposed Legislation : Civil Justice Reform : Proposed Amendments to Federal Rules, 60 Univ. of Cincinnati L. Rev. 1025 (1992) ; Proposed Civil Justice Reform Legislation : Proposed Legislation : Civil Justice Reform Model State Amendments, 60 Univ. of Cincinnati L. Rev. 1053 (1992).

31) Mullenix, supra note 23, at 858 に掲載されている。

32) Preliminary Draft of Proposed Amendments to the Federal Rules of Civil Procedure and the Federal Rules of Evidence (August, 1991), 137 F.R.D. 53, 87.

合衆国司法会議も同年9月にこの改正案を承認し，合衆国最高裁判所も，26条に関してスカリア判事，トーマス判事およびスータ判事が基本的に賛成できない，少なくとも時期尚早であるとして反対したものの，1993年4月にこの改正案を合衆国議会に送付した[34]。93年8月現在，議会がこれを審議中であり，修正・削除の措置がとられない場合には，93年12月1日に効力を生ずることになる[35]。

2．規則26条等改正案の要点

改正案の26条および関連規定は，次のような構成になっている。

まず，26条(a)は「必要的ディスクロージャー (Required Disclosures)；さらなる資料のディスカヴァリの方法」という表題の下に，(1)～(4)がディスクロージャーを，(5)が伝統的な従来のディスカヴァリの各方法を定める（従来の(a)がほぼそのまま(a)(5)になる）。

(a)(1)は「初期ディスクロージャー (Initial Disclosure)」と題され，「別段の合意または裁判所の命令もしくはローカル規則がない限り，当事者は，ディスカヴァリ要求を待たず，次の情報を他の当事者に提供しなければならない」とする。すなわち，(A)「訴答書面において特定的に (with particularity) 主張された争いのある事実に関連する情報で，ディスカヴァリ可能なものを有するとみられる個人の氏名，および知れていればその住所と電話番号」，(B)「訴答書面において特定的に主張された争いのある事実に関連するすべての文書，データ記録物および有体物で，自己の所持，保管または支配下にあるものの写し，または分類および所在によるその説明書」，(C)自己の請求する損害額の算定書およ

---

33) 以上の経緯については，Bell, et al., supra note 24, at 24-39 に詳細である。

34) 61 U.S.L.W. 4365, 4392.

35) ディスクロージャーに関しては反対意見ないしは延期意見が強く，これを規定する26条(a)(1)等を削除するための法案（Civil Rules Amendments Act of 1993, HR 2814）が提出された。〔しかし，規則改正案が予定通り成立したことについては，本書35頁参照。〕

びその根拠となる文書等の写し，および，(D)保険契約書の写しである。そして，「別段の合意または裁判所の命令がない限り，これらのディスクロージャーは(f)に定める当事者間の会合の日から 10 日以内にしなければならない。」「当事者は，その時点で合理的に入手できる情報に基づいて初期ディスクロージャーをしなければならず」，自己の十分な調査がまだ完了していないこと，他の当事者がまだディスクロージャーをしていないことやそれが不十分であるということは，ディスクロージャーを拒絶する理由にならない。

(a)(2)は，「専門家証言［鑑定意見］のディスクロージャー」と題して，(1)に列挙した資料に加え，自己がトライアルで利用するかもしれない専門家証人の氏名等や報告書［鑑定書］をも，裁判所が命じる時期および順序に従って，ディスクローズすることを命じている。

(a)(3)は，「プリトライアル・ディスクロージャー」と題し，各当事者は，トライアルに提出するであろう証拠（但し，純然たる弾劾証拠を除く）に関して，トライアル期日の 30 日前までに，次のような情報を他の当事者に提供しなければならないとする。すなわち，法廷に呼ぶ予定の証人の氏名・住所等，その証言が証言録取書によって提出される予定の証人の一覧，および，提出予定の文書等の一覧である。他の当事者は，これらの証言録取書や文書等に対する異議があれば，その一覧表をその後 14 日以内に提出しておかなければならない。

(a)(4)「ディスクロージャーの方式：提出」は，すべてのディスクロージャーは原則として書面でしなければならないとする。

(b)(5)「トライアル準備資料の秘匿特権または保護の主張」は新設規定で，秘匿特権またはワーク・プロダクト保護の法理を理由にディスクロージャーまたはディスカヴァリを拒む者は，相手方がその拒否を正当かどうか評価できる程度に，文書等の内容を説明しなければならないとする。

(c)「保護措置命令（protective order）」は，当事者間で問題解決のために誠実に協議したことが申立ての前提要件として追加されるとともに，ディスクロージャーにも適用があることが明確に定められた。

(d)「ディスカヴァリの時期および順序」では，別段の命令や合意がある場合

を除いて，(f)で要求される当事者間の会合をしない間は，ディスカヴァリの要求をすることができないものとの定めが追加された。

(e)「ディスクロージャーおよび回答の補充」は，従来，ディスカヴァリ要求に対する回答の補充義務を規定していたが，これに加えて，初期ディスクロージャー実施後の継続的な補充的ディスクロージャーの義務を定める。

(f)は，従来ディスカヴァリ・カンファランスについて定めていたが，改正案ではこれは削除され，「当事者の会合（Meeting）；ディスカヴァリの計画立案」と題して，ローカル規則等で除外された事件は別として，「可能な限り早い時期に，遅くとも16条(b)によりスケジューリング・カンファランスが開かれまたはスケジューリング命令が発せられるよりも14日以上前に，両当事者は会合し，それぞれの請求や防御の内容および根拠ならびに事件の迅速な和解ないし解決の可能性を討議し，(a)(1)の命ずるディスクロージャーを促進または調整し，かつ，ディスカヴァリ計画を立案しなければならない」ものとされた。

さらに，改正案37条では，従来のディスカヴァリに関する制裁に加えてディスクロージャーに関する制裁が追加された。すなわち，ある当事者がディスクロージャー義務を完全に果たさない場合，他の当事者は，その強制命令および制裁の申立てをすることができ（(a)(2)(A)），この申立てを認める場合，裁判所は申立てに要した弁護士費用等の費用償還を命ずるものとされる（(a)(4)(A)）。そして，正当な理由なくディスクロージャーをしない者は，ディスクローズしなかった証人や情報をトライアルにおいて証拠として使用することを許されず，また，裁判所は申立てにより，この制裁に加えてあるいはこれに代えて，弁護士費用を含む費用償還，同条(b)(2)に定める制裁［証明擬制その他］，陪審事件ではディスクロージャー懈怠の事実の陪審への告知など，適切な制裁を課することができる（(c)(1)）。

なお，改正案の30条・31条は，無条件にとれる証言録取書の数を10件までに制限し，それ以上については両当事者の合意または裁判所の許可を必要とし，33条では，質問書についても同様に25項目までという制限を設けている。

3．改正案の特徴

　改正案の根底には，プリトライアル手続の改善のためにはアドヴァサリ・システムの観念およびその影響を制限することが必要であるとの考え方がやはりあると思われる。しかし，諮問委員会は，「この改正の目的は，事件に関する基本情報の交換を促進し，［従来のディスカヴァリによって］それらの情報を求めることから生ずるペーパーワークを除去することにある」といい[36]，ディスカヴァリにみられる無駄や濫用からくる遅延と費用を抑制するという実際的必要性の方を強調する。ブラジル判事やシュウォーザー判事の提案に比べれば，規則改正案は，全体として，はるかに穏やかな内容であり，また，各界から批判や反対意見が殺到したこともあって，最初の改正草案の公表から月日を経るに従ってますます緩和された改正内容になっていった。

　諮問委員会によれば，初期ディスクロージャーは，従来，ディスカヴァリの手段の一つである質問書によって通常要求されていた四つのタイプの情報を，相手方の要求を待たずに早期に開示することを両当事者に義務づけるものである[37]。但し，ローカル規則や裁判所の命令のほか，最終改正案では当事者間の合意によっても，初期ディスクロージャーの義務を変更・排除できることになった。

　ディスクローズすべき情報・資料の範囲に関する要件は，91年8月草案では「請求ないし防御に重要な関連を有する」という表現であったが，92年2月草案以後は前述のようなより限定的な文言に変わった。また，初期ディスクロージャーの期限も，当初は答弁書の送達後30日以内（原被告とも）とされていたが，最終案では，裁判所によるスケジューリング・カンファランスまたは

---

36)　137 F.R.D. 99. 92年5月の最終案での諮問委員会注釈でも同様の説明がある。Mayer, infra note 50, at 109.

37)　137 F.R.D. 100 ; Bell et al., supra note 24, at 37. 諮問委員会は，初期ディスクロージャーを定める規定は，いわば裁判所の命ずる質問書のような機能を有するという。

スケジューリング命令の14日以上前に開くことを義務づけられる・両当事者（弁護士）だけの会合の日から10日以内というふうに，時期的に遅らされた[38]。

ディスクロージャーと正規のディスカヴァリとの関係も緩やかであり，ブラジル＝シュウォーザー提案のようにディスカヴァリを裁判所の許可にかからしめる方式は最初から採用されていないとともに，当初案では，初期ディスクロージャーの義務を果たさないと原則としてディスカヴァリの要求をなし得ないとされていたが，最終案では，前述のように，26条(f)で要求される当事者間の会合の後はディスカヴァリ要求ができることになり，しかも当事者間の合意でこの制限をも変更できる。従って，シュウォーザー判事らがめざしたディスカヴァリの補充性はほとんど薄れてしまっている。せいぜい，初期ディスクロージャーにより基本情報の開示が，焦点を絞った的確なディスカヴァリを可能にするための基盤整備という役割を果たすよう期待されているといえるのではなかろうか[39]。とはいえ，他方で，ディスクロージャーの導入と引き換えに，正規のディスカヴァリとしての証言録取書や質問書の数量制限の導入が合わせて提案されていることが注目される。両者相まって，無駄なディスカヴァリを省き，かつ効率化するという目標を追求しようとしていると考えられる。

V ディスクロージャー導入論に対する批判

ディスクロージャー導入の提案に対しては種々の批判があり，諮問委員会はそれらの批判を考慮して規則改正草案の内容に修正を加えてきたが，最終案が提示された後も，まだ批判はおさまらないようである。ここでは基本的に重要

---

38) ちなみに，提訴後間もない段階では当事者は十分な情報を有せず，初期ディスクロージャーの効用は疑問だとする批判があった。Thomas Mengler, Eliminating Abusive Discovery through Disclosure : Is It Again Time for Reform?, 138 F.R.D. 155, 157-158.

39) Bell et al., supra note 24, at 37 の諮問委員会注釈の引用参照。

と思われるものだけをみることにする[40]。

　第一に，ディスクロージャーの要件の曖昧さが批判される。すなわち，あらゆるタイプの事件に共通の要件を定めようとするところから，規則の定める要件は抽象的で曖昧さを避けられないが，諮問委員会の修正にもかかわらず，関連性という要件は依然として不明確であり，誰もが関連性を認めるコアの部分は考えられるが，その外延については必ず争いが出てくるであろう[41]。ディスカヴァリの要件以外にこのような手続上の問題が付加される結果として，プリーディングの明確化の申立てや，不遵守に対する制裁の申立て，あるいは保護措置命令の申立てなどが増加するおそれがある。逆に，制裁をおそれ，あるいは戦術的な考慮から，関連性の薄い情報や資料が氾濫するおそれもある[42]。いずれにせよ，それによって遅延や費用の増大がもたらされる[43]。それがディスカヴァリの短縮・減少と引き換えになるならばまだしも，当事者は相手方が完全にディスクローズしたか懐疑的になって，それをディスカヴァリによってテストする必要を感じるであろうから，ディスカヴァリは簡単には減少しない。

---

40) 本文で次に取り上げる批判のほかに，そもそもこれまでの実態調査によればディスカヴァリの過多や濫用が広く蔓延しているという客観的な証拠はなく，効率の悪い過度のディスカヴァリの弊害を除去するためにディスクロージャーを検討するにしても，問題があるといわれている複雑事件・大規模事件に対象を絞るべきではないかという意見もある。Mengler, supra note 38, at 161-162 ; Bell et al., supra note 24, at 41.

41) Bell et al., supra note 24, at 40.

42) この点はノウティス・プリーディングとも関係している。ディスカヴァリ制度の導入とともにプリーディングの争点形成機能はディスカヴァリがこれを担うことになり，プリーディングはきわめて簡略なものになった。「訴答書面において特定的に主張された争いのある事実に関連する」という要件の下にかなり広範なディスクロージャーを要求する場合には，ノウティス・プリーディングとの整合性や見直しが必要になる可能性がある。なお，この改正によって，原告側が関連のありそうな情報をできるだけ広く獲得するために，より詳細な訴状を作成するようになるのではないかという見方もある。Michigan Lawyers Weekly, August 2, 1993.

43) Bell et al., supra note 24, at 41-44.

要するに，ディスクロージャーはディスカヴァリに屋上屋を架することになりかねない，と[44]。

第二に，やはりアドヴァサリ・システムとの関係で，根強い反対論がある。アドヴァサリ原理に立脚する訴訟制度にディスクロージャーをいわば接ぎ木することの不整合さは，弁護士団体のみならず，合衆国最高裁判事によっても批判されている[45]。すなわち，アドヴァサリ・システムは訴訟の主導権を裁判所ではなく対立当事者に認めるべきだとする思想といってよいが，各当事者が訴訟においてその主導権を十分に発揮するためには，必然的に法律専門家による代理が要請される。そして，依頼者に対して忠実義務を負う弁護士が自己の依頼者の利益を最大限に擁護するべく行動することによって，初めてアドヴァサリ・システムが十分に機能することになる[46]。ところが，ディスクロージャー義務を負うことになると，当事者（代理人）は，相手方がその請求や防御を貫徹するためにどのような情報が必要になるかを，相手方の立場に立って判断することをも要求される。例えば被告の弁護士は，被告から報酬を支払われるのに，原告のためにその主張・立証等の手助けをすることを義務づけられることになる。要するに，依頼者を害する情報を自発的・積極的に開示するよう義務づけることは，依頼者に対する弁護士の忠実義務と正面から衝突し，両者の信頼関係を阻害する，と[47]。

---

44) Id. at 45.

45) Bell et al., supra note 24, at 46 に引用の ABA 訴訟部会長の発言，61 U.S.L.W. 4365,4393 のスカリア判事らの反対意見参照。なお，規則改正案を議会に送付することを決定した最高裁の多数意見は，改正案を実質審議して支持したのではなく，規則改正の最終責任は合衆国司法会議にゆだねるべきで，最高裁は—規則の違憲性を主張する訴訟を審理判断することになる可能性が常にあるという点を考慮すると—規則改正プロセスから除外さるべきであるという基本姿勢を背景に，形式的に改正案を了承したにすぎない。Id. at 4391.

46) 例えば，ローゼンバーグ（小島＝大村編訳）『民事司法の展望』（中央大学出版部，1989 年）22 頁参照。

47) Bell et al., supra note 24, at 47 ; 61 U.S.L.W. 4393.

シュウォーザー判事は以上のような批判を予想して，ディスカヴァリ制度の下においても，相手方の要求があれば依頼者に不利な情報を開示することが義務づけられるのであって，その要求の仕方や要求内容の解釈等をめぐっていろいろな弊害が生じており，ディスクロージャーはそこを省略してしまうだけだと述べて，いわば両制度の連続性を主張していた[48]。しかし，前述の反対論の趣旨は，ディスカヴァリ制度においては，ディスカヴァリを求める側が自己の主張・立証を展開するのに必要な情報の範囲を一定程度の特定性をもって指定する責任を負っており，そこにはまだアドヴァサリ原理との接点があるのに対し，ディスクロージャーはこの責任をも相手方に転換してしまうところが問題だというのであろう。もっとも，ディスクロージャー導入派は，そもそもプリトライアルにおけるアドヴァサリ原理を払拭ないしは制限することを主張するのであるから，この対立の背景には，そのことの当否をめぐる価値観ないし訴訟観の対立が存在することはいうまでもない[49]。80年代以降の連邦規則改正の歴史はアドヴァサリ的要素の漸進的制限と裁判官の役割の積極化の方向に進んでいるが，その流れの中でみても，ディスクロージャー制度の導入による一歩がどの程度大きいものであるかについて，アドヴァサリ原理に対する姿勢の違いから，評価が対立しているといえよう。

　ともあれ，以上のような理由から，反対派はディスクロージャーの性急な導入に反対し，少なくとも，全国的な連邦規則に導入する前に，実験的なプロジ

---

48) Schwarzer, Slaying Monsters, supra note 8, at 183.
49) 弁護士の立場には，もともと，依頼者に対する忠実義務と，裁判所のオフィサーとしての義務という，二律背反の契機が含まれているが，前者が主軸で，後者はそれを一定程度制限するものという理解が伝統的と思われる。ローゼンバーグ・前掲（注46）22頁，加藤新太郎『弁護士役割論』6頁，164頁（弘文堂，1992年）。シュウォーザー判事も，後者が前者の限界を画するといいつつ，その意味で両者の間に衝突はないのだとする。Schwarzer, Discovery Reform, supra note 8, at 720. なお，Arthur Miller, The Adversary System : Dinosaur or Phoenix, 69 Minnesota L. Rev. 1, 32 (1984). ただ，問題はやはり，その制限がどの程度かについての捉え方の違いであろう。

ェクトを組んで試行してみるか，あるいは前述の民事司法改革法による実験結果を待つべきであると主張している[50]。

---

50) Bell et al., supra note 24 at 57 ; 61 U.S.L.W. 4393. なお，連邦司法省や ABA も同様の意見を表明している。Daily Report for Executives, August 2, 1993.
　ちなみに，ディスクロージャー義務の導入に批判的な立場からは種々の改善案・代替案も主張されているようである。ここでは，元連邦上訴裁判所判事，元合衆国司法長官であるベル弁護士らの提案をみておく。ベル弁護士らは早期の情報交換自体には反対ではなく，迅速かつ効率的にこれを行うことは必要なことであるが，抽象的な一律の基準でディスクロージャー義務を課することによってその目標を達成しようとすることには前述のようなさまざまな無理があるとする。そして，規則改正案と同様の目標を達成するための代替案として，弁護士間協議の義務づけを提唱する。その骨子は，答弁書の提出から原則として 30 日以内にまず双方の弁護士が会合を持って協議し，個別の事件の実情に照らしてケース・バイ・ケースでディスクロージャーや正規のディスカヴァリの範囲・スケジュールについて計画を立て，合意が成立した範囲では共同の提案として，合意が成立しなかった部分についてはそれぞれの別個の提案として説明を付けて，裁判所に提出し，裁判官（またはマジストレイト）がそれを基にディスカヴァリ命令を下す，というものである。規則改正案のディスクロージャー制度では，ディスカヴァリへの裁判所の関与を極力減らそうという考え方がとられているが，無駄や濫用を除いた適切な情報交換を実現するためには，弁護士がディスカヴァリを開始する前の段階で，裁判官がその整序に事前に関与することが不可欠であるというのが，ベル弁護士らの考えである。Bell et al., supra note 24, at 49-53.
　この提案に対しては，裁判官が提示された二つのディスカヴァリ計画のいずれがよいか，あるいはどこをどう修正すべきかを判断するためには，事前に基本的な情報を得ておかないと困難ではないかという疑問を提起する余地があるように思われるが，双方に説明を求める過程でその点はカバーされるのかもしれない。いずれにせよ，この提案は，ディスクロージャー義務導入論とは異なり，アドヴァサリ・システムを前提として，当事者による主体的な規律を確保する段階を設けつつ，裁判官の早期関与を得ようとする考え方で，注目されてよいと思われる。
　なお，他に，ディスクロージャー義務の範囲をより狭く限定する提案として，Jeffrey Mayer, Prescribing Cooporation : The Mandatory Pretrial Disclosure Requirement of Proposed Rules 26 and 37 of the Federal Rules of Civil Procedure, 12 The Review of Litigayion 77 (1992).

VI 結　　び

　裁判所も含めた訴訟主体間で事件の情報をできるだけ早期に効率よく把握し，それを通じて双方の主張と証拠を整理し，争点を圧縮して，真実ないしは事件の実体に即した和解や事実認定につなげていく必要があることは，誰も否定できないはずである。アメリカでのディスクロージャー制度導入の動きは，そのような目標に向けての一つの試みとみることができよう[51]。

　アメリカでも，従来から，ディスカヴァリに要する時間と費用を考慮してか，正規のディスカヴァリの手段によらずに，双方の代理人によって書証の自発的交換や証人との非公式面談が，相当多くの事件で行われているようである[52]。しかし，これは双方の合意に基づくものであろうから，強制的な保障はない。ディスクロージャー義務の導入は，基本的情報の交換を保障するための制度化である。もし，これが導入されれば，ディスカヴァリの効率化に一定の限度では貢献するかもしれない。ただ，ディスクロージャー義務導入派がいうように，これによってアメリカ民事訴訟における強固なアドヴァサリ的文化が抑制され，弁護士間により強調的な姿勢が一般的に生まれるかは，なお疑問で

---

51) 伊藤眞教授のいわれるように，アメリカで真実発見という目的が強調されるディスカヴァリ制度も，その直接的機能は情報の顕出・共有にあるのであって（伊藤・前掲〔注4〕12頁），ディスクロージャーはそれを修正・効率化するために主張されているといえる。

52) Manual for Complex Litigation—Second, § 21.422 は，このようなインフォーマル・ディスカヴァリが既に現れているとして，推奨しており，また，無署名記事であるが，9 Litigation 55 (1993) は，実際には多くの事件で正規のディスカヴァリによらずに文書の自発的交換などがなされているという。ただ，不利な情報まで自主的に交換しているとは想像しにくいし，他方で，正規のディスカヴァリについては濫用があることも否定できないと思われる。なお，Manual for Complex Litigation—Second, § 21.421 は，いわゆる段階的ディスカヴァリ（Wave discovery）の第1段階として，前述の任意的なインフォーマル・ディスカヴァリやローカル規則にあるようなディスクロージャーを行うことを示唆している。

あると思われる[53]。

　それはともかくとして，翻ってわが国の民事訴訟法改正に向けての「検討事項」[54]をみると，訴状や答弁書において，重要な間接事実や主張事実と証拠との対応関係を記載すること，および，主張を基礎づける基本的書証を添付することの義務づけ（第四，一，2）[55]，あるいはまた，書証として提出する予定の文書またはそれに加えて提出予定のない文書についての文書目録の提出命令（第五，一，2，(二)）[56]，などが掲げられている。これらは各界から寄せられた意見において多数の支持を得ているようである[57]。前者は部分的・限定的なディスクロージャー（提出時期についてはシュウォーザー型）とみることができる。後者は，裁判所の命令によるディスクロージャーといえ，文書提出命令の一般義務化と組み合わせるならば，文書ディスカヴァリの要求を正確かつ容易にするための準備手段として有用と考えられる。これらを含めて，どのような範囲や形でのディスクロージャー制度の導入が可能であり，また望ましいかは，アメリカ等の経験を間接的な資料として参照しながら，さらに検討さるべき課題である。

---

53) ディスクロージャー義務に賛成するにせよ反対するにせよ，アメリカでは弁護士の倫理的義務をテコに論じられるのが特徴である。アドヴァサリ・システムの観念において弁護士が主要な役割を果たす以上，これは必然ともいえる。本人訴訟もかなり多いわが国とは状況が異なるかも知れないが，わが国でも，当事者の真実義務と弁護士の倫理規範の両面から問題を捉えようとする流れが生まれつつあるように思われる。加藤新太郎・前掲（注49）263頁以下。なお，萩原金美「民事訴訟法改正と争点等の整理手続」判例タイムズ812号22頁参照。
54) 法務省民事局参事官室編『民事訴訟手続の検討課題』別冊NBL23号。
55) 同前13頁。
56) 同前32頁。
57) 柳田幸三＝始関正光＝小川秀樹「民事訴訟手続に関する検討事項に対する各界意見の概要」NBL514号29頁，同517号52頁。

2 アメリカ民事訴訟における開示手続の改革

I 序

　1993年12月の連邦民事訴訟規則改正には，ディスカヴァリ制度の改革，とりわけ，ディスクロージャー制度の導入（およびディスカヴァリの数量的制限）が含まれている。これは70年代から試みられてきたディスカヴァリの改革の流れの中では，最も大きな改革である。もっとも，連邦規則は，民事司法改革法（1990年）に基づいて多様なディスクロージャー・プランが先行実施されていることに配慮し，各裁判所の独自性を尊重して，いわば一種の標準形態を定めたにすぎない。実際のディスクロージャーの姿は，裁判所によってかなりのヴァリエーションがあることに注意する必要がある。（1994年3月時点で，全米94の連邦地裁のうち，連邦規則のディスクロージャーをそのまま採用しているところが32地区，別な形のディスクロージャー〔おそらく民事司法改革法に基づく各地区ごとのプラン〕を導入しているところが31地区であるという。）

II 連邦規則のディスクロージャーの概要

　当事者の要求によって行われる伝統的なディスカヴァリとは異なり，ディスクロージャーでは，相手方の要求を待たずに，一定の基本的情報については各当事者とも当然に開示する義務を負うとされる。以下，手続の流れに沿って概説する（条数は連邦規則のもの）。

1．当事者の会合協議義務

　被告が答弁書を提出した後，スケジューリング・カンファレンスまたはスケジューリング命令の14日前までに，当事者は直接会合して協議することが原則として義務づけられることになった（26条(f)）。この会合を開くまでは，正規のディスカヴァリを要求することは原則として許されない（26条(d)）。

　この会合では，当事者は，請求や抗弁等の内容・根拠，和解の可能性について協議し，ディスクロージャーの一部を先に実施したり，ディスクロージャーの対象となる争点やディスクロージャーの実施時期を合意によって調整し，さらに，ディスカヴァリ計画案を作成する義務を負う。そして，当事者は，ディスクロージャーの予定やディスカヴァリ計画案の概要を記した報告書を，10日以内に裁判所に提出しなければならない。

　会合協議義務を遵守させるために，裁判所は，この義務を懈怠した当事者またはその弁護士に合理的な費用の制裁を課すことができる（37条(g)）。

2．初期ディスクロージャー

　当事者の会合の後，原則として10日以内に，当事者間で，相手方の要求を待たずに次のような基本的情報を互いに開示する（＝初期ディスクロージャー義務。26条(a)(1)(A)～(D)）。これらの情報は，従来，質問書によって早期に請求されるのが通例であった。

　(A)　訴答書面において特定的に主張された争いのある事実に関連する情報で，ディスカヴァリ可能なものを有するとみられる証人の氏名，住所等［＝証人のリスト］。その証人が自分に有利な証言をするかどうかはここでは関係ない。

　(B)　訴答書面において特定的に主張された争いのある事実に関連するすべての文書，データ記録物等で，自己の保管または支配下にあるものの写し，またはその分類および所在による表示［＝文書等のリスト］。これもその文書等が自分に有利か否かを問わない。文書自体の写しというのは，関連文書がわずか

しかないような場合を念頭に置いたオプションであって，文書自体の写しの提出を義務づける趣旨ではない。

(C) 自己の請求する損害額の計算書，ならびに，その根拠となる［特権または保護の対象外の］文書等についての検査および複写の承認

(D) 判決により生じうる義務をカバーする保険契約書の検査および複写の承認

3．スケジューリング・カンファレンスおよびスケジューリング命令

　裁判所は，当事者が提出した報告書に基づき，必要があればさらにスケジューリング・カンファレンス，電話，郵便などで当事者と協議し，スケジューリング命令を発する。

　スケジューリング命令はその後の進行計画を定めるものである。初期ディスクロージャーは通常この命令以前に終了しているが，それ以外のディスクロージャーについては，スケジューリング命令でその時期や順序を事件の状況に応じて定めるのが望ましく，ディスカヴァリの範囲や時期についても同様である(16条)。

4．ディスカヴァリ

　スケジューリング命令の後，当事者はディスカヴァリを本格的に開始することになる。初期ディスクロージャーで得られた情報が，ディスカヴァリの手がかりになる。

　今回の改正では，連邦規則はディスカヴァリの数量的な制限を導入した。すなわち，デポジションは一方当事者側ごとに通算して原告側・被告側それぞれ10回までに制限され (30条(a)(2)(A), 31条(a)(2)(A))，また，質問書は各当事者につき（小項目も含めて）25項目までに制限された (33条(a))。但し，当事者間の合意または裁判所の許可により，この制限を超えることもできる。この結果，一定回数以上のデポジションなり質問書を利用する場合には，裁判所による合理

的必要性の審査 (26条(b)(2)) を経由することになろう。

5. 鑑定意見のディスクロージャー

スケジューリング命令の後，原則としてトライアルの90日以上前までに，当事者は，トライアルで使うであろう鑑定人のリストおよび鑑定人が作成・署名した報告書のディスクロージャーをする義務を負う (26条(a)(2))。この改正により，鑑定人のデポジションの必要は減少すると予想されている。

6. プリトライアル・ディスクロージャー

原則としてトライアルの30日以上前までに，当事者は，最終的にトライアルに提出する予定の証人や文書等のリストを互いに明らかにする義務を負う (26条(a)(3))。

7. 補充的ディスクロージャー

(後の新しい情報に基づく訂正・補充義務)

8. ディスクロージャー義務の懈怠に対する制裁

(1) 自動的制裁

正当な理由なしにディスクロージャーを怠った者は，ディスクローズされなかった証人その他の情報・資料を，トライアルで証拠として利用することを許されない (37条(c)(1)前段。例外は，実害の生じない場合および弾劾証拠)。この自動的制裁は，自分に有利な資料については，ディスクロージャーを励行させる強力なインセンティヴになる。自分に不利になる蓋然性の高い資料のディスクロージャー懈怠に対しては，次の裁量的制裁で対処する。

(2) 裁量的制裁

裁判所は，自動的制裁に加えてまたはこれに代えて，申立てに基づき，ディスクロージャー懈怠に帰因する相当の費用の償還を命ずることのほか，特定の事実についての証明擬制，相手方の主張に反する証拠の提出禁止，訴答書面の

全部または一部の削除，訴えの却下，懈怠判決，陪審にディスクロージャー義務の違反を告知すること，などの適切と認める制裁を課すことができる（37条(c)(1)後段）。

III　情報収集制度についての若干の検討

　連邦規則の今回の改正には，当事者の会合協議にみられる当事者主導の伝統，不利な情報のディスクロージャーにみられる当事者・弁護士の訴訟協力義務，一定数量を超えるディスカヴァリに対して，裁判所がその合理性を審査するという形での裁判官のより積極的な介入など，興味深い新たな要素が現れている。その評価は難しいが，全体的には，アドヴァサリ・システムを基本的には維持しながら，放縦や過剰負担を抑え，時代の要請である効率化のためにケース・マネジメントとの調整を図っているとみることができよう。
　ところで，情報・証拠の収集手段としてのディスクロージャーないしはディスカヴァリは，アメリカとは異なるタイプの争点整理手続においても重要な価値を有していると思われる。的確な争点整理をするためには，重要な情報や証拠が必要である。わが国では，裁判官の主宰する争点整理手続に，日本に適合的なディスクロージャーないしディスカヴァリ類似の収集手段を組み合わせることになろう。もっとも，それがどのようなものであるべきかは困難な課題である。どのような収集手段を当事者に保障すべきであるかは，訴訟手続の構造や法曹の数・業務形態，その他わが国の社会的諸条件との関係で慎重に検討されなければならない。しかし，一般論としては，情報・証拠の収集手段が発達しすぎてその負担などのマイナス面を縮小するために抑制の傾向に転じたアメリカとは異なり，わが国の場合はまだ拡充の方向をとることが必要であると考える。ここでは，進行中の民事訴訟法改正作業との関係で，若干の意見を述べるにとどめる。
　ディスクロージャーを，相手方の要求なしに行うという形式的な面に比重をおくのではなく，争点整理に必要な基本的情報を早期に交換するための手段と

いうその機能に重点をおいて捉えた場合，わが国の民事訴訟法改正の「検討事項」では，ディスクロージャーに機能的に対応するものとして，三つのものが含まれていた。(イ)訴状や答弁書における重要な間接事実および主張と証拠との対応関係の記載ならびに基本的書証の写しの添付，(ロ)文書（および検証物）に関する情報の開示制度，(ハ)当事者照会制度，がそれである。しかし，「改正要綱試案」では，(ロ)が当面見送りとなった。

　争点整理のための情報収集としては，一方で，訴状や答弁書等における重要な間接事実や証拠の記載および重要な書証の提出が要求され，おそらく争点整理手続の中で裁判官によってさらにその遵守が要請されていき，他方で，当事者間でも当事者照会によって必要な情報が請求されるならば，いずれも訓示規定とはいえ，法律上の明確な根拠に基づく要請であるし，裁判官の心証への影響の考慮から，ある程度の成果をあげていくのではないかと思われる。しかし，当事者が自分の不利になるから出したくないと思う文書などについては，これらの方法では十分対処できないのではなかろうか。そういった文書の提出こそが紛争の適正な解決のために必要であるので，不遵守の場合の証明擬制という制裁を伴う文書提出命令がきちんと機能するようにしておく必要がある。したがって，文書提出命令の申立てを容易にするための基盤を整えることが，ぜひとも必要であろう。そのための手段としては，当事者照会などだけで果たして十分かどうか疑問がある。これらに加えて，さらに，肝心の文書が何であるかを把握するのに役立つ制度として，当面先送りされた(ロ)の部分の継続的検討が重要であると思われる。

　〔付　記〕　本稿は1994年5月の民事訴訟法学会での報告の骨子である。紙数の制約上，文献の引用は一切省略した。ディスクロージャーの詳細については，比較法雑誌29巻（中央大学）に別稿を予定している〔本書34頁以下に収録〕。学会当日，司会の労をとってくださった春日偉知郎教授，および，有益なご意見・ご質問を頂戴した石川明，木川統一郎，小林秀之，森勇の各教授に感謝申し上げる。

3 民事訴訟における ディスクロージャーについて
―― 連邦民事訴訟規則における開示合理化の改革 ――

I 本稿の目的

　現在わが国で進められている民事訴訟法改正作業においては，いわゆる「弁論準備手続」を初めとする争点整理手続の整備が一つの焦点となっている。争点整理を確かなものにするためには，重要な情報や資料が十分に提供され，それらについて裁判官と両当事者の間で共通の認識が形成されることが前提となる。そして，裁判資料の提出者として訴訟当事者を予定し，不提出がもたらす不利益を当事者の責任とする弁論主義のシステムの下では，その前提として当事者に適切な情報・証拠の収集手段を確保することが必要であると考えられる。これは，民事訴訟における当事者の主体的活動を尊重する弁論主義をよりよく機能させるために，その前提として本来必要なことであろう。

　情報や証拠の収集手段の整備・充実は，民事訴訟法改正作業においても検討の対象とされ，後述のように，民事訴訟法改正要綱試案には新たな工夫も取り入れられている。わが国の民訴法がどのような情報・証拠収集手段を当事者に保障すべきであるかは，民事訴訟手続の構造や法曹人口，弁護士の業務形態，その他社会的諸条件との関係で慎重に検討されなければならない問題であるが，少なくとも現状では不十分であることには大方の意見は一致しているように思われる[1]。

　本稿は，ディスクロージャー制度を中心としてアメリカにおける最近のディ

スカヴァリ改革の内容を概観し，比較法的検討のための一つの素材を提供することを主眼とする。そのうえで，現在わが国で提案されている改正の方向について，本稿のテーマとの関連で若干の検討を加えたい。

連邦裁判所におけるディスカヴァリ制度の最近の改革は，二つのルートからなされてきた。一つは，1990年の民事司法改革法（Civil Justice Reform Act）[2]によって全国的規模で総合的な司法改革の試みが行われているが，その一環としてのディスカヴァリの改革であり，もう一つは，1993年12月に効力を生じた連邦民事訴訟規則の改正によるものである。いずれにも共通しているのは，ディスカヴァリの合理化・効率化のためにディスクロージャー義務を導入している点である[3]。ただ，民事司法改革法に基づいて各地方裁判所が実施している

---

1) とりわけ，アメリカのディスカヴァリ類似の諸手段の導入に関する最近の議論について，伊藤眞「開示手続の理念と意義—民事訴訟法改正への導入をめぐって（下）」判例タイムズ787号11頁以下，22頁以下，木川統一郎『民事訴訟法改正問題』120頁以下（成文堂，1992年）など参照。なお，証拠収集の意義と問題点の整理として，小林秀之『証拠法［第2版］』89頁以下（弘文堂，1995年）。証拠（および情報）収集手続の効用とそれがもたらす負担とのバランスに配慮しながら，あるべき収集手続を探っていく必要があることは，いうまでもない。同書253頁以下参照。

2) この法律による改革については，大村雅彦「米国における民事裁判の現況と改革の動向—民事裁判改革法（1990年）を中心として（下）」国際商事法務21巻7号833頁以下〔本書125頁以下に収録〕，古閑裕二「アメリカ合衆国における民事司法改革— Civil Justice Reform Act of 1990 を中心にして（上）・（下）」法曹時報45巻11号1頁，同12号1頁参照。

3) ディスクロージャーの紹介を含む文献としては，伊藤・前掲（注1）17頁以下（これは規則改正の成立前の論文であるので改正案が検討の対象とされており，実際に実現した改正の内容とは異なる部分があるが，参考になる），春日偉知郎「証拠収集手続—係争事実をめぐる情報の開示と証拠の保全（上）」判例タイムズ829号26頁，平野晋「アメリカ合衆国連邦民訴規則改訂における強制的開示手続」判例タイムズ835号36頁，大村雅彦「アメリカ民訴における事件情報の早期開示の動向」木川統一郎博士古稀祝賀『民事裁判の充実と促進 下巻』321頁（判例タイムズ社，1994年）（この拙稿では連邦規則の1993年改正にいたる経緯や背景に重点を置いており，規則の内容そのものについての論述は簡略であった

プランは，ディスクロージャー制度の形態に関してはかなり多様なヴァリエーションを持っており，後発的に行われた連邦規則改正はそれらの多様なプランと衝突しないように配慮して，各裁判所が独自の改革を進めることができるように，相当柔軟な規定の仕方をとっている。ここで取り上げるのは連邦民事訴訟規則におけるディスクロージャーであるが，このような事情で，連邦規則自体がリジッドな形でディスクロージャーを規定しているのではなく，一種の標準形態として定めているにすぎない。実際には，ディスクロージャーの姿は，裁判所によってかなりのヴァリエーションがあることに注意しなければならない。

II　連邦規則におけるディスクロージャー制度の概要

アメリカにおいては，当事者が情報・証拠を取得する法的手段として，ディスカヴァリの制度が発達してきた。しかし，最近では，その肥大化による不効率・不経済や濫用が批判の的となり，ディスクロージャーの導入を中心とする今回の規則改正にいたった。一方の当事者の要求によって情報や証拠の開示が行われる伝統的なディスカヴァリとは異なり，ディスクロージャーとは，相手方の要求を待たずに，一定の基本的情報については各当事者とも当然に開示する義務を負うとする方式である[4]。

　　　ので，本稿はその不足を埋める意味を持つ）〔本書3頁以下に収録〕，小林・前掲
　　（注1）99頁などがある。なお，カリフォルニア州の状況については，林田学
　　「特許訴訟とENEそして新型ディスカバリ―カリフォルニア州北部地区連邦地裁
　　の手続改革」ジュリスト1033号77頁。
　　　さらに，司法研修所編『アメリカにおける民事訴訟の運営』（法曹会，1994年）
　　は，アメリカ民事訴訟の実際についての詳細な調査研究書であり，その196頁以
　　下に民事司法改革法との関係でディスクロージャーへの言及がある。その他にも，
　　各種の座談会でしばしば言及されている。たとえば，民事訴訟法改正研究会「座
　　談会・民事訴訟法改正問題の検討と展望」判例タイムズ826号29頁以下。
　4）　ディスクロージャーは，自動的ディスクロージャー（automatic disclosure）あ

イギリスにおいても文書の自動的ディスカヴァリが既に導入されており[5]，アメリカの連邦規則の立案者もイギリスの制度を意識していたようである。ただ，連邦規則のディスクロージャーの対象は，原則として文書自体ではなく，文書に関する情報であり，かつ，証人に関する情報も含まれるという点で，イギリスの制度と異なっている[6]。

連邦規則の1993年改正は，ディスカヴァリ制度の改革としてディスクロージャーを導入するとともに，それと引き換えに，伝統的なディスカヴァリについては従来にない規模の制限を加えており，さらに，これらの情報・証拠の収集についての当事者の話合いによる調整の機会を保障するために，早期の段階における当事者の会合協議を義務づけている。その意味で，今回の改正はプリトライアル手続全体の整備にも及んでいるといえよう。この改正の結果，プリトライアル手続の流れがどうなったかを，簡単に図解すると，**別図**のようになろう（この図はディスクロージャーに重点を置いて筆者が作成したもので，図中に占める分量が手続の比重に比例しているわけではない）。このうち，点線で囲んだ部分が今回の改正で新たに導入された部分である。以下，この図の順序に沿ってみていくことにする[7]（引用する条数は連邦規則のそれである）。

　　るいは強制的ディスクロージャー（mandatory disclosure）とも呼ばれ，これらの表現はディスカヴァリとの違いを表すのに有益であるが，最近は単にディスクロージャーと呼ばれることも多くなってきた。連邦規則26条の表題では，単にDuty of Disclosureとなっている。なお，ディスカヴァリもディスクロージャーも日本語に訳すと「開示」ということになろうが，それでは両者の区別がつかなくなるので，本稿ではいずれもカタカナで表記している。
　5）　イギリスにおける文書の自動的ディスカヴァリについては，住吉博「文書証拠とinterests of justice」比較法雑誌8巻2号1頁，長谷部由起子「訴訟における事実および証拠の収集—イングランドの開示手続を手がかりとして」民事訴訟雑誌40号233頁参照。
　6）　長谷部・前掲（注5）235頁参照。
　7）　平野・前掲（注3）にも改正規則26条についてかなり詳細な解説があるので，併せて参照されたい。なお，Paul Carrington, Aim of Mandatory Disclosure Was to Save Judicial Rulemaking, 8 (No. 4) Inside Litigation 10 (May 1994) など参照。

連邦民事訴訟規則におけるプリトライアル手続とディスクロージャー

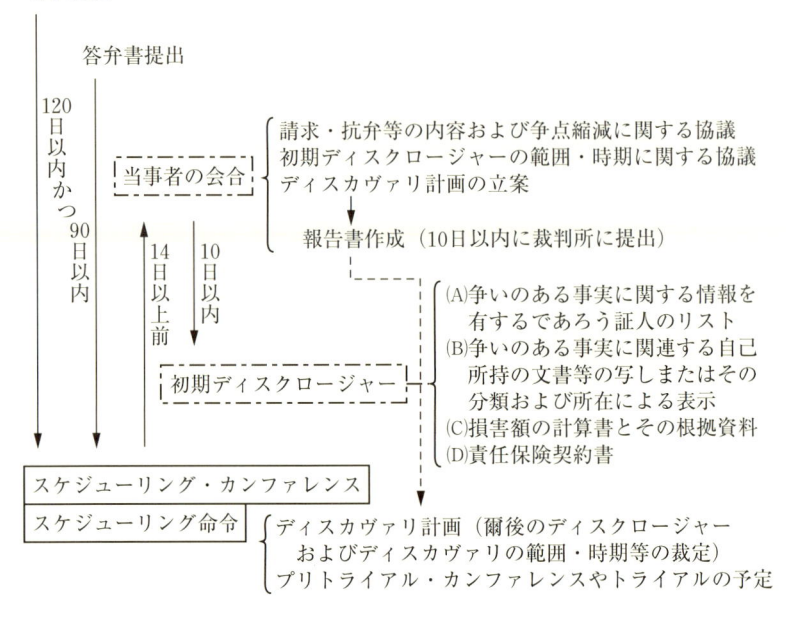

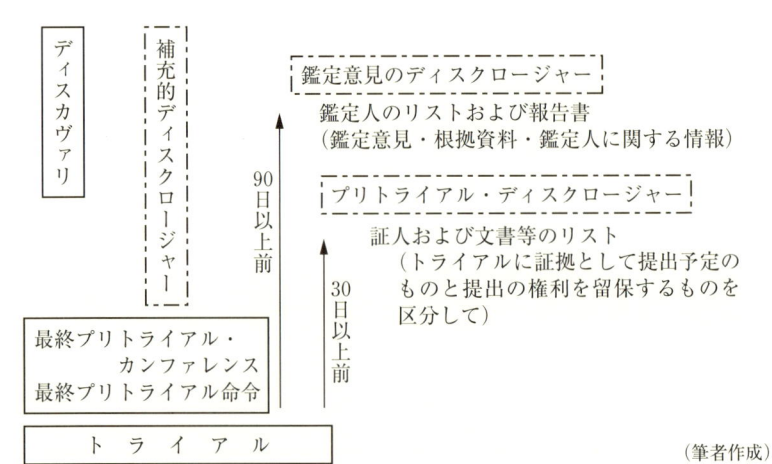

訴状提出
訴状送達
　　　答弁書提出

120日以内かつ90日以内

当事者の会合 ┤ 請求・抗弁等の内容および争点縮減に関する協議
　　　　　　　　初期ディスクロージャーの範囲・時期に関する協議
　　　　　　　　ディスカヴァリ計画の立案
　　　　　　　報告書作成（10日以内に裁判所に提出）

14日以上前　10日以内

初期ディスクロージャー ┤ (A)争いのある事実に関する情報を有するであろう証人のリスト
　　　　　　　　　　　　　(B)争いのある事実に関連する自己所持の文書等の写しまたはその分類および所在による表示
　　　　　　　　　　　　　(C)損害額の計算書とその根拠資料
　　　　　　　　　　　　　(D)責任保険契約書

スケジューリング・カンファレンス
スケジューリング命令 ┤ ディスカヴァリ計画（爾後のディスクロージャーおよびディスカヴァリの範囲・時期等の裁定）
　　　　　　　　　　　　プリトライアル・カンファレンスやトライアルの予定

ディスカヴァリ
補充的ディスクロージャー

90日以上前

鑑定意見のディスクロージャー
　鑑定人のリストおよび報告書
　（鑑定意見・根拠資料・鑑定人に関する情報）

プリトライアル・ディスクロージャー
　証人および文書等のリスト
　（トライアルに証拠として提出予定のものと提出の権利を留保するものを区分して）

30日以上前

最終プリトライアル・カンファレンス
最終プリトライアル命令

トライアル

（筆者作成）

1．当事者の会合協議義務

　1993 年の規則改正では，被告が答弁書の提出または最初の応訴行為をした後，当事者（通常は代理人）は直接会合して協議することが原則として義務づけられることになった（26 条(f) Meeting of Parties ; Planning for Discovery）。

　当事者はこの会合を開くまでは，証人とのインフォーマルな面接などは別として，証言録取書（deposition）などの正規のディスカヴァリを要求することは原則として許されないことになった（26 条(d)。但し，ローカル規則でこの会合前にも許容される旨の規定をおくことができるほか，当事者の合意や裁判所の許可を得た場合にもできるという例外規定が若干ある)[8]。

　この新しい制限の趣旨は，一つには，自力調査を怠っていきなりディスカヴァリを使って相手方からの情報取得に頼るという傾向に歯止めをかけるとともに，今一つには，ディスカヴァリが無計画になされて無駄や過剰という事態が生じないように，事前に当事者に協議をさせて，事件の進行計画を立案することを義務づけるということであると考えられる。また，このような当事者間の協議を義務づけたのは，アメリカの場合，──特別な簡易手続が別途用意されている少額事件などは別として──ほとんどの事件が弁護士代理でなされるという事情を，前提にしているからであると思われる。当事者本人による会合では，冷静な協議は実際上困難な場合が多いであろう。

　この会合では，当事者は，請求や抗弁等の内容や根拠，また和解の可能性について協議し，ディスクロージャーの一部を（できるものについてはそこで）実施したり，ディスクロージャーの対象となる争点やディスクロージャーの実施時期を合意によって調整し，さらに，ディスカヴァリ計画案を作成する義務を負う。そして，当事者は，ディスクロージャーの予定も含むディスカヴァリ計画案の概要等を記した報告書を 10 日以内に裁判所に提出しなければならな

---

　[8]　たとえば，30 条(a)(2)(C)［＝国外に出ようとしている者の証言録取］，33 条(a)［＝質問書］，34 条(b)［＝文書提出等］，36 条(a)［＝自白の要求］など。

い[9]（26 条(f)）。計画案に両当事者の合意が得られない部分が残るときは，それぞれの対立する提案を報告書に両論併記することになる。

　この報告書は，裁判所が後述のスケジューリング命令の内容を決定するときの最も重要な基礎資料となることが予定されている。そのために，当事者の会合はできるだけ早い時期に開かなければならず，「遅くともスケジューリング・カンファレンスが開かれる日またはスケジューリング命令を出すべき日の 14 日前」までに開かなければならないと規定されている[10]（26 条(f)）。

　答弁書は訴状の送達があってから原則として 20 日以内に提出しなければならないとされているので，多くの場合は答弁書が出てからこの会合を開くことになろうと思われるが，そのような順序を規則が指定しているわけではない。連邦規則諮問委員会も，訴状の記載が概括的で漠然としているときは，被告が答弁書を出す前でも，この会合を早く持つことが望ましいとしている[11]。これは，後述の初期ディスクロージャーの重要な部分が「訴答書面で特定的に主張された争いのある事実」に関する情報のディスクロージャーとなっているので，この会合を通じて当事者間で事実争点を早く詰めることを期待しているも

---

9) この報告書の書式として Form 35 がある。Federal Civil Judicial Procedure and Rules,1994 Edition（West）at 253 ［以下，1994 Edition として引用する］。（平野・前掲〔注 3〕38 頁にこの書式の和訳がある。）この書式には各種ディスカヴァリ方法の制限，爾後のディスクロージャーの予定，スケジューリング・カンファレンス開催の希望の有無，和解に関する要望などの項目が含まれている。これらの項目は例示である。

10) スケジューリング命令は被告の最初の応訴行為（答弁書提出）の時から 90 日以内で，かつ訴状送達の日から 120 日以内にしなければならないとされているので（16 条(b)），［スケジューリング・カンファレンスを特に開くケースを除けば，］被告の最初の応訴行為（答弁書提出）から数えると 75 日以内に当事者の会合を開くことになる。26 条(a)(1)の諮問委員会注釈（1994 Edition, at 121）。

11) 26 条(a)(1)諮問委員会注釈（1994 Edition, at 121）。ちなみに，会合協議義務はすべての当事者に課され，12 条の訴答書面明確化の申立てなどをしているためにまだ答弁書を提出していない被告も例外ではない。26 条(f)の諮問委員会注釈（1994 Edition, at 124）。

のと思われる［後述］。

会合協議義務をできるだけ遵守させるために，裁判所は，この義務を懈怠した当事者またはその弁護士に合理的な費用の制裁を課すことができるとされている（37条(g)）。もっとも，裁判所はローカル規則等で，ディスカヴァリがまったく，または稀にしか行われないような一定の類型の事件[12]については，会合協議義務を免除することもできる（26条(f)）。

2．初期ディスクロージャー

当事者の会合ののち原則として10日以内に, 初期ディスクロージャー[13]（Initial Disclosures）と呼ばれる当事者間での一定の基本的情報の交換が義務づけられている（26条(a)(1)）。この初期ディスクロージャー義務は，ローカル規則や裁判所の命令，あるいは当事者の合意によって排除または変更（部分的排除または追加等）することができる[14]が，そのような変更がない限り，相手方の要求を待つことなく，次のような情報を互いに開示することになる（26条(a)(1)(A)〜(D)）。これらの情報は，トライアルに向けて当事者が主張・立証の準備をし，また十分な情報に基づいて和解の判断をするために必要になる，基礎的な情報であり，従来，ディスカヴァリの手段の一つである質問書（interrogatories）によって早い段階で情報請求されるのが通例であったものであるといわれている[15]。

---

12) 具体例としては，社会保障給付決定の審査，国による取立事件（おそらく，軍人恩給の死亡後の過誤給付金や奨学ローンの返還請求等であろう。統計上も多く，軽易な事件といわれている）などがあげられている。26条(f)の諮問委員会注釈（1994 Edition, at 125）。

13) 民事司法改革法に基づく各裁判所ごとのディスクロージャー制度においては，早期の段階でディスカヴァリに先んじて行われる初期ディスクロージャーを Pre-discovery disclosure と呼ぶ例が多いようである。

14) 裁判所が初期ディスクロージャー義務を排除することが予想される事件類型として，社会保障給付決定の審査，国による取立事件がある。26条(a)(1)の諮問委員会注釈（1994 Edition, at 120）。

15) 26条(a)(1)の諮問委員会注釈（1994 Edition, at 120）。

(1) 訴答書面において特定的に主張された争いのある事実に関連する情報で、ディスカヴァリ可能なものを有するとみられるすべての個人の氏名、および、知れていればその住所と電話番号、ならびにその者が有するとみられる情報のテーマ［＝どういう情報を持っているか］

これは証人のリストであるが、証人がどちらの当事者に有利な証言をするかに関係なく、ディスクローズしなければならない。秘匿特権の対象となる情報を有する証人の氏名もディスクローズしなければならないと解されている[16]。

(2) 訴答書面において特定的に主張された争いのある事実に関連するすべての文書、データ記録物および有体物で、自己の所持、保管または支配下にあるものの写しまたはその分類および所在による表示［一覧書］

これは文書等のリストであるが、文書等が自分の主張に有利か否かを問わず、関連のありそうなものをすべてディスクローズしなければならない。一つ一つの文書等を個別的に列挙する必要はないが、自分がどこにどういう内容の文書等を保管しているかということを、相手方が後に文書提出等のディスカヴァリの要求書を作成するのに支障がない程度に分類・表示する必要がある。

文書自体のコピーの提出もこの条文の文言に含まれているが、諮問委員会注釈によれば、これは、関連文書がわずかしかないような場合に、当事者の意思で文書自体のコピーを提出することもオプションとして認める趣旨であって、文書自体のコピーの提出を義務づけるものではないという[17]。従って、通常はリストの提出という形になる。

なお、この段階では、秘匿特権等のある文書もリストに載せてディスクローズしなければならないが、後に文書提出のディスカヴァリ要求に対して秘匿特権等を主張して異議を述べる権利を失うものではない[18]。

---

16) 平野・前掲（注3）40頁。次の(B)で秘匿特権等の及ぶ文書でもそのリストのディスクロージャーはしなければならないとされていることとの対比からいって、当然そうなろう。

17) 26条(a)(1)の諮問委員会注釈（1994 Edition, at 120）。この点では(C)、(D)の場合と異なる。

(3) 自己の請求する損害額の計算書，ならびに，その根拠となる［特権または保護の対象外の］文書等についての検査および複写の承認

これは規則34条による文書提出要求のディスカヴァリに機能的に相当するもので，今後はこの種の文書については個別的にディスカヴァリ要求をする必要はなくなった。損害賠償その他金銭的救済を求める当事者は，このディスカヴァリが要求されたかのように，計算の根拠となる文書を個別的に特定明示して検査・複写を承認しなければならない。なお，秘匿特権等の対象になる文書についてはこの限りではない。

(4) 判決により生じうる義務をカバーする保険契約書の検査および複写の承認

これは，改正前にはディスカヴァリの対象になると規定されていたのを，初期ディスクロージャー義務の内容に組み入れたものである。

ところで，(1)と(2)に共通に，「訴答書面において特定的に主張された争いのある事実に関連する (relevant to disputed facts alleged with particularity in the pleadings)」という要件が定められている。この点は，初期ディスクロージャー義務の範囲の曖昧さを生じさせるとの批判を立案段階から招いてきたが[19]，同時に，プリーディングの機能との関係で一つの問題を提起する。現在のいわゆるノゥティス・プリーディングでは，訴答書面は請求の内容がどのようなものであるかを簡潔に通知する機能を果たせばそれでよいとされ，争点の形成はディスカヴァリ段階で，最近では特にスケジューリング・カンファレンスおよびスケジューリング命令を通じて行われることが予定されているからである。今回の改正で前述のような要件の下に初期ディスクロージャーを義務づけたことで，原告側ができるだけ多くの関連情報を獲得するために，訴状の事実主張をより詳細に記載するようになるのではないか，そういう意味でファクト・プリーディングに近づくのではないか，という予測もされている[20]。

---

18) 26条(a)(1)の諮問委員会注釈（1994 Edition, at 120）。
19) この批判については，大村・前掲（注3）342頁参照。
20) 平野・前掲（注3）40頁。Michigan Lawyers Weekly, August 2, 1993.

諮問委員会注釈も，「ノウティス・プリーディングの下ではしばしば概括的で漠然とした結論的主張，たとえば，多くの部品から組み立てられているある製品のどこかに欠陥がある，というような主張が許容されるが，これによって相手方は直ちに，デザイン，製造，組み立てに関わるすべての潜在的な証人や文書のディスクロージャーの義務を課されるものではない。訴答書面における主張が特定的で明確であればあるほど，潜在的な証人および文書証拠のリストは完全なものに近づくであろう」と述べている。ただ，他方で，プリーディングの記載の仕方についての条文はなんら改正されていないし，諮問委員会も，「文言上は訴答書面で画定された事実争点と規定しているけれども，これらの争点は当事者の会合を通じてインフォーマルにリファインされ，明確にされるであろうと規則は期待している」と述べている[21]。

　これらから判断すると，少なくとも立法の趣旨としては，ファクト・プリーディングへの復帰を展望するというのではなさそうである。ただ，概括的なプリーディングだけでは争点が明確にならないおそれが強いことは確かであり，その場合にはディスクロージャーの実施に困難を伴うので，実施の前段階において当事者間の会合協議を義務づけ，争点の明確化を図るという段取りにしている。しかし，一般論としては，初期ディスクロージャーの導入によって，実際問題としては，（とりわけ原告が重要な争点になると考える点について）訴状をなるべく詳細に記載するインセンティヴが組み込まれたといえようか。

　両当事者は，以上のような情報・資料についての初期ディスクロージャーをする前に，事実争点に的を合わせた「合理的な調査」をする義務を負うと規定されており（26条(a)(1)注釈，26条(g)(1)参照），ディスクローズする段階で「合理的に利用可能な」情報に基づいて，初期ディスクロージャーをしなければならない。調査が未完了であることや，相手方がまだディスクロージャーをしていないことを理由に，ディスクロージャー義務を免れることはできない（26条(a)(1)）。

---

21)　26条(a)(1)の諮問委員会注釈（1994 Edition, at 120-121）。

なお，ディスクロージャーの方式は，署名した書面により，相手方に送達するとともに，裁判所に迅速に提出しなければならない (26条(a)(4))。これは，初期ディスクロージャーだけでなく，以下のすべてのディスクロージャーに共通である。

3．スケジューリング・カンファレンスおよびスケジューリング命令

ローカル規則で除外された事件類型は別として，その他の事件ではスケジューリング命令が必ず発せられる (16条(b))。すなわち，裁判所は，当事者が会合協議を経て作成・提出した報告書に基づいて，必要と認めるときはさらにスケジューリング・カンファレンス，電話，郵便などで当事者と協議したうえで，スケジューリング命令を発しなければならない。

スケジューリング命令はその後の事件進行の計画を定めるもので，その実際の内容は裁判官によってかなり違いがありうるが，ディスカヴァリやディスクロージャーその他当事者の行動を規律する基準になるものである。規則16条によると，この命令には，他の当事者の加入，訴答書面の修正，手続内の各種の申立て，およびディスカヴァリの完了について期限を定めなければならない。さらに，ディスクロージャーの実施時期の変更，許容されるディスカヴァリの範囲，プリトライアル・カンファレンスやトライアルの日程，その他事件の状況に応じて必要な事項を定めることができる。これらの決定は，相当の理由を示して裁判官の許可を得なければ変更が許されない (16条(b))。

初期ディスクロージャーは通常この命令以前に終了しているが，鑑定意見のディスクロージャー，プリトライアル・ディスクロージャー，さらにこれらすべての補充的ディスクロージャーについては，その時期や順序を，事件の状況に応じてスケジューリング命令で定めるのが望ましく，また，ディスカヴァリの範囲や時期についても同様である。

諮問委員会注釈は，ディスカヴァリを行う必要がある事件では，できるだけスケジューリング・カンファレンスを開いて，裁判官が両当事者と直接会って

協議すべきであるとしている[22]。これは，裁判官によるいわゆるケース・マネジメントを積極的に行うことができる主要な舞台は，やはり裁判官と両当事者とが直接会合するカンファレンスであるからである。

4．ディスカヴァリおよびその制限

スケジューリング命令が発せられると，当事者はディスカヴァリを本格的に開始することになろう。ディスカヴァリの各種の方法については，従来と同じである。

しかし，従来，ローカル規則ではともかく，連邦規則自体はディスカヴァリの数量的な制限を課していなかったが，今回の改正では，証言録取書は一方当事者側ごとに通算して——たとえば原告が複数いれば原告全員まとめて計算する——原告側・被告側それぞれ10回までに制限され（30条(a)(2)(A), 31条(a)(2)(A)。口頭質問による場合と書面質問による場合を通算する），また，質問書は各当事者につき（小項目も含めて）25項目までに制限された（33条(a)）。但し，いずれも，当事者間の合意により，または裁判所の許可を得れば，この制限を超えることができる。スケジューリング命令の中でこの制限と異なる指定があれば（この制限回数より多い場合も少ない場合もあり得る），まずはその範囲内で実施することになる。

この数量的制限の目的は，一つには，一定数量以上の証言録取書なり質問書を利用する場合には，26条(b)項(2)の83年改正で規定された裁判所による合理的必要性の審査（他に入手手段があるか，不当に重い負担になるかなどの審査）を経由させることにあり，同時にまた，（合意によっても拡張できるとするのは）費用効率の良いディスカヴァリ計画を論じ合う弁護士の義務を強調することにあるといわれる[23]。なお，質問書の数量制限は，従来質問書で開示要求されていた情報の多くが種々のディスクロージャーによって自動的に開示されることにな

---

22) 16条(b)の諮問委員会注釈（1994 Edition, at 81）。
23) 30条・33条の諮問委員会注釈（1994 Edition, at 133, 136）。

り，質問書の必要性がそれだけ少なくなるはずである，という理由に基づく[24]。

　数量的制限の導入にあたって原告・被告とも数量を一律にして形式的平等を図ったことは，やむを得ない面があると思うが，一方の当事者とりわけ被告側に情報が偏在しているようなケースでは，この制限を超える回数のディスカヴァリを原告に許可するかどうかについては，事案に即した裁判所の適切な裁量が必要になろうと思われる。当事者の合意によって数量的制限を超えるディスカヴァリを行うことも可能とされているが，双方の利害・思惑が一致しなければそのような合意の成立は期待できないと考えられるので，合意による拡張はあまり多くはないのではなかろうか。したがって，ディスカヴァリの拡張には多くの場合裁判所のチェックがかかることになり，その意義は大きい。但し，数量的制限が課されることになったのは証言録取書と質問書だけであり，文書提出要求については従来どおりで，第一次的には当事者間に委ねられ，裁判所のチェックは当事者の求めがあるまでは働かない。この点について今回の改正の過程で何か議論がなされたのかどうかはわからないが，今後の課題であろう。

　いずれにせよ，初期ディスクロージャーで提供された証人や文書に関する情報が，証言録取書や文書提出のディスカヴァリ要求をする際の手がかりになる。

5. 鑑定意見のディスクロージャー

　スケジューリング命令の後，一定の時期までに，当事者は鑑定意見のディスクロージャー（Disclosure of Expert Testimoney）をする義務を負う（26条(a)(2)）（専門家証人をここでは鑑定人と呼んでおく）。

　ディスクローズすべき内容は，トライアルで使うであろう鑑定人のリストおよび鑑定人が作成・署名した報告書である。この報告書には，鑑定意見とその根拠，鑑定人が検討したデータその他の情報，鑑定意見を要約したり根拠づけるべき文書や図面，鑑定人の経歴や過去10年間の公刊物のリスト，当該事件

---

[24] 33条の諮問委員会注釈（1994 Edition, at 142）。

での報酬額，過去4年間に鑑定を行った事件のリストを記載しなければならない。

相手方には，反対尋問の準備をしたり，これに対抗する別の鑑定人を用意するための合理的な機会を保障する必要があるので，鑑定意見のディスクロージャーの時期は裁判所がスケージューリング命令で定めることが望ましいとされている。この指定がないときは原則としてトライアルの90日以上前にしなければならない，相手側の鑑定意見を反駁することのみを目的とする鑑定意見は，相手側の提出時から30日以内にディスクローズしなければならない[25]。

完全にディスクローズしておかなかった鑑定意見は，後にトライアルで使うことが原則として許されない（37条(c)(1)）。

なお，従来は，相手方が鑑定意見の内容について質問書を出してもきわめて簡単な回答しか得られず，鑑定人の証言録取書をとる必要に迫られたといわれるが，今回の改正で詳細な報告書のディスクロージャーが義務づけられ，しかも，鑑定人の報告書が提出された後でなければ，相手方がこの鑑定人の証言録取書をとることは許されない（26条(b)(4)）と定められたので，鑑定人の証言録取の必要は減少すると諮問委員会は予想している[26]。

6．プリトライアル・ディスクロージャー

トライアルの期日が迫ってくると，当事者は，トライアルに提出する予定の資料・証拠を互いに明らかにするという，プリトライアル・ディスクロージャ

---

25) なお，諮問委員会注釈は，鑑定人の報告書は，（サマリ・ジャッジメント等の）申立ての審理やトライアルとの関係で必要になるまで裁判所には提出しないように，多くの裁判所が指示するであろうと，予想している。

26) 26条(b)(4)の諮問委員会注釈（1994 Edition, at 123）。なお，鑑定人が鑑定の際に検討の対象とした情報や資料もこのディスクロージャーの範囲に含められているので，鑑定人にそれらを提供した当事者は，鑑定人がトライアルで尋問されあるいは証言録取書をとられるときに，それらの情報や資料が秘匿特権やワークプロダクト保護の対象になると主張することはもはやできない。26条(a)(2)の諮問委員会注釈（1994 Edition, at 122）。

一 (Pretrial Disclosures) の義務を負う (26条(a)(3))。それ以前のディスクロージャーおよびディスカヴァリによって，当事者はさまざまな情報や証拠を手に入れているはずであるが，各自の立証・反証のためにトライアルに提出する予定のものが何であるかを最終的にディスクローズする。

ディスクローズすべき内容は，証人や文書等のリストであるが，いずれについても，トライアルで提出するつもりである証拠と，トライアルの展開いかんによって必要となったときに備えて提出の権利を留保するものに分けて，リストアップしなければならず，また，証人については，法廷で尋問する者とデポジションの形で提出する者を区別しなければならない。

ここでリストアップしていなかった証拠は，トライアルで原則として利用できない (37条(c)(1))。もっとも，もっぱら弾劾証拠として利用するものは，この限りではない[27]。また，諮問委員会注釈によると，リスト共通の原則とでもいうものがあって，自分がリストアップしていなかった証人でも，相手のリストに載っていれば，証人申請できる[28]。

この最終的なディスクロージャーは，原則として，トライアルよりも30日以上前にしなければならないとされている。最終ディスクロージャーの時期は，特に和解との関係で微妙であって，トライアルの接近が一種の圧力となって和解が成立する場合も多いことを考えると，あまり早い時期に設定しても無駄になるし，逆に，和解が成立しない事件ではトライアルの最終準備のために時間的余裕を与える必要があるので，一応妥当な線として30日前とされたわけであるが，事件の状況に応じてスケジューリング命令やその後のプリトライアル命令で（より早い期限を）定めるのが望ましいとされている[29]。

このディスクロージャーを受けた相手方は，デポジションの利用可能性につ

---

27) ただ，ローカル規則やプリトライアル命令で，弾劾証拠についてもディスクロージャーを義務づけることは可能である。26条(a)(3)の諮問委員会注釈（1994 Edition, at 122）。
28) 26条(a)(3)の諮問委員会注釈（1994 Edition, at 122）。
29) 26条(a)(3)の諮問委員会注釈（1994 Edition, at 123）。

いての異議や，文書等の証拠としての許容性についての異議を記載したリストを，原則として14日以内に提出しておかなければならず，その後は，相当の理由を示して裁判所の許可を得ない限り，異議権を放棄したものとみなされる。

7. 補充的ディスクロージャー

当事者は，各種のディスクロージャーをしても，その後に新しく得られた情報に基づいて，ディスクロージャーを補充訂正する義務を負う (26条(e)(1))。

初期ディスクロージャーで提供した情報の補充訂正は，適当な間隔で定期的に，また，鑑定意見に関する補充訂正は，プリトライアル・ディスクロージャーをなすべき時期までにしなければならない。

8. ディスクロージャー義務の懈怠に対する制裁

ディスクロージャー義務を負う者がこれを完全に果たさない場合[30]に備えて，規則は，ディスクロージャーの強制命令および適切な制裁の命令を申し立てる権利を他の当事者に与えるとともに (37条(a)(2)(A))，多様な制裁を用意している。これには，自動的な制裁と裁量的な制裁がある。

(1) 自動的制裁

正当な理由なしにディスクロージャー (26条(a)＝三種類全部) ないし補充的ディスクロージャー (26条(e)(1)) を怠った者は，ディスクローズされなかった証人その他の情報・資料を，トライアル等の審理の場で証拠として利用することを許されない。但し，実害の生じない場合[31]はこの限りではない (37条(c)(1)前

---

30) 不完全ないしは曖昧なディスクロージャーは，ディスクロージャー懈怠として扱われる。37条(a)(3)。

31) たとえば，すべての当事者がすでに知っている証人の氏名を初期ディスクロージャーのリストからうっかり落としていたとか，トライアル証人のリストから脱落していたが他の当事者のリストには掲げられていた，というような場合には，実害がないとして，また，正当な理由がないものともみなさずに，救済してよい

段)。また，もっぱら弾劾証拠として利用する証拠についてディスクロージャー義務が免除される場合も，この制裁は適用がない[32]。この制裁は相手方の申立てを要しないという意味で，自動的制裁（automatic sanction）[33]といわれる。

　この自動的制裁は，自分がトライアルで利用したいと思う資料について，ディスクロージャーを励行させる強力なインセンティヴになる。しかし，自分に不利になる蓋然性の高い資料については，制裁としての意味がない。そのような場合には，次のような各種の裁量的制裁で対処するものとされている。

(2) 裁量的制裁

　裁判所は，自動的制裁に加えて，またはこれに代えて，申立てに基づき，審問の機会を与えた後，その他の適切と認める制裁を課すことができる。この制裁としては，ディスクロージャー懈怠に帰因する相当の費用（弁護士費用を含む）の償還を命ずることに加えて（費用の償還についてはさらに37条(a)(4)に詳細な要件が規定されている），特定の事実の証明があったものと擬制すること，相手方の主張に反する証拠の提出を禁ずること，訴答書面の全部または一部の削除，訴えの却下，懈怠判決，陪審にディスクロージャー義務の違反を告知することなどが可能とされている（37条(c)(1)後段）。ディスカヴァリの強制命令に従わない場合は裁判所侮辱の制裁が可能とされているが，ディスクロージャーに関してはこの強力な制裁は除外されている。

　なお，ディスクロージャーの強制・制裁の申立てを却下する場合は，裁判所は（従来ディスカヴァリについて規定されていたのと同様の）保護措置命令（26条(c)）をすることができるとされている（37条(a)(4)(B)）。これは，初期ディスクロージャーのうち，26条(a)(1)(C)のように，秘匿特権等の対象となる書類はディスクローズしなくてよいとされている場合があるので，これを保護するためであると思われる。

　　とされる。37条(c)諮問委員会注釈（1994 Edition, at 155）。
32）　Ibid.
33）　Ibid.

III　ディスクロージャーの実施状況

1．ディスクロージャーの導入状況

　諮問委員会注釈によると，最終のプリトライアル・ディスクロージャーは，相当多数の裁判所でこれまでも行われていたようである。また，鑑定意見のディスクロージャーも，かなりの裁判所で既に行われていたようである。これに対して，初期ディスクロージャーは，民事司法改革法に基づいて1991年頃から導入する裁判所が出てきたが，それ以前にはまずみられなかったものである。

　プリトライアル・ディスクロージャーおよび鑑定意見のディスクロージャーでは，それぞれの当事者がトライアルに自分の提出したいものをディスクローズする義務を負うにとどまる。これらは，自分の武器を相手に対してアンフェアにならないように適切な時期に出せという要求であるので，あまり反対はないようである。これに対して，初期ディスクロージャーは，不利なものもリストに掲げなければならない。つまり，相手方の主張・立証を援助するという意味あいがあるわけで，そのようなことを義務づけるのは依頼者に対する忠実義務に反するとして，弁護士会を中心とする猛反対があった[34]。初期ディスクロージャーの規定（26条(a)(1)）を削除しようという修正法案も議会に提出されたが，これは，下院を通過したものの，NAFTA問題の余波を受け，上院で時間切れになって審議されないまま，規則改正案は成立してしまった[35]。

　ただ，そうすると，初期ディスクロージャーが実務の支持を得ていないかというと，そうとも言い切れない。民事司法改革法の呼びかけに応じて，相当数の裁判所が，規則改正以前に，初期ディスクロージャーに似たものを実験的に導入していた。さらに，規則改正後の状況をみると，全米94地区の連邦地方

---

34)　アドヴァサリ・システムとの関係での批判とそれに対する反論につき，大村・前掲（注3）343頁参照。

35)　同前341，349頁。

裁判所のうち，連邦規則のディスクロージャーをそのまま採用しているところが 32 地区，別な形のディスクロージャー（これはおそらく民事司法改革法に基づく各地区ごとのプランが多いと思われる）を導入しているところが 31 地区，合わせて 63 地区がディスクロージャーを導入している。これに対して，暫定的にディスクロージャーを当面は採用しないとしているところが 18 地区，最終的に採用しないという態度をとっているところが 5 地区，（裁判所としては採用しないけれども）個々の裁判官の判断に委ねるとしているところが 8 地区あるという[36]。

連邦規則は，ローカル規則の定めで初期ディスクロージャーを採用するか否かのオプションを認めているところ，連邦規則の規定を採用した裁判所が 32 地区であるというのは一見少ないようにもみえるが，民事司法改革法に基づく類似制度が（多くは規則改正に先行して）31 地区で採用されているというのであるから，それらの裁判所は連邦規則型を採用するよりも先行して開始した試みを続行すべきであるという判断をしているものと考えられ，ディスクロージャー制度自体に対して裁判所の消極姿勢が強いと即断することはできない。合わせて 63 地区という数字だけからみれば，むしろ，裁判所の間には相当数の支持があるといえそうである。

2. 裁 判 例

次に，ディスクロージャーの運用状況を知るには裁判例が参考になると思われるが，施行後一年経過時点でも改正連邦規則のディスクロージャーに関する

---

36) District Courts Vary on Use of Prediscovery Amendments, The Third Branch, March 1994, p, 9. また，A. W. Cortese, Jr.,Mandatory DiscLosure Rule 26 (a)(1) : Variety Reigns, PLI Order No, H4-5183, March 21, 1994 [WESTLAW 498 PLI/Lit 425] も若干異なるがほぼ同様の調査結果を報告しており，個別の裁判所ごとの状況も掲載している。なお，Linda S. Mullenix, Discovery : The Pervasive Myth of Pervasive Discovery Abuse and the Consequences for Unfounded Rulemaking, 46 Stanford L. Rev. 1393, 1444 (1994).

判例を，筆者はまだ見出していない。しかし，民事司法改革法に基づく連邦地裁のローカル規則のディスクロージャー（連邦規則のそれとは少し異なる）に関しては裁判例を知り得たので，間接的な参考資料として，その若干をごく簡単に紹介する。

まず，ミシシッピ州北部地区の連邦地裁で，マジストレイト・ジャッジが職権で下した決定が2件ある[37]。この地区は，原告についていえば，訴状の送達と同時に請求に関連する情報の初期ディスクロージャーを義務づけている点で，連邦規則よりも早期に，かつ，より広い情報を要求している。

これらの決定は，原告が，証人の氏名を掲げているけれども住所や電話番号を記載していないとか，損害額の計算の内訳を明らかにしていない，といったケースであり，裁判所は，追加的ディスクロージャーを原告に命じるとともに，それができないならばその理由を示すべきであると述べている。

三つめは，モンタナ州の連邦地裁の決定[38]で，この地区では，予備的プリトライアル・カンファレンスの15日前までに，請求または抗弁の事実的基礎および法的根拠，請求または抗弁についての情報を有する証人や文書等のリストの初期ディスクロージャーを要求している。

本件はタイヤ製造会社に対する製造物責任訴訟である。原告の申し立てたディスクロージャーの強制および制裁の申立てに対して，被告は，原告の弁護士は本件と同じタイヤの欠陥を理由とする他の多数の製造物責任訴訟において原告を代理しており，従って，それらの事件を通じて関連文書や証人に関する情報を既に十分有している，と反論した。これに対して，裁判官は，同種の訴訟での代理という事情があっても，それは本件で被告のディスクロージャー義務

---

37) JONES v. KEMPER INSURANCE COMPANY, 153. F. R. D. 100 (N. D. Mississippi Jan. 27, 1994); LOCAL 1529 OF the UNITED FOOD AND COMMERCIAL WORKERS UNION v. HARVEST FOODS, INC, 153 F. R. D. 98 (N. D. Mississippi Jan. 21. 1994).

38) SCHEETZ v. BRIDGESTONE/FIRESTONE, INC, 152 F. R. D. 628 (D.Montana Dec. 14, 1993).

を免除する理由にはならないし，目撃証人のように事故ごとに異なる証拠があり，また，モンタナ州のローカル規則では，連邦規則と違って，自己の関連会社の支配下にある文書についても可能な限りリストを提出する義務があると述べて，被告に補充的ディスクロージャーを命じたが，制裁の申立ては（特に理由を示さずに）却下している。

　以上のようなわずかな裁判例だけでは全体的な傾向はとてもつかめないので断定は避けなければならないが，これらの裁判例をみる限りでは，当事者は初期ディスクロージャーで提供する情報量をできる限り少なく抑えようとする傾向があるといえそうである（その動機は，戦術的なこともあるであろうし，単にあまり負担を背負いたくないという心理から来ているのかも知れないが，新ルールへの不慣れということも考えられる）。これに対して，裁判所は相当厳しくディスクロージャー義務の遵守を要求している。しかし，ディスクロージャーの導入によってディスカヴァリがどの程度合理化・効率化されるか——これが改革の中心的な動機である——は，さらに今後の運用と実態調査を待たなければわからない。

Ⅳ　ディスクロージャーの導入を中心とする規則改正の検討

　連邦規則のディスカヴァリ規定についての今回の改正は，一方で，ディスクロージャーによって事件に関する基本的情報の交換を促進するとともに，他方で，これと連動させて，伝統的なディスカヴァリについては，できるだけ計画的かつ効率的に行われるようにする，その一環として数量的な制限も加える，というものであった。

　まず，ディスクロージャー自体には三つの種類があり，それぞれの目的はかなり異なっているように見受けられる。諮問委員会によると，ディスクロージャー制度の趣旨は，一般的にいうと，トライアルの準備，および，十分な情報に基づく和解の判断をするのに通常必要とされる，基本的情報の交換を確保す

ることにあるという。ただ，個別にみていくと，初期ディスクロージャーは，主として，無駄なディスカヴァリを省いてこれを効率的に行うための前提条件の整備という機能が中心であろう。鑑定意見のディスクロージャーは，トライアルにおける不意打ちを防止するとともに，いわゆるジャンク・サイエンスと呼ばれるいい加減な鑑定の弊害を除去するため，鑑定をディスカヴァリからなるべくディスクロージャーに移して効率的に淘汰することを狙っているように思われる。また，プリトライアル・ディスクロージャーは，やはりトライアルにおける不意打ちを防止し，かつ，トライアルを効率的に行うための最終準備が目的であるといえよう。

　さらに，ディスクロージャーの導入に関連するその他の改正事項も加えて，訴訟理念のレベルで総合的に観察すると，当事者の会合協議義務を新たに規定し，予備的な争点整理やディスカヴァリ計画の立案を必ずさせることにしたのは，アドヴァサリ・システム（当事者主義）をベースにした改革といえようが，それは同時に，過度に敵対的な訴訟追行ではなく，弁護士の話合いを通じて相互協力ないし協調的な姿勢を期待するという意味で，また，スケジューリング命令などのプリトライアル命令を通じての裁判官によるケース・マネジメントを補助するあるいは容易にするという意味では，アドヴァサリ・システムの観念を緩和ないし抑制する側面も持っている。また，不利な情報も開示させる初期ディスクロージャーにおいては，依頼者に対する弁護士の忠実義務の制約原理として，裁判所のオフィサーとしての弁護士に期待されるいわば訴訟協力義務を従来よりもかなり強く打ち出しているとともに，証言録取書および質問書の数量制限により，一定数量を超えるディスカヴァリには裁判所がその合理性を審査するという形で，裁判官の積極的介入をより大きく確保しようとしている。従って，全体としては，プリトライアル段階におけるアドヴァサリ的思想を抑制するという色彩が，改正の基調になっている。

　このような方向は，プリトライアル段階ではアドヴァサリ・システムは不適切であると唱道したブラジル判事，シュウォーザー判事などの考え方に強く導かれたものであることは間違いない[39]。ただ，出来上がった改正規則は，伝統

的なアドヴァサリ・システムの観念を擁護する立場との妥協・調整の産物であり，これらの改革派が主張したような，ディスクロージャーを主とし，ディスカヴァリを従とするような形に変容したとはいえない。その意味で，ディスカヴァリからディスクロージャーへとわが国でしばしば標語的にいわれる表現が与えるイメージほどの変革ではないというべきであろう。

ところで，プリトライアル手続，とりわけ，プリトライアル・カンファレンスを通じての争点整理のやり方に関しては，最近，日本の裁判官の視点から，日米の差異が的確に描写されている。それによると，日本と対比した場合，アメリカでは事案の内容に立ち入った実質的な争点整理は少なく，その原因は日米の訴訟手続の構造的な差異にあるという。すなわち，日本では「早期の段階から書証等を参照しつつ争点形成が裁判官の主導の下に行われる」のに対して，アメリカでは「裁判官として直接関係者から事情聴取を行う方途」がなく，当事者主導で行われる「ディスカヴァリの結果等について報告を受けて間接的に争点の整理を進めていく」というやり方なので，「事件の内容にわたる観点からのケース・マネジメント［を行う］には一定の限界が内在する」という[40]。

ここでは，日本の訴訟構造といっても，おそらく弁論兼和解方式を前提にして論じられていることに注意する必要がある。このような日本の実務の観点からは，この観察はもっともなところであろう。それはともかく，ここで指摘されているような構造的な違いからすると，プリトライアル・カンファレンス自体は日本の争点整理手続を考えるにあたってもはや直接の参考にならないかも知れない[41]。

---

39) これらの改革派の考え方については，大村・前掲（注3）324頁以下。
40) 司法研修所編・前掲（注3）76頁，103頁，139-140頁，特に，112頁。
41) ちなみに，戦後の争点整理手続の改革において，アメリカのプリトライアル・カンファレンスの影響があったことは，すでに指摘されているところである。すなわち，戦後，訴訟促進のためには集中審理が必要であるとの認識の下に，継続審理規則の制定（昭和25年）によって，準備手続を原則化するとともに，争点

確かに，争点整理手続の機能の違いは情報・証拠の収集手段のあり方にも影響を与えるであろうが，当事者にそのような手段を保障するという基本線は変わらないのではなかろうか。情報・証拠の収集手段としてのディスカヴァリないしはディスクロージャーのような制度は，異なるタイプの争点整理手続においても重要な価値を有していると考える。このような見方は，「検討事項」や「改正要綱試案」における各種の提案にも現れているようである。ただ，アメリカのように第一次的に当事者に任せ，問題が出てきて当事者の求めがあれば裁判官が関与する[42]というのではなく，わが国では最初から裁判官が関与する

　の圧縮の機能をそれに期待した。また，その構想の失敗の反省に立って，次には，民事訴訟規則の制定（昭和31年）により，口頭弁論の中で証拠調べをある程度行いながら，本来的口頭弁論での集中審理の準備を実質的に達成しようとする，準備的口頭弁論の方式を導入した。「この準備手続［の25年改正］は，アメリカ法のプリトライアル［・カンファレンス］の精神を継受したもの」であり，また，より実効的な準備をめざした準備的口頭弁論において行われる証拠調べはディスカヴァリの「代用品的作用を果すものと理解すべきである」と指摘されている。服部高顕「米国におけるプリトライアルおよび開示の制度」（在外研究報告第3号昭和33年最高裁判所事務総局）65頁以下，特に68-69頁。

　もっとも，これらの手続はあまり活用されず，近年にいたって弁論兼和解方式が実務上案出され，普及していることは周知のところである。弁論兼和解は，準備手続的要素と準備的口頭弁論的要素を合わせ持っているところから，その位置づけはいまだ定まらないようであるが，機能的には，プリトライアル・カンファレンスと同様に，集中審理（集中証拠調べ）のための争点の圧縮や証拠の整理といった準備機能を果たしている。しかし，弁論兼和解方式の実務からみれば，前述のように，争点整理が早い段階から「裁判官主導」でなされるか，「当事者主導」でなされるかという点において，日米のやり方に違いがあると指摘されたわけである。この違いは，その前提として，訴え提起後，法廷外において，情報・証拠の収集手段が当事者に十分用意されているかどうかという違いを背景にしている。ディスクロージャーの導入によるディスカヴァリ改革ののちも，基本的には当事者間で実施され，問題が生じたときに裁判官に申立てがなされるわけだから，アメリカにおける当事者主導という基調が変更されたものではなかろう。

42）　もっとも，質問書と証言録取書については，今回の改正により，数量的制限を超える場合は様相がかなり変わったことは，前述の通りである。

のがむしろ原則になるであろう。この方式は，アメリカ型に比べて裁判官の負担を増大させる面があるが，負担の程度は実際にはどのような範囲で開示を許容する制度を作るかによって大きく規定されてくるのであるし，法廷外での当事者間の放縦な攻防を事前にチェックできるという意味では，むしろメリットとなろう。

V ディスクロージャーの観点からみたわが国の民事訴訟法改正

わが国では，裁判官の主宰する争点整理手続に，日本に適合するディスクロージャーないしディスカヴァリ類似の収集手段を組み合わせることになろう。そのような立場から，民事訴訟法改正作業における各種の提案のうちのいくつかを次に検討することにするが，組み合わせの具体的なイメージは，「検討事項」や「改正要綱試案」ではまだ明らかでないように思われ，筆者としても独自に提案できる状態ではない。ここでは，「検討事項」や「改正要綱試案」に示された各種の情報・証拠収集手段について，ディスクロージャー的観点から若干の感想めいたことを書きつけるにとどまる。

今，ディスクロージャー（ここでは初期ディスクロージャーを念頭に置いている）を，相手方の要求なしに行うという形式的な面に比重をおくのではなく，裁判所の命令によるものや，当事者の要求によるものも含めて，争点整理に必要な基本的情報を早期に交換するための手段というその機能に重点をおいて広く捉えた場合，民事訴訟法改正の「検討事項」の段階では，ディスクロージャーに機能的に類似するものとして，三つのものが含まれていた。

1．訴状や答弁書等における，(i) 重要な間接事実および (ii) 主張事実と証拠との対応関係の記載，ならびに，請求を基礎づけるまたは被告の主張事実を基礎づける基本的書証の写しの添付[43]

---

43)「民事訴訟手続に関する検討事項第4, 1」(NBL 23号13-14頁)。

準備書面に証拠やそれと主張事実との対応関係を記載せよという部分は，証拠に関する情報のディスクロージャーの機能を持っている。基本的書証（「要綱試案」の表現では重要な書証）の写しを添付せよという部分は，証拠自体のディスクロージャー的開示の機能を含んでいる。

　2．文書に関する情報の開示制度，すなわち，書証として提出予定の文書および提出予定のない一定範囲の文書について，その名称・作成者等を記載した文書目録の提出を命ずる制度[44]

　これは裁判所の命令による文書情報（リスト）のディスクロージャーともいえるものである。

　3．当事者照会制度，すなわち，主張・立証の準備に必要な事項について，相手方に文書回答を求めることのできる照会書[45]

　これはディスカヴァリとしての質問書に対応するもので，当事者間での情報獲得手段である。アメリカの質問書で通常尋ねられる重要な事項として証拠に関する情報などがある。従って，これも基本的情報の交換の手段といえる。

　「要綱試案」では，若干の修正・見直しがなされた結果，文書に関する情報の開示制度が当面脱落した。その理由は，当事者が提出予定の文書に関する情報については，訴状・答弁書における証拠の記載や重要な書証の写しの添付を要求することによってカバーされるからであり，また，提出予定のない一定範囲の文書に関する情報については，当事者や裁判所にとって煩雑で時間と費用がかかるおそれがあるからとされており，後者については，文書提出命令の申立ての前提としての文書の特定に必要な情報に限定してその開示を求める制度に絞って，さらに検討することとされた[46]。

　争点整理のための情報収集としては，一方で，訴状や答弁書等における重要

---

44) 同前「第 5, 1, 2, (2)」（NBL 23 号 32 頁）。検証物に関しても同様の情報開示制度の項目があるが，ここでは省略する。

45) 同前「第 5, 1, 2, (4)」（NBL 23 号 33 頁）。

46) 「民事訴訟手続に関する改正要綱試案補足説明」（NBL 27 号 40 頁）。

な間接事実や証拠の記載および重要な書証の提出が法文上要求され[47]、おそらく争点整理手続の中で裁判官によってさらにその遵守が要請されていき、他方で、当事者間でも当事者照会によって必要な情報の請求がなされるならば、いずれも訓示規定とはいえ、法律上の明確な根拠に基づく要請であるし、裁判官の心証への影響の考慮などもあろうから、一定の成果をあげていくのではないかと思われる。しかし、とりわけ、文書証拠に関しては、当事者が自分の不利になるおそれがあるから秘匿したいと思う場合には、これらの方法だけではおそらく対処が困難ではないかと思われる。弁論主義の適切な機能を確保し、証明責任の不利益を正当化し、かつ、適正・公平の理念に実質的に適合する裁判を実現するためには、そういった文書の提出こそ必要であると考えるので、不遵守の場合の真実擬制という制裁を伴う文書提出命令の制度が——過度の模索的証明とならずに——無理なく機能するようにしておく必要がある。従って、文書提出命令の申立てを容易にするための環境を整えることが、ぜひとも必要であろう。そのための手段としては、訓示規定的な要請や当事者照会によって文書情報の開示を求めるというだけで果たして十分かどうか疑問がある。これらとは別に、さらに、肝心の文書が何であるかを把握するのに役立つ制度として、現在検討事項のランクに格下げされた文書情報開示制度にも捨てがたいものがあると思われる。これについては、文書情報開示制度の要件や開示すべき情報の範囲という問題や、情報開示に応じない場合の効果（制裁）[48]をどうす

---

47) なお、訴状や答弁書の記載の詳しさという点では、前述のように、連邦規則型ディスクロージャーでは、相手方のディスクロージャー義務との関係で、記載を詳しくする力学がおのずから働くであろうことが想起される。

48) 文書を特定してなされる文書提出命令に応じない場合には、文書の趣旨または要証事項について申請者の主張通りと認めること（「要綱試案第5,1,1,(5)」NBL 27号21頁）により適切に対応できるが、どのような文書があるかまだわからない段階での文書情報の不開示に対しては、適切な制裁を考えるのはなかなか困難である。しかし、後者の場合も、文書提出命令の不遵守の場合と類似する面がありそうに思われる。

前述した、連邦規則の定めるディスクロージャー懈怠に対する制裁（裁量的制

るかという困難な問題があるのは確かであるが，将来的にこの制度の導入の可否について検討が続けられるよう要望したい[49]。

裁）には，(a)当該争点についての相手方の主張の証明擬制，(b)相手方の主張に反する証拠の提出禁止，(c)相当の費用の負担，などがある。特定の文書に関するのではない文書情報開示においては，文書の趣旨・内容についての真実擬制は問題にならないであろう。しかし，文書情報開示といってもむやみな拡散を防ぐために特定の事実争点に関連して命じることにすべきであると考えれば，(a)相手方の主張の真実擬制は適用可能である（ただ，争点整理のためにまさに文書情報や文書自体が必要になるという事情もあるから，既に形成された争点に限った文書情報開示という構成で足りるかは疑問もあり，争点整理と文書情報開示の関係はさらに検討を要する）。(b)は，相手方の主張を裏付ける自己に不利な文書の情報不開示に対しては，直接的な制裁の効果を発揮しにくいように思われる。(c)は，その種の文書情報の開示を間接的に強制する手段である（ちなみに，「検討事項」では文書提出命令の違反に対して間接強制の制裁も提示されていた。NBL23号31頁）。文書情報開示を手続のどのような段階で考えるかにもよるが，これらの制裁を弾力的な形で取り入れることが検討されるべきであろう。

　なお，当事者照会制度については，当面は，「要綱試案」で提案されているように，回答拒絶に対する制裁を伴わないものとしてまずは導入してみるのが穏当と思われるが，回答拒絶事由を明示させるなどの工夫が必要であろうし，あまりに不誠実な拒絶に対する制裁の必要も検討の必要があるかも知れない（小林・前掲〔注１〕257頁）。

49）ディスクロージャーの根拠論，秘密保護との関係，証拠保全手続における証拠情報開示など，本稿では取り上げられなかった問題も多い。ただ，ディスクロージャーを基礎情報の開示と考えれば，秘密保護の要請が問題になる度合いはそれほど高くはないであろう。なお，根拠論については，前掲（注３）座談会・判例タイムズ826号35頁など参照。

4 新民事訴訟法とアメリカ法
—— 争点整理・証拠収集の比較を中心として ——

I 検討の視角

　本稿では，平成8年の改正民事訴訟法をアメリカ法と対比しつつ検討してみたい。新民事訴訟法は，基本的には，わが国の実務から発した要請に導かれて改正にこぎつけたという面が強いように思われるが，他方で，比較法的に興味深い試みを行っている部分があることも確かである。たとえば，当事者照会はアメリカの質問書をモデルとしながら，不遵守に対する制裁はそぎ落とし，その関係で裁判所の関与も排除しており，比較法的にはかなり特異な実験ということができる。
　ところで，アメリカ法との対比における検討・評価という場合，客観的な異同に着目した日本法の位置づけということと，解釈論（あるいは立法論）に役立てるという視点からのより実践的な評価とがあり得るように思う。前者は，望むらくはアメリカ法だけでなくイギリス法・ドイツ法などとも比較対照した位置づけがより有益であろうところ，筆者にはそのような能力も余裕もないし，後者は後者で，相当本格的に検討しないとなしえないことである。したがって，本稿は，アメリカ法との異同を中心として，しかも争点整理および証拠収集の関係に絞って，概略的な比較検討を行うにとどまる。
　なお，日本法との対比の必要上，まずはアメリカの90年代の民事司法改革の流れを瞥見しておくのが望ましいが，これについては本書第3章を参照されたい。ただ，連邦裁判所に関しては，民事司法改革法の制定（1990年）と連邦

民事訴訟規則の改正（最新の改正は 1993 年）という二つのルートから複線的に改革が進められてきており[1]これらはいずれも各連邦地方裁判所にそのローカル規則などによってある程度自由に手続を設計する余地を認めていることに注意を要する。したがって，同じく連邦裁判所であっても手続が必ずしも一様ではなく，本稿で述べることも一つの理念型として考えていただきたい。

II　集中審理（集中証拠調べ）を要請するもの

アメリカの民事訴訟の構造を規定している主たる要因としては，陪審制の存在と弁護士人口の豊かさ（およそ 100 万人といわれている）をあげることができると思う[2]。陪審による審理・判断を受ける権利を訴訟当事者の憲法上の権利として保障しているところから，普通の市民である 12 人の陪審員（最近は人数を減らす傾向があり，州によっては 6 人というところもある）を一定期間拘束して実施するトライアルは，必然的に短期集中型にならざるを得ない（陪審審理が選択されない場合も基本的に同様の手続構造がとられる）。また，人証調べを中心とするトライアルを効率的にかつ陪審員にわかりやすく行うためには，プリトライ

---

1) 『アメリカにおける民事訴訟の実情』（法曹会，1997 年）所収の古閑裕二論文および森英明論文，大村雅彦「米国における民事裁判の現況と改革の動向」国際商事法務 21 巻 5, 6, 7 号〔本書 125 頁以下収録〕，司法研修所編『アメリカにおける民事訴訟の運営』（1994 年），鹿子木康「ニューヨーク南部及び東部地区連邦地方裁判所における費用低減及び遅延解消方策の実施状況」海外司法ジャーナル 2 号 49 頁，山田文「紹介：Symposium on Civil Justice Reform, 46 Stanford Law Review 1285 (1994)」民事訴訟雑誌 43 号参照。
2) 陪審制と集中審理の必然的結びつきについては，田辺公二『民事訴訟の動態と背景』22 頁以下（弘文堂，1969 年）。陪審制と法曹人口以外にも，弁護士の専門分化とロー・ファームの巨大化，原告側弁護士の全面的成功報酬制による原告の費用負担のリスクの回避，一定の法領域における片面的敗訴者（＝被告）負担の特別法，提訴手数料の定額・低額制，懲罰的賠償やクラス・アクションといった違法行為を放置させないための仕組みなどが，アメリカの民事訴訟の現在の姿を形作っている。

アルの段階で証拠を収集・吟味するとともに争点を整理・圧縮し，集中証拠調べができるように準備しておく必要がある。争点整理に必要な情報および証拠の収集手段であるディスカヴァリも，ほとんどの事件で弁護士代理が行われているからこそ実施可能となるといえよう。

このように，アメリカでは手続は必然的にプリトライアルとトライアルに区分され，徹底した証拠収集・争点形成とそれに基づく集中証拠調べがなされることになる（なお，プリトライアル段階での徹底した準備の結果，和解による解決も増加する）[3]。もっとも，広範なディスカヴァリ制度の濫用が高コストと過重な負担をもたらしていると批判されているのは事実であるが，企業側からの非客観的な非難キャンペーンであるという反論もある。実証的な調査研究を勘案すれば，結局，ディスカヴァリの主たる機能場面は，ある程度の規模の事件で証拠の偏在またはそれに近い状態がある場合ということになろうが，数値をどう評価するかの尺度がないゆえに評価が分かれるのではないかと思われる[4]。

翻って，日本では（少なくとも民事では）陪審制という要因は存しないけれども，1950年の「継続審理規則」の制定以来，準備手続の失敗を経ながらも，繰り返し，争点整理と集中証拠調べの必要が強調され，多数の実務上の実験的努力を経て，1996年の民事訴訟法では明確にその方針が打ち出されるにいたった（集中証拠調べの理念を宣言した民訴法182条および民訴規則100条・101条のほか，各種の争点整理手続の法文における争点整理目的の鮮明化。以下，民訴法は条数のみ，民訴規則は規則として引用する）。これは，当初はGHQを通じてのアメリカ法の影響に端を発しながらも，実際問題として，さみだれ式の並行審理より集

---

3) アメリカの民事訴訟についての要を得た解説として，志知俊秀「米国民事訴訟と日本の弁護士」自由と正義48巻5号119頁。

4) Cf. Linda S. Mullenix, Discovery in Disarray : The Pervasive Myth of Purvasive Discovery Abuse and Consequences for Unfounded Rulemaking, 43 Stanford Law Review 1393 (1994)（その紹介として，金子宏直・アメリカ法［1996］145頁）; Charles W. Sorenson Jr., Disclosure Under Federal Rule of Civil Procedure 26 (a) "Much Ado About Nothing?," 46 Hastings Law Journal 679, 706 (1995).

中審理（集中証拠調べ）の方が真実発見の機能が高く，適正な裁判を実現しやすく[5]，また，訴訟の迅速化のためにも必要であるという実務経験に基づくものであり，学界においても基本的にその認識が共有されていたといえる。そして，この間の経緯は，「継続審理規則」によって導入されたアメリカ法の考え方が，約半世紀の時間の経過の後，ようやく日本の実務に定着してきたものと積極的に評価されている[6]。なお，これまでは弁護士数の少なさや地域的偏在が集中審理を困難とする制度的要因の一つとみられていたと思われるが，進行中の法曹人口増員政策が進めば，さらに基盤が整っていくことになろう。

III 争点整理手続

集中証拠調べを可能にするための争点整理についてみると，大局的にみれば，アメリカ法が当事者（代理人）主導の構造になっているのに対し，日本法（および大陸法）では裁判官主導の争点整理であることが基本的な特徴である。

アメリカの場合，豊富な弁護士人口を背景として，ほとんどすべての事件で弁護士代理が行われていること，また，裁判官数が少なく，その職務の比重がトライアルにおかれることから，プリトライアル段階においては，裁判官は必ずしも積極的に関与せず，弁護士が主としてディスカヴァリを通じて自主的に争点整理を行う構造になっていた。ディスカヴァリは事実や証拠に関する当事者の認識の共有という機能を有するものであるが，たとえば，質問書（interrogatories）によって相手の主張の詳細や文書・証人に関する情報を探り，

---

[5] たとえば，西口元「民事訴訟の汎用的審理モデルを目指して」民事訴訟雑誌41号222頁，研究会「新民事訴訟法をめぐって」ジュリスト1121号112頁［福田剛久発言］。

[6] 伊藤眞「戦後半世紀におけるアメリカ法の継受とその日本的変容―民事手続法」アメリカ法［1996-1号］91頁。なお，アメリカ法の研究からはもちろん，ドイツ法の研究からも集中審理の重要性が強調されてきた。たとえば，木川統一郎『訴訟促進政策の新展開』（日本評論社，1987年），同『民事訴訟法改正問題』（成文堂，1992年）など参照。

証言録取書（depositions）によって相手方や証人の持つ情報を入手し，認否（自白）の要求（requests for admission）によって争点を絞るということになる（このほか一部サマリ・ジャッジメントも争点縮減の機能を有する）。つまり，アメリカの場合，情報・証拠の収集手段を利用しあうことそれ自体が争点整理（主張の整理や立証の準備）の一つのプロセスであるといえる。

　他方，かつては，裁判官の役割は，ディスカヴァリの過程において生じた争い等を，申立てがある場合に裁定することなどが中心であったが，連邦民事訴訟規則（以下，連邦規則とよぶ）によって導入されたプリトライアル・カンファレンス（協議期日）を重視する改正がその後何回か行われ，裁判官が争点整理に関与することを奨励する方針が徐々に強化されてきた。プリトライアル・カンファレンスは，もともと，ディスカヴァリなどを通じて充実させ自主的に整えてきた当事者の主張を，必要な範囲に絞っていく機能を中心としていたが[7]，後には，なるべく早くこれを開いてトライアルまでの審理スケジュールを立てる機能も重視されるようになった。現在，このカンファレンスにおいては，争点の確認・圧縮，準備書面の修正，自白や文書の真正の認否，必要性の低い証拠の排除，ディスカヴァリの方法や期限の取り決め，弁論（トライアル）の分離の要否，和解やADRの活用などについて，裁判官が両当事者と協議することとされている（連邦規則16条(c)項）。このカンファレンスを開くかどうかは裁判官の裁量によるが，単純な事件以外では開くのが通常のようである（この点は日本と同じである）。

　1993年の連邦規則改正は，訴訟の初期段階すなわち訴状・答弁書などのやり取りの後，当事者（もちろんその代理人）が会合してそれぞれの主張の根拠・争点の縮減などについて協議し，トライアルまでのディスカヴァリ計画を策定する義務を課すとともに，この会合後速やかに，当事者間で争いのある事実に関する基本的情報（関連証人の氏名等や，関連文書のカテゴリー〔種類〕による表示など）を互いに提供しあうディスクロージャー義務を課した（連邦規則26条(a)・

---

　7) 田辺・前掲（注2）312頁。

(f)。これらに違反すると，制裁がある。ただし，ローカル規則でディスクロージャーを導入しないこともでき，導入を見合わせている地区もかなりあるようである)[8]。この会合において当事者が作成する報告書（合意できない部分は両論併記）に基づき，またその後カンファレンスを開く場合はそこで，開かないときは電話等でさらに協議して，裁判所は「スケジューリング命令」を出す（この命令は必要的とされている。連邦規則16条(b)）。この命令によりトライアルまでの当事者のディスカヴァリほか各種行為のスケジュールが決められることになる。

要するに，一方で，プリトライアル・カンファレンスを通じた争点整理への裁判官の積極的関与を奨励しつつ，他方で，当事者間での自治的争点整理への要求をますます鮮明にしたといえよう。このような改正の背景には，トライアル以前の段階ではアドヴァーサリ・システムの色彩を薄め，より協調的な訴訟態度を良しとする最近の考え方がある[9]。

これに比べると，日本の新法の争点整理はどうか。

まず，争点整理のための「手続」の種類という点では，新法は争点整理に特化した手続を3種類設けており，その多様性が特色といえる。なお，書面による準備手続と準備的口頭弁論はアメリカに対応するものがないので，以後，弁論準備手続を念頭に置いて考える。

次に，より実質的な点として，日本では，釈明権の積極的な（期日内・外）行使により，また文書証拠を参照しながら，最初から裁判官の主導の下に掘り下げた争点整理が行われるものと予想され，この面ではおのずと違いが現れるであろう。プリトライアル・カンファレンスの重視傾向は，アメリカ法が，一面では日本的あるいは大陸法的な争点整理方式に接近しつつあることを示して

---

  8) その概要については，大村雅彦「民事訴訟におけるディスクロージャーについて―連邦民訴規則における開示合理化の改革」比較法雑誌29巻1号117頁参照。〔本書34頁以下収録〕

  9) たとえば，大村雅彦「アメリカにおける事件情報の早期開示の動向」木川統一郎博士古稀祝賀『民事裁判の充実と促進 下巻』321頁（判例タイムズ社，1994年）など参照。〔本書3頁以下収録〕

いる。しかし，裁判官が事件の内容にどの程度踏み込んで整理を行うか，その実質的介入の程度という点では日本の方が深いとされ，両者の間には実質的な違いがあると思われる[10]。

　事件の内容に立ち入った争点整理の度合いが日本においてより強いとすれば，プリトライアル・カンファレンス自体は，機能的にはむしろ，弁論準備手続の期日と訴訟の進行計画を協議する進行協議期日（規則 95 条・165 条）との中間的なものとみることもできよう[11]。

　最後に，手続終了の場面ではどうか。弁論準備手続が終了すると，裁判官は口頭弁論で証明の対象となる争点について当事者と確認し，必要があれば，整理結果の要約書面を当事者に提出させることができる（170 条 6 項・165 条）。また，弁論準備手続終了後に新たな攻撃防御方法を提出する場合，特別な失権効はなく，相手方が要求すれば説明義務を負うだけである（174 条・167 条）。これに対し，プリトライアル・カンファレンスでは，そこで決まった事項はその

---

10) 司法研修所編・前掲（注 1）112 頁，鹿子木・前掲（注 1）55 頁参照。アメリカの場合，証拠を参照しながら代理人と議論するということはあまりないようで，日本の新法が弁論準備手続でも争点等の整理に必要であるとして文書の証拠調べをなし得るものとした（170 条 2 項）のとは事情が異なる。なお，アメリカでも，文書が秘匿特権などを理由に開示を免れるべきものかどうかについての争いを判定するためには，裁判官がインカメラで文書をみて判断するということはもちろんあるが，それが日本的な争点整理と結びついているとはいえない。ちなみに，近年強調されているプリトライアル段階でのケース・マネジメントは，争点整理というよりも，訴訟進行のスケジュールを管理して訴訟の促進と費用面での改善を図るという効率化に主眼がある。大村・前掲（注 1）21 巻 7 号 833 頁，鹿子木・前掲（注 1）65 頁参照。

11) 進行協議期日は，争点整理自体を行う期日ではないが，「口頭弁論における証拠調べと争点との確認その他訴訟の進行に関し必要な事項についての協議を行う期日」（規則 95 条）であり，これには「審理についての計画（スケジュール）の策定」も含まれ（最高裁事務総局民事局監修『条解民事訴訟規則』214 頁〔司法協会，1997 年〕），また，「弁論及び弁論の準備のやり方を議論するメタ弁論」を目的とする（加藤新太郎「争点整理手続の整備」塚原＝柳田＝園尾＝加藤編『新民事訴訟法の理論と実務（上）』239 頁〔ぎょうせい，1997 年〕）。

都度プリトライアル命令で確定される。最終のプリトライアル命令の内容は，「明白な不正義 (manifest injustice)」を避ける必要がある場合にしか許可されない（連邦規則16条(e)項）。この要件の解釈にもよろうが，少なくとも一種の失権効があり，日本よりも厳しい。掘り下げた争点整理をする日本で失権効がなく，あっさりとした争点整理のアメリカで失権効があるというのは，興味深い。しかし，これは，アメリカのトライアルが陪審制の保障を伴うものであり，（一定の場合にやり直しもあり得るけれども基本的には）事実審理が一発勝負であることの必然的帰結であろう。日本ではそのような要因はなく，自由に制度設計ができ，新法の選択は失権効ではなく説明義務という新しい試みとなったわけであるが，ルーズな運用をすれば尻抜けの争点整理手続になる危険性を孕んでいる。適切なプラクティスの形成が重要となる。

なお，準備書面等の提出期間の裁定（162条）など，スケジュール設定を重視する新法の傾向は，前述のスケジューリング命令にみられるアメリカの傾向と共通している。

IV 情報および証拠の収集手段

事実・証拠に関する情報や証拠そのものの収集の手段を当事者に与えることは，有効な争点整理を実現するための基礎であるが，それにとどまらず，訴訟資料の提出を当事者に任せるという弁論主義の基盤でもあり，また，証明責任を負担させる基盤でもある。手持ちの情報や証拠だけで主張責任や証明責任を果たすことは，とりわけ，情報・証拠の偏在がみられる事件においては困難である。情報・証拠の収集手段を現実にどこまで保障するかは，最終的には立法政策に委ねざるを得ないとしても，訴訟制度をとりまく社会的諸条件が許容する範囲内で，基本的にはその充実を図ることが望ましい[12]。証明の負担を相手

---

12) なお，証拠収集能力と当事者の主体性につき，佐藤彰一「証拠収集」法律時報68巻11号20頁参照。

方に転換する各種の理論（事案解明義務論など）も有用であると考えるが，基本原則との大きな抵触を避けるために要件面で厳格にならざるを得ないのではないかと思われ，その射程範囲をあまり広げることはできない。従って，それらと相互補完的に，情報共有化のための収集手段が存在することが望ましい。新法はこの方向に一歩踏み出したといえる。

　アメリカの民事訴訟法が独特の発達を示したのがこの分野であることはいうまでもない。ディスカヴァリがそれであるが，前述のようにこれが大きな負担になっているという批判を受けて，1993年の連邦規則改正では，ディスカヴァリを効率化するために前述のディスクロージャー義務を導入し，伝統的なディスカヴァリには数量的な制限を加えた（質問書は25項目まで，証言録取は10回までを原則とした）。

　ところで，ディスカヴァリやディスクロージャーはプリトライアル段階における当事者間での（しかし強制的な）情報・証拠収集手段であり，トライアルへの証拠提出は，また別のことである。これに対し，日本の場合，情報・証拠の収集手段はきわめて未発達であり，伝統的な文書提出命令などは，証拠提出（証拠申出）の方法である。本来の意味で証拠収集方法といえるのは，弁護士会照会（弁護士法23条の2）と，新民訴法に導入された当事者照会である。

　ここでは，新しい制度である当事者照会と，大きな改正を受けた文書提出命令について触れることにする[13]。

1．当事者照会について

　当事者照会は，訴え提起後，当事者間で，それぞれの主張・立証を準備するのに必要な事項について，相手方に照会書を送付し，書面での回答を求めるものである（163条，規則84条）。相手方の利益を守る趣旨で，一定の回答拒絶事由が定められているが，それに該当しない場合は，訴訟当事者間の信義則（2

13）　証拠収集関係全般の比較法的な紹介として，小林秀之「民事事件における証拠の収集—総論的考察」自由と正義46巻9号33頁参照。

条)を背景として訴訟法上の回答義務があると解されている。しかし，拒絶事由に基づかない不回答や虚偽回答に対する格別の制裁は規定されていない。後に照会者側の陳述により「弁論の全趣旨」として不利に斟酌されるおそれがあるというにとどまる[14]。この制度については，特別な制裁が定められていないがゆえに，すでにその実効性を危ぶむ声がかなりある反面，弁護士会主導でよきプラクティスを確立しなければならないとする積極的な姿勢も表明されている[15]。

　当事者照会は，ディスカヴァリの一種である質問書 (interrogatories) を参考にしたといわれる。当事者照会というディスカヴァリに類する制度を導入したということは，一方当事者による情報の独占を原則的に許さず，自己に不利な情報でも開示する義務があるということを意味し，そこには訴訟理念の転換が含まれているということが強調されなければならない[16]。

　ところで，アメリカでディスカヴァリなどに関してルール違反を犯した場合の制裁としては，連邦規則37条が定める制裁（弁護士報酬を含む相当の費用の負担，相手方の主張に反する証拠の提出禁止，特定の事実の証明擬制，裁判所侮辱など）に加え，弁護士倫理上の制裁がある。弁護士としての評判を落とすことや資格剥奪などの処分を避けるため，弁護士としてはルール違反を犯すことを躊躇せざるを得ない[17]。わが国の当事者照会の運用においては，この弁護士倫理の側

---

14) 悪質な虚偽回答と証明妨害との関係について，研究会「新民事訴訟法をめぐって」ジュリスト1116号107頁［田原睦夫発言］参照。
15) これまでなされてきた議論の的確な整理および文献については，森脇純夫「当事者照会制度の意義と課題」自由と正義48巻10号38頁参照。照会書の文例については，第二東京弁護士会民事訴訟改善研究委員会編『新民事訴訟法実務マニュアル』116頁（判例タイムズ社，1997年）など参照。
16) 高橋宏志「新民事訴訟法からみたこれからの弁護士像」自由と正義47巻11号27頁，研究会・前掲（注14）ジュリスト1116号112頁［竹下守夫発言］参照。
17) アメリカで，書面への署名を通じて弁護士倫理と訴訟上の義務を結びつけた立法として，連邦規則11条がわが国にも紹介されているが，ディスカヴァリ関係の書面に関する同様の条文として26条(g)項がある。

面からの担保が，むしろ重要であろう。もっとも，回答義務自体は当事者の義務であり，代理人が当事者の意に反してまで回答を行うことはできない。その場合は，当事者が訴訟法上負う義務を説明し，説得をすることが必要である。

問題は，日本の場合，本人訴訟の割合がかなり高く，そこでは弁護士倫理が働く余地がないという点である。理論的には古くから当事者の真実義務ということもいわれているが，さほど実効性のある議論ではない。アメリカのディスカヴァリやディスクロージャーは，各種の制裁の存在に加え，軽微な事件以外は実際上ほとんど弁護士代理であるがゆえに機能しているともいえる。本人訴訟では，照会する側も回答する側も制度の正しい理解ができずに制度の枠を逸脱して何でも質問あるいは回答したり，逆に照会書をまったく放置したりするおそれがある。趣旨を正解していても，あえて義務違反を選択する当事者に対して，それが後に「弁論の全趣旨」として不利に斟酌されるおそれがあることを教示する者もいない。

実効性の向上という観点に限ってみると，今の段階でいえることは，何らかの形で事実上裁判所との接点を作るということしかないのではないか。すなわち，制度上は裁判所は当事者照会には一切関与せず，拒絶事由の有無をめぐる当事者間の争いが生じても関知しないということになっているが，たとえば，相手方に送付した照会書の写しを準備書面に添付して裁判所が事実上了知できる状態にし，裁判所にも送付する（した）旨を照会書に付記して，相手方に誠実な対応への心理的な圧迫ないしはインセンティヴを与えるという方法が考えられる[18]。

また，不当な回答拒否に対しては，後に裁判所を通じて釈明を求めたり[19]，

---

18) 同旨，森脇・前掲（注15）47頁。もちろん，裁判所は照会書の内容の当否についてチェックする義務はない。しかし，単に受領する程度のことは，裁判所としても拒否する理由はないと思われる。なお，前掲（注11）『条解民事訴訟規則』191頁は，準備書面自体に照会書の内容を記載することは「適当でない」とする。
19) もともと，アメリカの質問書が，相手方の手の内を確かめるという意味で，当事者間で釈明の作用を果たすものであることについては，田辺・前掲（注2）296頁。

文書提出命令における文書の特定責任の緩和へと結びつけることが考えられる。

最後に、当事者照会の利用が訴えの提起後にしか許されないという点であるが、アメリカでも質問書はやはり提訴後にしか使えない。しかし、アメリカの場合は、紛争が生じるとまず訴えを提起して、それから互いに必要な情報をディスカヴァリ等で獲得するというやり方でもやっていける。なぜなら、いわゆるノウティス・プリーディングといって、訴状はその事件が何に関するものであるかという概略と原告の求める救済を相手方に知らせることができれば足りるとされているからである（連邦規則8条）。これに対し、日本では、とりわけ新法では、訴状の段階から重要な間接事実や証拠との対応の記載などが（訓示規定としてではあれ）要求される（規則53条）。詳細な訴状を要求するからには、情報の収集手段を提訴前にも与えることが実際上は望ましいと考えられる。立法の過程においても議論があったようであるが、今後さらに検討を要するであろう[20]。

---

20) 清水正憲「当事者照会制度」ジュリスト1098号49頁参照。
　　そのほか、次の点も参考に値する。
　　① 質問書に対する回答期間は、原則として、30日以内とされている（連邦規則33条(b)項(3)）。当事者照会においても一つの目安になろう。
　　② 質問書では、当事者照会と異なり（163条4号）、事実またはその法的評価についての相手方の「意見」を求めることも許されるが、すぐに答えられないことを慮って、裁判所の裁量により、ディスカヴァリの終了時またはプリトライアル・カンファレンスのときまで回答を留保することが許される（連邦規則33条(c)項）。なお、当事者照会で照会することが禁止される「意見」に「自白（の意思）」が含まれると考えるべきでないとの見解につき、研究会・前掲（注14）ジュリスト1116号110頁［伊藤眞発言］参照。立証の準備という観点からは、自白する意向があるかどうかの照会を禁止する必要はないと思われる。
　　③ 質問書では、回答を求められた情報を回答者がその保管している業務記録等から抽出する手間を省くため、それが質問者にとっても同等の手間でできるならば、質問者にその記録等の閲覧・謄写を認めることをもって、回答に代えることができるとする（連邦規則33条(d)項）。当事者照会でこれを正面から許容できるかどうかは微妙であるが、両当事者の合意があれば禁止する理由はない。

2．文書提出命令――特に文書特定手続について

　文書提出命令の制度は，平成8年改正によって大きな変容を受けた。提出義務の範囲については一般義務化され，提出命令の手続面では文書特定手続・一部提出命令・インカメラ審理が導入され，そして，提出命令違反に対する制裁が拡大された。提出義務の規定のしかたの不自然さ・晦渋さなど，問題はあるが，総合的に評価すれば，大幅な改善を実現したものといえる。ここでは，アメリカ法との対比という視点から，文書提出命令の手続面での論争点である文書特定手続をとりあげるにとどめる[21]。

　文書提出命令を申し立てる場合，文書の表示および趣旨を明らかにしてしなければならないが（旧法313条1号・2号，新法221条1項1号・2号），申立人の所持しない文書である以上，このような要件で文書の特定を厳格に要求する方式は，申立人にとって過度に困難な注文であることが多いとの指摘が従来からなされてきた[22]。新法222条は，この文書特定責任を緩和する手続を規定したものと解される。

---

　　④　本文の最後に触れた，提訴前の情報・証拠収集という点では，証拠保全手続のいわゆる開示的機能が重要である。証拠保全手続は新法では実質的な改正はなかったが，実務上は，カルテ等の証拠保全が事実上証拠開示（証拠収集）的に使われているようである。アメリカの場合，提訴前にも一定の要件の下に証言録取（および文書等の提出）を許す規定があるが（連邦規則27条(a)項），これは本来の証拠保全の目的が強いようである。なお，この関係では，ドイツの独立証拠手続も参考にして，提訴前の証拠収集を立法的に検討する必要があろう。

21）　ほかに，一部提出命令（223条1項後段）とアメリカの保護命令（protective order）（連邦規則26条(c)項(4)・(7)），文書提出義務（220条）の除外事由とワークプロダクトの法理の関係なども，検討に値しよう。前者は秘密保護との関係で重要である。後者については，原強「文書提出命令①――学者からみた文書提出義務」三宅＝塩崎＝小林編集代表『新民事訴訟法大系第三巻』134頁（青林書院，1997年）参照。

22）　実務上は，かなり概括的な記載の仕方でも，文書提出命令を出すことが行われているといわれる。たとえば，倉田卓次ほか「座談会・民事訴訟手続に関する改正要綱試案の検討」民商法雑誌110巻4＝5号47頁［倉田発言］。

新法の立案過程で当初提案されたのは，前述のディスクロージャー[23]に類似する文書情報の事前開示制度であった。しかし，審議の結果，最終的には，証拠情報の収集手段としてではなく，文書提出命令の申立て（証拠申出）の手続の一環として組み込まれ，その性格を変えていった[24]。

　222条1項は，申立人が文書の表示および趣旨を明らかにすることが著しく困難であるときは，申立てのときにおいては，文書の所持者が申立てに係る文書を識別することができる事項を明らかにすれば足りるものと規定し，さらに2項は，この場合，申立人の申出に基づき，裁判所が文書の所持者に当該文書の表示および趣旨を明らかにするよう求めることができると定める。問題は，文書の所持者が裁判所の要求に応じないときであるが，その場合所持者に対して格別の制裁や不利益は定められていない。しかし，この場合に，その状態でもなお，裁判所は提出命令を発することができるか否かにつき，積極・消極の両説に分かれている[25]。

　ところで，証明主題の真実擬制という制裁を定めた224条3項は，申立人が「文書の記載に関して具体的な主張をすること」がきわめて困難である場合には，「文書の記載」に関する申立人の主張を真実擬制しても証明主題の認定にほとんど役立たないことから，その場合は証明主題たる事実そのものを真実擬

---

[23] 正確にいえば，訴状・答弁書等の交換後当事者間の会合・協議により判明した争点事実に関連する文書カテゴリーの初期ディスクロージャーである（連邦規則26条(a)項(1)(B)）。イングランドにも以前から類似の制度がある。たとえば，長谷部由起子「訴訟における事実および証拠の収集——イングランドの開示手続を手がかりとして」民事訴訟雑誌40号233頁参照。

[24] 英米型の文書情報開示制度と新法222条の性格の違いについては，三木浩一「文書提出命令④——文書特定手続」三宅＝塩崎＝小林編集代表『新民事訴訟法大系第三巻』190頁（青林書院，1997年）参照。

[25] たとえば，法務省民事局参事官室編『一問一答新民事訴訟法』260頁・263頁（商事法務，1996年）は，発令段階で文書の個別的特定ができなければ提出命令の申立ては却下されるとの立場であり，これに対して，田原睦夫「文書提出義務の範囲と不提出の効果」ジュリスト1098号65頁は，申立ての内容および事案を総合的に検討した上で提出命令を発することもできるとする。

制することを認めたものである。そして,「文書の記載」とは文書の性質・内容を指し,「文書の趣旨」とは文書の記載内容の概略要点を指すものと解されているが,従来の考え方による限り,両者はほぼ同じことを意味するとみられる[26]。したがって,性質・内容が不明であれば文書の趣旨も通常は特定しがたいであろう。そうすると,──目的の文書の表示(タイトル)自体はわかっていて文書の特定には支障がなく,その提出命令の違反がある場合には,224 条 3 項が活用できるにしても──,表示も趣旨も特定的に記載できず,概略的(カテゴリカル)な記載しかできないために文書特定手続を経由しなければならない場合は,前記消極説によって申立てを却下するしかないとすると,224 条 3 項が適用されることはまずないということになりはしないだろうか。それでよいと割り切るのも一つの立場ではあるが,疑問なしとしない[27]。また,消極説によれば,実情に合わせた現場の良識的な判断で模索的証明も一定程度容認していた従来の実務の取扱いよりもかえって,申立人にとって厳しい処理がなされるおそれがある。

　そこで,積極説をとるべきであると考えるが,その場合の理論構成につき,連邦規則 34 条(b)項およびこれをめぐるアメリカの判例を参考として,次のような解釈が提唱されている。すなわち,申立人がカテゴリーによって文書の識別基準を示して範囲を限定した場合には,文書を所持する側が文書の表示および趣旨を示して,申立人の求める文書がどれであるかを申立人が特定できるようにする公法上の義務を負うと解し,所持者がこれを果たさない場合は,裁判所は,当該文書の重要性,文書所持者の事情などを総合的に考慮したうえ,そのカテゴリカルな識別基準のまま提出命令を発することもできるものとし,そ

---

[26]　ちなみに,旧法下での解説であるが,吉村=小島編『注釈民事訴訟法(7)』109 頁[野村秀敏](有斐閣,1995 年)には,「文書の性質・記載内容(313 条 2 号の「文書ノ趣旨」)」との表現もあり,同一の概念として扱われているようにみえる。

[27]　大村雅彦「文書提出命令⑥──発令手続と制裁」三宅=塩崎=小林編集代表『新民事訴訟法大系第三巻』226 頁(青林書院,1997 年)の記述は,本文のように訂正する。

の場合，文書所持者はそのカテゴリーに該当するすべての文書を提出しなければならない，と解するのである[28]。筆者もこの理論構成を支持したい。所持者側の文書特定情報の開示の拒否を基礎とし，当該文書の証拠としての重要性，代替証拠の有無，所持者側の過度の負担の回避等を考慮したうえで，この場合に裁判所が提出命令を出すことは合理的であると考えるからである[29]。

V　おわりに

アメリカ法との対比という面から関心の持たれるその他の問題として，たとえば，選定の手続が容易化された選定当事者制度（30条3項）の機能とクラス・アクション，上告受理制度（318条）とサーシオレイライ，少額訴訟（368条以下）の機能とスモール・クレイムズ・コートなどがあげられよう。さらに，裁判所による和解条項の裁定（265条）などを考えると，アメリカで盛んなADR（代替的紛争解決），特に，訴訟付属型ADRも，興味の持たれる分野である。しかし，筆者の能力・準備不足のゆえに，ひとまず筆を擱くほかない。

---

28)　三木・前掲（注24）197頁，202頁以下。なお，同205頁は，文書特定に関する情報の開示は文書提出義務の不可欠の前提であり，文書提出義務が一般義務化されたことから，この情報の開示義務も公法上の一般義務と解することが可能であるとする。

29)　松浦正弘「文書提出命令の意義と課題」自由と正義48巻10号56頁も，基本的に同様の立場とみられる。

　なお，文書所持者は，情報開示を求められた4号文書のうち，表示や趣旨を明らかにすること自体がたとえば守秘事項を漏らすことにつながるものがあれば，開示を拒否する理由としてその旨を述べるべきであろう。

第 2 章

集合訴訟制度

[第2章解題]

　本章の2つの論稿は，2008年頃からわが国でも準備作業が進められているいわゆる「集合訴訟制度」に関連するものである。消費者法の分野に限らず，大規模不法行為事故などの分野においても，アメリカのクラスアクションはもちろん，それ以外の国々においても，訴訟法上，種々の新たな対応策が工夫され導入され始めている。

　アメリカのクラスアクション制度については1990年頃にリチャード・マーカス教授を招聘してその講演を翻訳する機会を得，その後，学者グループによる「集合的権利保護訴訟研究会」，および，消費者庁における「集団的消費者被害救済制度研究会」に参加する機会をいただくなどして，徐々に自分の調査・研究の幅が広がっていったのはありがたいことであった。

　本章の1つめの論稿は，消費者庁の研究会の報告書を踏まえて，日本民事訴訟法学会が2011年にシンポジウムを企画した際，会員に対する事前の予備報告という趣旨で学会誌に執筆したものである。

　2つめの論稿は，その2〜3年ほど前に執筆したカナダの2つの主要なコモンロー州におけるクラスアクション制度についての論稿の内容を踏まえ，新たに書き下ろしたものである。

　集合訴訟制度はきわめて現代的な立法課題であり，政治的・経済政策的に難しい課題であって，慎重な検討が必要である。いわゆる立法事実の検証や，ADRとの機能分担を考慮する必要性も否定できない。ただ，日本のような先進国としては，いつまでも手を拱いていることは許されず，なにがしかの形で可能な一歩を進めなければ，国民の権利保護を軽視しているとの批判を招くことになろうし，国際的な潮流からも取り残されかねない状況になりつつあるといえよう。

1 消費者集合訴訟モデルの予備的検討

I 本稿の目的

　消費者契約法の 2006 年（平成 18 年）改正によって適格消費者団体による差止請求訴訟の制度が導入されたときから，それだけではカバーされない消費者の金銭的被害の救済のための制度をどのように構築するかが立法的課題とされていた。これを受けて，内閣府国民生活局および消費者庁においては連続してそれぞれ研究会が組織され，諸外国における近年の活発な立法動向を参酌しつつ関連諸制度について検討が積み重ねられ，報告書が公表された[1]。これらの蓄積を踏まえて，2010 年秋からはさらに，消費者委員会の下に設置された集団的消費者被害救済制度専門調査会において審議が開始された。そして，行政機関による経済的不利益賦課制度や財産保全制度については消費者庁において別途審議を予定することとし，この調査会では，民事訴訟による金銭的被害回復のための集合訴訟制度について，2011 年（平成 23 年）夏を目途にとりまとめを行うこととされた[2]。

---

1)　集団的消費者被害回復制度等に関する研究会報告書（平成 21 年 8 月内閣府）および集団的消費者被害救済制度研究会報告書（平成 22 年 9 月消費者庁）〔後者を「消費者庁報告書」として以下引用する〕は，次のウェブサイトで入手できる。http://www.caa.go.jp/planning/index.html
2)　「集団的消費者被害救済制度専門調査会」の議事録および報告書は，次のウェブサイトで入手できる。http://www.cao.go.jp/consumer/history/01/kabusoshiki/shudan/index.html

以上のような動向に鑑み，日本民事訴訟法学会においても，2011 年 5 月の大会において消費者のための集合的な権利保護訴訟の制度（以下,「集合訴訟制度」という）をシンポジウムのテーマとすることになった。本稿は，この集合訴訟の制度構築に向けてのモデルや諸論点に関して，民事訴訟法学会シンポジウムのための予備的検討を行うことを主たる目的として著したものである[3]。

　検討の主たる素材は，消費者庁における集団的消費者被害救済制度研究会（以下,「消費者庁研究会」という）の報告書のIV（集合訴訟制度）に示された各モデルである。各種のテクニカルタームについても，できるだけ同報告書で用いられている用語を使用する。なお，集合訴訟の対象として考えうる事案については，同報告書の分析にも示されているように[4]，被害者の特定の難易や被害の定型性の度合いなどに濃淡があり得ることと関連して議論があり得るが，ここではあまり限定はせず，とりあえずは，同一の相手方に対して共通の権利・利益を有する相当多数の消費者が存在し，しかも，比較的少額であるなどの理由で個々の被害者による提訴が困難な状況にあるために，効果的な権利実現が阻害されている場合を想定することにする（同報告書の基本的なスタンスもそうであると思われる）。

---

[3]　この民事訴訟法学会シンポジウム（2011 年 5 月 15 日開催）の記録は，「消費者集合訴訟の可能性と課題」（司会：大村雅彦，報告：笠井正俊・八田卓也・原強）として民事訴訟雑誌 58 号 79 頁以下に収録されている。これ以前の学界における対応としては，日本消費者法学会第 3 回大会（2010 年 11 月 7 日）において，「集団的消費者被害救済制度の構築に向けて」と題するシンポジウムが開催され，集合訴訟制度が中心的テーマの一つとされた。現代消費者法 8 号（2010 年 9 月）所収の諸論稿，とりわけ三木浩一論文（そこに示されている私案を，以下，「三木私案」という），鹿野菜穂子論文および町村泰貴論文等を参照。また，これに先立って，山本和彦「集合的権利保護訴訟制度の検討（上）（下）」月刊監査役 567 号 44 頁，568 号 56 頁では，本稿で検討する損害賠償型の集合訴訟制度以外に，不当利益剥奪型や刑罰連動（財産保全）型なども含めて広く検討がなされており，また，集合的権利保護訴訟研究会「集合的権利保護訴訟における各種制度の比較検討（上）（下）」NBL932 号 13 頁，933 号 52 頁では，ここでいう集合訴訟の諸類型について包括的な検討がなされている。本稿もこれらに多くを負う。

II　手続構成の視点——オプトイン型・オプトアウト型と二段階型

　集合訴訟制度を検討する際，かつては，オプトイン型かオプトアウト型かという対立軸でのみ議論されていたと思われる。両者の違いは，対象消費者が手続に加入していない状態がデフォルトなのか，それとも加入している状態がデフォルトなのかにある。前者では手続への加入が対象消費者のイニシアチブに委ねられるのに対し，後者では手続からの離脱が対象消費者のイニシアチブに委ねられることになる[5]。

　いずれであるかにより，代表原告の当事者適格の基礎づけ方や対象消費者の手続権保障（通知・公告）などの点で事情が大きく異なるので，オプトイン型とオプトアウト型の区別は非常に重要なポイントであるが，実際の制度構築においては，この両者の区別は一つの重要な考慮要素にとどまり，多様な要素を取り込んだ組み立て方があり得る[6]。このことは，最近のヨーロッパや南米などの国々の立法動向からもうかがえる。そもそも，オプトアウト型の典型とされるアメリカのクラスアクションでも，個々の対象消費者に権利の満足を与えるためには，本来的には，手続のどこかの段階で対象消費者の手続関与が必要

---

[4]　消費者庁報告書3頁，34頁，37頁等。また，山本和彦・前掲（注3）月刊監査役568号58頁以下参照。

[5]　ここで，「加入」している状態とは，現に訴訟当事者になっていることまでは必要ないが，判決効を受ける立場にあることを意味する。オプトアウト型とされるクラスアクションではこのことは周知のところであり，オプトイン型でも，その一例である選定当事者制度を念頭に置けば，同様の関係があるといえる（もっとも，オプトイン型では，判決効を受ける者は選定行為を通じて具体的に特定されているのに対し，オプトアウト型では必ずしも個別特定がされていない点は異なる）。

[6]　三木浩一「集団的消費者被害救済制度の展望と課題」現代消費者法8号7頁参照。

になる。ただ，いわゆる総額賠償の判決（現実には判決ではなくほとんど常に和解である）の後に近似分配が行われ，あるいは流動賠償が命じられる場合には，対象消費者に対して個別分配がまったく行われないこともあり得る[7]。従って，クラスアクションがオプトアウト型の手続であるといっても，必ずしもオプトアウト型での貫徹を意味するわけではなく，手続の主要な局面がそうであるという意味であると理解した方が適切であると思われる。つまり，オプトアウト型の手続でも最終的にはどこかで個別分配の手続段階が本来は想定されることを考えれば，クラスアクションは，広い意味では，オプトアウトとオプトインを組み合わせた二段階型であるということもできる。とりわけ，カナダ（同国のコモンロー諸州の立法は1992年以降）のクラスアクションはアメリカのそれに範型を取りつつ，立法上，この二段階構造をより明確にしている。すなわち，第一段階の審理はオプトアウト型の手続であり，責任原因などの共通争点について原告勝訴の中間的な裁判（但し，直接に上訴を許し，既判力も生ずるという意味で，終局判決としての性格を持つとされる）がなされた後に，第二段階の原則形態として，各人の損害額などの個別争点についてオプトイン型での審理手続の続行が予定されており（但し，この段階は通常の訴訟手続とは異なり，裁判所の裁量で簡素化・省力化が広く要請・容認されている），総額賠償は例外的な位置づけに

---

7) 一般に，クラスアクションにおける総額賠償（aggregate award）とは，個別被害者による損害の立証を待たずとも総員に共通の算式や証拠により総額を認定できる場合にその総額について一括支払いを命ずる場合を指す。また，流動賠償（fluid recovery）ないし近似分配（cy pres distribution）とは，クラスに属する個々の被害者の特定が困難である場合，あるいは，個々人の受取額が非常に少額で分配にコストがかかりすぎるような場合の工夫であり，たとえば，運賃の過剰請求のケースでは取りすぎていた鉄道会社やタクシー会社に一定期間の値下げを命ずることによって乗客に還元するとか，薬害のケースであればその関係の研究をしている大学や病院等の機関への寄付を命ずることによって被害者の間接的な利益を図るなどの措置をいう。もっとも，判決でこれらを命ずる例はきわめて稀であり，通常は和解で合意して裁判所がそれを認可する形を取るようである。
Rachael Mulheron, THE CLASS ACTION IN COMMON LAW LEGAL SYSTEMS: A COMPARATIVE PERSPECTIVES, at 407, 426 (2004).

なっている[8]。従って，実際の姿としては，クラスアクションも二段階型の一種といえなくもない。

ところで，二段階型という発想は，ブラジルの消費者法（1990年）が導入したブラジル型クラスアクション制度を端緒として広まったものと推測できる。ブラジルの制度では，第一段階で検察官や公的機関，団体等によるオプトアウト型の訴訟で被告の責任の有無を確認することを主たる役割とする判決（有責給付判決あるいは概括給付判決と呼ばれるが，これのみでは執行できない）をし，個々の消費者の債権額の特定は執行段階で判決清算という手続によって行うという方式を採用している[9]。フランスのグループ訴訟法案（2006年）も，第一段階で消費者団体による責任原因確認判決をした上で，第二段階として個々の消費者の個別的損害を算定する賠償請求手続（簡易手続を含む）を構想していた[10]。イタリアの2007年消費者法改正でも，消費者団体による責任確認判決をした後に個別消費者の請求手続を予定するという二段階型を採用していた[11]。

---

8) 大村雅彦「カナダ（オンタリオ州）におけるクラスアクションの概要」NBL911号52頁，912号52頁，大村雅彦「カナダの二段階型クラスアクションの構造——ブリティッシュ・コロンビア州を中心として」消費者庁研究会第11回配付資料3（http://www.caa.go.jp/planning/pdf/100708-3.pdf）参照。

9) ブラジルの制度では，原告側敗訴の場合でも，他の消費者による個別訴訟の提起は可能であるが，集合的訴訟としての再訴は許されないという制約がある。ブラジルの制度については，アントニオ・ジディ（三木浩一ほか訳）「ブラジルにおけるクラスアクション」国際商事法務34巻8号-35巻4号，集合的権利保護訴訟研究会・前掲（注3）NBL933号52頁，大村雅彦「消費者被害の回復と原告適格」民事訴訟雑誌51号116頁など参照。

10) 山本和彦「フランスにおける消費者集団訴訟制度の概要（上）」NBL942号26頁。

11) イタリアの2007年法は，政権交代により，施行されないまま廃止された。これは消費者団体にのみ原告適格を認めるオプトイン型で，第二段階の手続では集団的調停も採用していたが，当事者の同意なく損害額を査定する権限を調停人に付与していたことは憲法上の疑義があるとも指摘されていた。その後の2009年法案はいくつかの点でこれを変更して，原告適格を消費者に認め，消費者団体はその授権を得なければ提訴できないとするとともに（これは個々の消費者から団

二段階型という観念自体はオプトイン型かオプトアウト型かという区別とはまったく別の視点からの区分であるが，ブラジルやイタリア，フランス等が，アメリカ型のクラスアクションをそのまま導入することを避けつつ，機能的に類似の制度を模索する中で工夫されてきたものが二段階型であったといえよう。これらに共通していえるのは，共通争点である責任原因の確定と個々の被害額の確定（個別請求）手続とを相対的に分離する点である。

なお，カナダやブラジルでは，第一段階はオプトアウト型として構成されており，それゆえに第一段階の判決の既判力が各消費者に及ぶ[12]。二段階型の手続としては，第一段階をオプトアウト型として構成するものだけでなく，第一段階を基本的に個別的権利の訴訟と構成して，その判決効を後訴において他の者に拡張するという構成も考えられる。また，第一段階と第二段階を明確に別個の手続としておいて判決効でつなぐのではなく，連続する一個の手続とする構成も考えられる。要するに，二段階型にはさまざまなバリエーションがありうる。従って，二段階型のメリット・デメリットを一律に論ずることはできず，より具体的な制度設計に即した検討が必要となる。

Ⅲ　消費者庁報告書におけるモデル案

1．各モデル案の概観

消費者庁報告書では，A案からD案まで4つのモデル案を提示している（後掲図参照）[13]。そのうち，D案は明らかに純粋オプトイン型の制度であり，訴訟

　　　体が手数料を徴収するという面で団体に経済的メリットがある），手続要件として各人の損害額の同一性という厳しい基準を要求するとともに，第二段階では和解に個々人の同意を要求している（ウルビーノ大学のAndrea Giussani教授からの聴取による）。

12)　なお，ブラジルの制度では，第一段階の訴訟の判決効は各消費者のその後の個別提訴を妨げるものではないし（前掲注9），また，フランスのグループ訴訟法案（2006年）においても，消費者の個人的な訴権行使に影響しないとされている。山本・前掲（注10）NBL942号26頁。

追行許可・不許可の決定や公告の点を除けば，現在の選定当事者制度（民事訴訟法30条）とほぼ同じ枠組みである。これに対し，A案とB案は，審理の段階を責任原因と個別権利（損害）とで分けるという点に主眼を置いているので，前述の二段階型に属する。そして，A案でもB案でも第二段階では対象消費者各人の加入による権利（損害）確定を予定しているので，第二段階の構造には大きな違いはなく，違いは第一段階にあるといえる。まず，B案は，第一段階をオプトアウト型とし（そのための構成としては，法定訴訟担当と擬制的な任意的訴訟担当が挙げられている），対象消費者の権利を最初から訴訟物として糾合し，従って，第一段階の判決効も当然に対象消費者に及び，第二段階では債権確定のために対象消費者が実際に手続に入らなければならないとする構成である。これに対し，A案は，第一段階にいくつかの異なる構成を複線的に含んでいるのでわかりにくい。それらのうち，法定訴訟担当の構成によればオプトアウト型と同様になりそうであるが，それ以外の構成も含まれ，さらには，被害を受けた消費者個人による訴訟追行の余地も含められている。いずれにせよ，責任原因等に関する判決をし，その判決効の拡張ないしは中間判決類似の判決の効力により，第二段階に加入（追加的選定）する者に第一段階の成果を及ぼそうとするものである。C案は，B案と同様のオプトアウト型の第一段階を採用して，さらに総額判決をすることを認めるという案であり，その意味ではB案のバリエーションであって，B案プラス総額判決許容のモデルという組み立て方もできるが，ここでは総額判決のみを追求する独立のモデルとして提示されている。総額判決が確定した場合は，相手方は（残額の返還を受けられるという仕組みを採用しない限り）第二段階に利害を有しないので，第二段階は，相手方との関係での債権確定手続というよりも，対象消費者内部での分配手続という性

---

13) 消費者庁報告書の参考資料42頁に集合訴訟制度の「手続モデル案」の図が掲載されているが，脱稿後，A案を1と2に細分した新たなモデル案が公表されたので，本書では，新たな「手続モデルの比較検討」を掲げることにする。これは次のウェブサイトで入手できる。http://www.cao.go.jp/consumer/history/01/kabusoshiki/shudan/doc/003_101202_shiryoul.pdf

手続きモデル

案	手続追行主体による訴えの提起	手続追行要件の審理			訴訟手続による審理		通知・公告
A1案			訴訟手続による審理			終局判決 ・共通争点を確認する判決 ・消費者は判決の効力を有利に援用することができるとする ・上訴可	
A2案						中間的判決 ・共通争点を確認する判決 ・裁判所に対する自己拘束力 ・上訴可とする	
B案			除外（オプト・アウト）の申出	訴訟手続による審理		終局判決 ・共通争点を確認する判決 ・判決の効力は有利にも不利にも及ぶ ・上訴可	
C案			通知・公告				
D案				対象消費者の加入（オプト・イン）	訴訟手続に		

集合訴訟制度　89

の比較検討

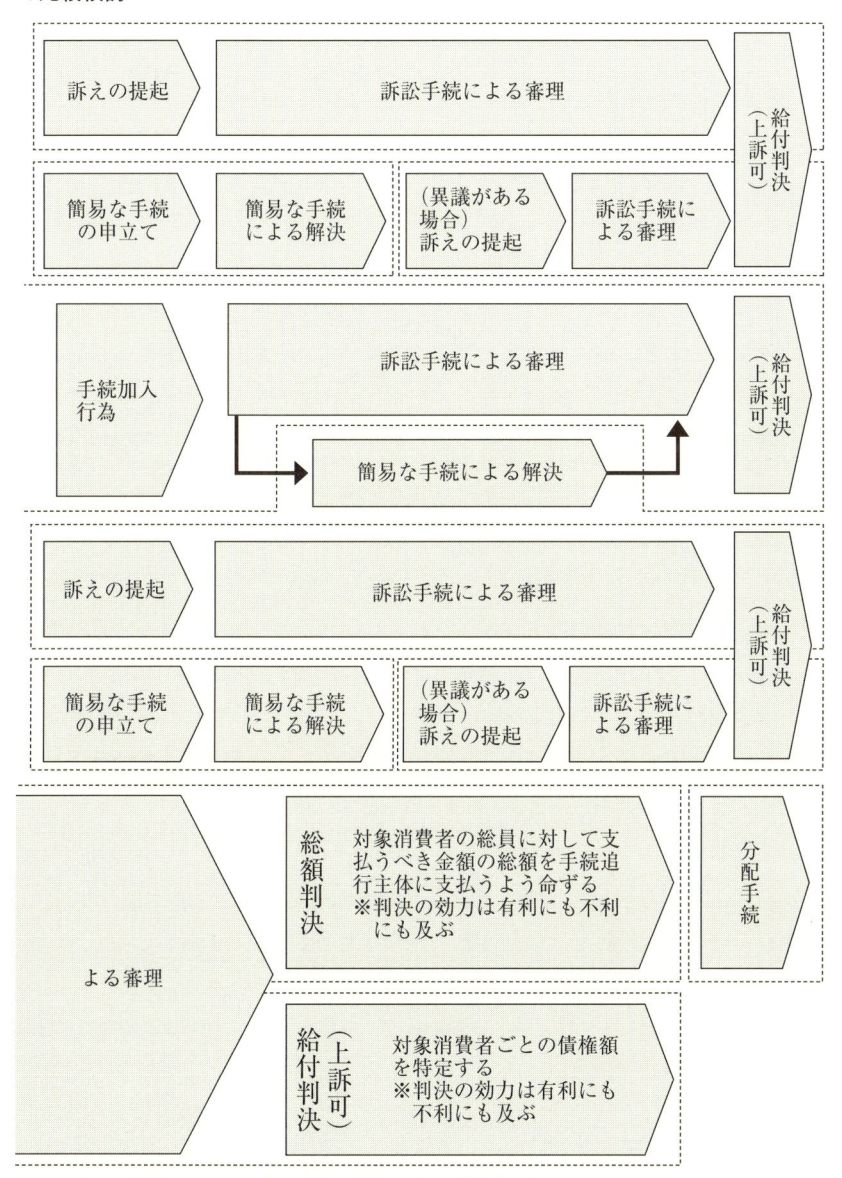

```
[訴えの提起] → [訴訟手続による審理] → [給付判決（上訴可）]

[簡易な手続の申立て] → [簡易な手続による解決] → [（異議がある場合）訴えの提起] → [訴訟手続による審理] → [給付判決（上訴可）]

[手続加入行為] → [訴訟手続による審理] → [給付判決（上訴可）]
                    ↓
              [簡易な手続による解決]

[訴えの提起] → [訴訟手続による審理] → [給付判決（上訴可）]

[簡易な手続の申立て] → [簡易な手続による解決] → [（異議がある場合）訴えの提起] → [訴訟手続による審理] → [給付判決（上訴可）]

[よる審理] → [総額判決：対象消費者の総員に対して支払うべき金額の総額を手続追行主体に支払うよう命ずる　※判決の効力は有利にも不利にも及ぶ] → [分配手続]
         → [給付判決（上訴可）：対象消費者ごとの債権額を特定する　※判決の効力は有利にも不利にも及ぶ]
```

http://www.cao.go.jp/consumer/history/01/kabusoshiki/shudan/doc/003_101202_shiryou1.pdfより。
注記等は削除。出典については，本稿注13参照。

格が表に出る。

　以下では，A案，B案およびC案のみを取り上げる。

2．A案について

　A案は，二段階型であり，第二段階がオプトイン方式であることは明白であるが，第一段階の手続追行者や訴訟形態を特定の形に絞っておらず，複合的で幅のある案である。

　「手続追行主体」は必ずしも明示されていないが，実際的可能性としては，被害を受けた消費者個人と，適格認定を受けた消費者団体が想定されているものと思われる。いずれが原告となるかによって訴訟物や原告適格の構成が異なる。報告書には必ずしも明記されていないが，被害者集団に属する個々の消費者（1人でも複数でもよい）が提訴する場合には，①自己の債権について提訴するものとする構成（三木私案はそうである[14]）。A案はこのような構成を含むものと思われる）と，②他の対象消費者のためにも提訴（訴訟担当）するとの構成がありうる。これらの場合は給付訴訟になり，責任原因等は中間判決類似の判決で判断されることになろう。他方，適格消費者団体が提訴する場合には，③「共通争点を確認する固有の訴訟法上の利益」をもって提訴するとする構成（報告書のいう固有権構成）と，適格消費者団体が④「個々の対象消費者の請求権」について提訴するとの構成（報告書のいう個別権構成）がありうるとされ，確認訴訟が想定されている[15]。

　最も単純明快な構成は①であり，既存の追加的選定制度（民訴30条3項）と組み合わせると，現行法上の制度と大きくは変わらないともみられる。②はどのような訴訟担当と構成するかがさらに問われる（個人が総員のためにする法定訴訟担当と構成するならオプトアウト型と変わらない）。③は，固有の訴訟法上の利益というもので足りるのか疑問があり，それが適格消費者団体のどのような実

14）　三木・前掲（注3）現代消費者法8号6頁，9頁以下。
15）　消費者庁報告書30-31頁。

体法上の権利・地位ないしは利益に支えられているのかが問題であろう[16]。④の場合は訴訟担当構成のほか，他人の権利の確認訴訟からの類推という構成がありえようか（但し，後者には，権利ではなく責任原因という法的評価の確認となること，また，確認の利益を適格消費者団体の目的との関連で導き出せるのかという問題がありそうである）[17]。

ともあれ，報告書では，第一段階では「責任原因（および可能であれば）債権額の計算方法について確認する」判決（中間的判決または終局判決）をし，これが確定すると，第二段階では，公告をして対象消費者に告知し，申し出た個々の対象消費者について，何らかの簡易な債権確定手続を行い，そこで債権額が確定されなかった請求について，二段階目で判決をするものとされている。

一段階目の手続と二段階目の手続との関係については，三つの可能性が示唆されている。すなわち，(ｱ)一段階目の確認訴訟と二段階目の通常訴訟とを切り離してまったく別個独立の訴訟とする案，(ｲ)一段階目の判決は終局判決であるが，二段階目の手続は当事者の申立てを待たずに開始するものとして，その中で何らかの債権額確定の手続とそれに対する異議申立て・通常訴訟を想定する案，および，(ｳ)一段階目と二段階目を単一の手続として構成し，一段階目の判決を責任原因等についての中間判決類似の確認判決，二段階目の判決を給付判決とする案である。いずれにおいても，二段階目においては債権確定のために調停や和解といったADRを活用することが想定されており，これは，諸外国

---

16) 適格消費者団体の目的・任務からの立論があり得るかも知れない。しかし，これとの関係で，差止請求権は一種の公益的な権利であるのに対して損害賠償請求権等は個人に帰属する私権であること，また，「不特定かつ多数」の消費者の「一般的な」保護のための業務を行うものと法定されている適格消費者団体の性質は，「特定」の被害者たちの「個人的」な被害の事後的回復のために行われる集合訴訟とはもともとそぐわない，という指摘（三木・前掲〔注3〕現代消費者法8号13頁，15頁）があることが注目される。もっとも，これが訴訟担当者になることの障害にもなるかどうかは，見方が分かれるかも知れない。

17) 訴訟追行者の当事者適格の構成の詳細については，前掲（注3）民訴学会シンポジウム・民事訴訟雑誌58号79頁以下参照。

における二段階型の制度でも同様の考慮が払われているところである。

　さらに，一段階目の判決を終局判決とした場合には，「政策的な観点から」原告勝訴の判決の既判力のみを対象消費者に及ぼすことが想定されており，そのように片面的に拡張することの根拠が問われ，また，中間判決類似の判決とする場合にも，二段階目での加入者に「裁判所が同様の判断をする」根拠が問われることになるとされている[18]。

　終局判決案〔A1案〕においては，訴訟担当構成を取った場合，片面的にせよ，勝訴の既判力が当然に及ぶという前提がとられているようである。この場合，法定訴訟担当構成を取れば，最初から被担当者として判決効が及ぶ立場にある者のうち，公告等に応じて第二段階に加入した者のみが現実に満足を受けることができる。任意的訴訟担当構成であれば，第二段階に加入した時点で，同時に被担当者となると考えるのであろう。但し，そもそもなにゆえ片面性が許されるかの合理的説明が必要となる。他方，団体の固有権構成や権利者個人の給付訴訟という構成を取る場合は，第二段階加入者の権利はまったく別個独立の訴訟物たりうるものであるので，既判力の拡張ではなく，争点効の主観的拡張ないしは判決理由中の判断の攻撃的利用という構成になりそうであるが，なかなか難しい課題と思われる[19]。

　なお，そもそも何をもって勝訴というのかは必ずしも明らかではなく，責任原因が原告の主張通りに全面的には認められなかった場合に，勝訴の面を含むことから当然に片面的に拡張されるとするのではなく，その判決を有利なものとして援用するか否かは各人の自由な判断に委ねるという柔軟な制度の方が，

---

18) 消費者庁報告書32-33頁。第一段階での判決は一種の中間判決ではあるが，終局判決とともに上訴の対象となるのではなく，独立して上訴の対象とするということであり，終局判決の性格をも有することになろう。なお，第一段階の中間的判決やそれに対する上訴審判決の持つ拘束力は自己拘束力および手続内拘束力として説明されている。三木・前掲（注3）現代消費者法8号10頁。

19) 判決効関連の問題の詳細については，前掲（注3）民訴学会シンポジウム・民事訴訟雑誌58号79頁以下参照。

対象消費者には好都合ということになろうか。

これに対し，中間判決類似判決案（とりわけ第二段階での追加的選定につなげる三木私案）〔A2案〕においては，これまでにない特殊な種類の判決の概念を立てること以外には問題点は少ないようにみえる反面，対象消費者は中間判決類似判決の確定結果をみて有利であるときにのみ加入の選択をすることになるので，「相手方の手続保障のためには，第一段階での〔それを見越した〕防御を尽くすことが可能となるようにすべき」であるとされている[20]。

もっとも，A案では，第一段階で相手方が勝訴しても，別の対象消費者が別の訴えを再度提起することは可能であるとされる（そのような訴えがどの程度生じうるかについては見方が分かれようが，第一段階の手続的ハードルを低くすればそれだけ再訴の可能性は高まる）。これでは，相手方との関係で不公平との批判が生じ得るし，紛争の最終的解決も確保できないとの批判が考えられる。相手方が訴訟外の対象消費者を訴訟に引き込むことができる制度を導入することが必要ではないかとの提案がある[21]。これは十分考え得ることであるが，それで紛争

---

[20] 消費者庁報告書33頁。責任原因等についてはすでに防御した以上，第二段階で対象消費者が手続に加入してきても被告の手続権保障に欠けるところはないといえる状態を確保すべしという趣旨であろうか。なお，これに関連して，有利に進行してきた手続に途中で加入した者がそれまでの訴訟状態の恩恵を受けることができるのは，参加制度や追加的選定制度のような加入制度に必然的に伴う結果であり，これを不公平ということはできないとの説明がなされている（三木・前掲〔注3〕現代消費者法8号14頁）。たしかに，控訴審で原告側が追加的選定をすることも認められ，それは原告が第一審で勝っている場合であろうといわれている（ジュリスト増刊・研究会新民事訴訟法55頁〔竹下守夫発言〕）。しかし，その場合でも，控訴審で第一審の判断が覆される可能性はある。これに対し，独立して上訴の対象となる特殊な中間判決を導入した場合には，中間上訴によって責任原因は確定され，第一審のみならず，終局判決に対する上訴審もこれに拘束されるとされるので（三木・前掲〔注3〕現代消費者法8号10頁），中間上訴によって責任原因が確定した後に加入する者は，あたかも終局判決の既判力を有利に拡張されるのと事実上同様となり，従来よりも強力な武器を得ることになるのではなかろうか。そうであるとすれば，このような構造が立法政策としてどのように正当化されるかという検討は，やはり必要ではあるまいか。

を広く決着させようとすると,全員を引き込まなければならなくなるであろう。相手方が顧客名簿を持っていればそれも不可能ではないが,全員を当事者として引き込むのでは,訴訟規模が膨大になりかねない。あるいは,相手方が債務不存在確認を逆方向クラスアクション（集合的権利否定訴訟）として提訴し,オプトアウト構成を取るということも考えられないではないが,これは突飛な発想というべきであろう。手続追行資格を付与される者の範囲を政策的に厳格に絞っておく（適格消費者団体あるいは公的機関のみ）という方向が一つの選択肢であるが,それによってA案の機能が実質的に低下するとの批判がある[22]。

そうなると,第二段階にできるだけ多くの対象消費者の加入を確保する方策を整備することを通じて,後の同種の再訴を極力防止することが,穏当な対処の方向であろう。D案のように勝訴の見込みが定かでない段階でオプトインを募っても実効性が期待できないとの反省から,A案（ないしは三木私案）では,対象消費者は第一段階での勝訴を確認してから加入すればよいとする。自己の運命を委ねないで,第一段階勝訴の場合にのみいわば便乗加入でき,リスクがそれだけ少ないため,対象消費者が広く第二段階に加入することが期待されている[23]。これを前提とするならば,あとは公告その他による周知徹底と第二段階での加入者の手続的負担をいかに軽減するかが,実効性確保のための現実のキーポイントとなろう[24]。

最後に,A案における第一段階の訴訟追行の要件（集合訴訟としての認可要件）として,どのような事項を問題とすべきかあろうか。多数者に判決の効力を及ぼそうとする構想ではあるがオプトアウト型ではないので,クラスアクションにおけるような詳細な要件は不要と思われるが,どのようなタイプの訴訟を念頭に置くかによって相当異なりうる。個人原告による給付訴訟を想定する三木

---

21) 町村泰貴「集団的消費者被害の救済と手続法」現代消費者法8号31頁。
22) 三木・前掲（注3）現代消費者法8号13頁。
23) 消費者庁報告書39頁。
24) 鹿野菜穂子「集団的消費者被害の救済制度と民事実体法上の問題点」現代消費者法8号22頁。

私案では，共通性（共通の法律上・事実上の争点）の存在を必須の積極要件とし，代表原告の請求権の典型性や集合訴訟の手段としての優越性が消極要件としてあげられているが，ハードルは低そうである。適格消費者団体による確認訴訟を主として想定すると思われる消費者庁報告書では，請求の共通性を必須とし，共通争点の支配性の要否を検討課題とするほか，対象消費者の利益を適切に代表する資格として手続追行主体の適切性を必須としている（ただ，適切代表の要件は，B案のようなオプトアウト型においてこそ重要度を増すことになろう）。

3．B案について

　B案も二段階型であるが，第一段階がオプトアウト型であることが明示されており，その構成については，個人提訴の困難性と訴訟追行者の適切代表資格を前提として，個々の対象消費者が通知・公告を受けたにもかかわらずオプトアウトしなかったことをもって授権があったとみなす任意的訴訟担当構成と，法律上当然に訴訟追行権を授与する法定訴訟担当構成が提示されている。訴訟担当によって，訴訟外にいる対象消費者の権利を訴訟物として糾合し（追加的選定における潜在的な主観的追加的併合と類似する状態といえる），従って，第一段階の判決効は当然に対象消費者に及び，第二段階では債権確定のために対象消費者が実際に手続に入らなければならないとする構成である。

　訴訟担当構成を取るのであれば，対象消費者の有する請求権について集合的な給付訴訟を提起することも可能であるが，この案では，第二段階を個別加入による債権確定手続として明確化するとともに，第一段階の判決（これもA案と同様，終局判決か中間判決類似判決か両方の可能性が残されているようである）を，「責任原因及び（可能であれば）債権額の計算方法について確認する判決」としている。

　いずれにせよ，手続追行主体の勝訴・敗訴を問わずに第一段階の判決の効力が及ぶことが前提であるので，対象消費者の手続保障がキーポイントであり，オプトアウトの機会を与えるために，訴訟追行許可決定がなされた段階で直ちに通知・公告がなされる。

この点に関連して，擬制的な任意的訴訟担当の構成では，ネガティブ・オプションで授権を擬制することから通知・公告がきわめて重要な問題となり，公告を認識していない者についても授権を擬制できるのかという問題が提起されている。これに対し，法定訴訟担当では法律の定めによってカバーされるので，係争利益に見合った通知・公告で足りるというように緩やかに解する可能性が示唆されている反面，法が保護の必要を認めて法定訴訟担当を定める以上，同時にオプトアウトの余地を認めることは，法目的の実現を制約することになり，整合しにくいとの指摘がある[25]。近時，任意的訴訟担当について，被担当者の利益代表機能が担当者に期待されるような社会的関係がある場合に「授権の相対化」ないしは「授権意思の客観化」を説く立場がある[26]。通知・公告の反面としての授権の擬制という発想は，それとは異なるけれども，個別的授権の要求を相対化する点では共通の方向性を持つ。ただ，一般論としては，オプトアウトを許容することとの整合性が問題になるにしても両立し得ないほどの関係ではないと思われるので，法定訴訟担当構成の方が立法上のハードルは相対的に低いのではないかと思われる[27]。

さらに，通知・公告のあり方に関しては，一方で，相手方事業者の保有する顧客情報の開示義務を法定して個別通知をできるかぎり可能とするとともに，それでも知れない者については，マスメディアによる周知ではコストが過大になるとし，振り込め詐欺救済法で金融機関からの求めに基づいて預金保険機構がインターネットを通じて公告する方式が採用されていることを参考に，これと同様の方式で足りるものとすべきである，との提案がなされていることが注

---

25) 消費者庁報告書 35-36 頁。
26) そのような学説の動きについて，大村・前掲（注9）民事訴訟雑誌 51号 112頁参照。しかし，少なくとも共通の被害を受けた消費者たちという「対等な関係」におけるそのような「社会的関係」の説明は難しそうである。適格消費者団体についても，そのような社会的な関係を見いだすことは容易ではなさそうである。
27) 町村・前掲（注21）現代消費者法 8 号 29 頁も法定訴訟担当の一種と位置づける方がなじみやすいとする。

目される[28]。また，倒産手続においては，調査を尽くしても知れない債権者に対しては公告（官報掲載）が唯一の手続保障であり，それで判明しない債権は配当において失権させられるし，免責による失権もある。これらの特別な取扱いは，それぞれの法律の立法目的と手続の法的性質に即して正当化されるものと考えられ，直ちに訴訟制度と同列に論じることはできないが，いずれにせよ，訴訟制度といえども現実の制約の中で最善の機能を発揮することをもって満足せざるを得ないとすれば，あらゆる場合に必ず個別通知ができなければすべてを諦めるべきであるというリジッドな考え方以外に，何らかの工夫ができないものであろうか[29]。

　B案のようなオプトアウト型では，訴訟追行者の適切代表性（対象消費者の利益を適切に代表しうる者であること）が重要なポイントになる。任意的訴訟担当構成を取る場合だけでなく，法定訴訟担当構成を取る場合でも，どのような者を訴訟追行者として法定するかは重要な問題である。考え方によっては，消費

---

28) 町村・前掲（注 21）現代消費者法 8 号 31 頁参照。振り込め詐欺救済法（「犯罪利用預金口座等に係る資金による被害回復分配金の支払等に関する法律」〔平成 19 年〕）は，口座振込みを利用して行われた詐欺等の犯罪行為により被害を受けた者に対する被害回復分配金の支払のため，預金に係る債権の消滅手続と被害回復分配金の支払手続を定める。同法 10 条は，対象被害者またはその一般承継人のすべてが明らかになっている場合を除き，被害回復分配金の支払手続の開始に係る公告をするものとし，同法 27 条は，「この法律の規定による公告は，インターネットを利用して公衆の閲覧に供する方法でしなければならない」と定めている。なお，この消滅・分配制度の平成 21 年度の運用実績としては，消滅した預金債権の額は約 50 億円，被害者に支払われた額は約 22 億円であり，残りの 28 億円は預金保険機構に納付される。より詳細については，消費者庁報告書 24-26 頁参照。

29) ノウティスを厳格に要求したことで有名なアイゼン判決（Eisen v. Carlisle & Jacquelin, 417 U. S. 156 (1974)）も，特定できないクラスメンバーについてまで個別的通知を要求したものではない。ブラジルのように，第一段階の敗訴の判決効を集合訴訟の再訴禁止効に留め，個人提訴まで禁ずるものではないと定めれば，個別的通知にこだわる必要はないと思われる。しかし，そのような判決効の理論的基礎づけいかんという問題はあろう。

者個人を除外して，適格消費者団体にそのような資格を限定すべきであるとの立場もあり得る。ただ，訴訟担当者としての現実の訴訟追行能力の点で，その種の団体の方が優るとみるかどうかについては，見解が分かれよう[30]。実際上難しい問題は，個人に提訴資格を肯定する場合に，適切代表性をどのような指標で認定するかであろう。被害を受けた多くの消費者が同種の権利を持っている場合，おおむね同質・対等の者たちの中から，取り立ててそれらを適切に代表できそうな者を選別しようと考えるとなかなか困難である。選定当事者制度においても，共同の利益を有する者という要件以外に実質的な選別の基準はなく，それをカバーしているのが個別的な選定（授権）行為であるが，利害関係者の数が多くなればなるほど，見ず知らずの個人を選定することを躊躇するのではないかとの指摘もある。しかし，訴訟追行当事者の属性もさることながら，弁護士が訴訟代理人になるならば，適切代表の程度は現実には弁護士の能力・役割・執務体制などにより多く依存するとの見方もあり得よう[31]。また，訴訟を支える資力や経済面の支援体制，弁護士報酬のあり方にも大きく関わる[32]。その意味で，代表の適切性の考え方は，総合的・多面的にならざるを得

---

30) 損害賠償等の事後救済型訴訟においては，消費者団体には提訴の経済的インセンティブと訴訟追行の体力面とのいずれにおいても限界があるとの指摘がある。三木・前掲（注3）現代消費者法8号13頁。

31) クラスアクションには共通性や典型性などの要件はあるものの，実際には弁護士の役割がきわめて重要である。カナダやアメリカでは，代表原告の訴訟代理人弁護士は，クラスメンバー全員に対して信認義務（fiduciary duty）を負っているとされる。アメリカの2003年連邦規則改正で裁判所がクラス弁護士を必ず選任することとされたのは，クラスアクションを遂行する弁護士の信頼性をそれによって担保するとともに，その基礎として，もともと代表原告の訴訟代理人が負っている fiduciary duty をより明確にする意味合いがあるのではないかと推測される。いわば総員を受益者とする管財人的な役割が期待されているとみられる（大村・前掲〔注8〕NBL911号59頁）。

32) アメリカでは全面的成功報酬契約がクラスアクションの経済面を支えており，カナダではこれに加えて半ば公的なクラスアクション基金が訴訟費用を援助している。なお，全面成功報酬契約が禁じられているオーストラリアでは，近時，民間の投資会社がクラスアクションの追行資金を融資することによってその機能の

ないのではないかと思われる[33]。

4．C案について

　C案は，オプトアウト型の手続で，ほかの案と異なり，いわゆる総額判決[34]をすることを目標とする。すなわち，C案の「認容判決においては，対象消費者の範囲を特定した上で，対象消費者の総員に対して支払うべき金額の総額を手続追行主体に支払うよう命ずる判決を行うもの」とされている。いわゆるクラスアクションでは，B案とC案が一体化されて1つの制度になっているのであるが，報告書では，総額判決をする場合だけを抜き出して1つのモデルとして提示している。訴訟の類型としては給付訴訟になろうが，手続追行主体の適格の根拠や，集団を構成する対象消費者にとっての手続保障については，B案におけると同様の論点があるとされる[35]。

　どのような事案で総額判決を行うことができるのかに関しては，報告書はかなり限定的なイメージを提示している。すなわち，「個々の対象消費者に対して支払うべき金額を特定することなく」「総員に支払うべき額を認定できるかが問題」となり，そのような立証や認定が可能な事案でなければ総額判決はできない。それは，個々の対象消費者を特定できなくても，「対象消費者の範囲」＝集団の人数を把握することによって総額も把握しうる事案ということになるが，他方で，「手続追行主体が対象消費者を個別に特定し，個々の対象消費者

　　肩代わりをしているという（これは third party funding と呼ばれる）。
33）　メンバーの授権を前提としないクラスアクションでは，判決効の拡張を支えるキーポイントは代表の適切性にあるとされ，代表の適切性を確保するための手当として，利益の共通性などの要件のほか，通知，オプトアウトの権利，参加の機会，裁判所の積極的な監督があるとされてきた。高田裕成「集団的紛争における判決効」『講座民事訴訟法6巻』186頁（弘文堂，1983年），小林秀之『新版アメリカ民事訴訟法』282頁，285頁（弘文堂，2004年）。前述の信認義務もこれを支える要素にあげることができよう。
34）　総額判決ないし総額賠償については，前掲注7参照。
35）　消費者庁報告書37頁。

に対して支払うべき額を特定しうる事案」もその射程内に加えているようである[36]。これらは，わが国の訴訟実務における伝統である個別損害積み上げ方式を排除はしていないと思われる。いずれにせよ，総額賠償の可能な場合をどのような要件によって律するかは課題であるとされている。

カナダは，クラスアクションで総額賠償判決をすることができる場合を明文で規定しており，一つの参考になる。すなわち，総額賠償判決をするためには，①被告が負うべき金銭的責任の額の査定が残る唯一の争点であり，それ以外の事実上または法律上の争点が残っておらず，かつ，②個々のクラス構成員による立証がなくても〔被告の有する記録・資料などから〕総員に対する被告の責任の総額を合理的に認定することができることを要する[37]。この要件該当性は事案に即した判断を要するが，たとえば，金融機関やクレジット会社等のオーバーチャージの事件，すなわち，利息や手数料などの取りすぎに関する事件はその典型例とされる。こうした事件では，被告のコンピュータ記録からクラス全体にどれだけ過剰な利率を適用したかがわかるので，それによって損害総額を算出し，各人にはそれを割り振って被害額を算出できるからである。これに対し，ブレスト・インプラントのような医療・薬品関係の事件は個別性が強く，各人が自分自身の症状を立証しなければならないので，総額賠償の要件に該当しないとされる[38]。ここでは，個々人による個別立証がなくても総額を認定できることが要求されるだけで，日本的観点からは，オーバーチャージの事案も個別損害の積み上げだという説明ができないわけではないと思われる。

総額判決が確定した後は，原告側へのその総額の支払を経て（任意の支払がない場合は強制執行が想定されている），対象消費者に通知・公告した上で，分配が行われることになる。相手方は第二段階でどのように分配が行われるかには

---

36) 消費者庁報告書 38-39 頁。
37) オンタリオ州クラス訴訟法 24 条 1 項，ブリティッシュ・コロンビア州クラス訴訟法 29 条 1 項など。
38) ブリティッシュ・コロンビア州バンクーバー市の Branch MacMaster 法律事務所において Ward Branch 弁護士から聴取したところによる。

本来利害を有しないので，第二段階は，相手方との関係での債権確定手続というよりも，対象消費者内部での分配手続という性格付けになる。分配を受ける前提として，分配手続を担当する者に対して個々の消費者が申し出て自分がその特定された集団に属する者であること（言い換えれば，自己の権利）を証する必要があろう。その手続や判断の公正を確保するためには，分配事務を担当する者が手続追行主体でよいのか，あるいは別の管理人的な者を考えるかは，一つの検討課題であろう。いずれにせよ，裁判所またはそれに代わる機関が何らかの形で分配手続の監督をする必要はあろう[39]。

最後に，B型やC型のオプトアウト型の手続における対象消費者の範囲（集団）の特定ということに関連して，若干付言しておく。オプトアウト型の手続では，デフォルト状態において，訴訟当事者ではない一定範囲の者（潜在的当事者）の権利が審判対象として糾合されている。特にC案では，それらの対象消費者の権利について給付判決まで行うというのであるから，具体的個人として特定されていないような者の権利について判決をすることが訴訟法の論理として可能であるのか，という疑問は当然生じうるところである。わが国の選定当事者制度における追加的選定の場合も，選定当事者が選定者の権利につき請求の追加をするので，当事者の地位を得たことのない訴訟外の者の権利が審判対象にはなるものの，選定行為が前提であるから潜在的当事者は特定されており，そのような状態は生じないのであるが，オプトアウト型では生じる。ただ，この点については，法定訴訟担当の機能に関する近時の学説の考え方を援用すれば，説明がつかないわけではないと思われる[40]。もっとも，そうなると，

---

39) アメリカやカナダでは，クラスアクションの総額賠償で得られた和解金について，claim administrator と呼ばれる民間会社（経理会社や損害査定会社）がその管理・分配の手続を担当することが多いようである。もちろん，当事者の提案に基づいて裁判所がそれを命じ，また報告などを通じて監督する。

40) 山本克己「法定訴訟担当論の再検討―信認関係としての法定訴訟担当」民事訴訟雑誌51号96頁は，法定訴訟担当関係を「信認関係」（fiduciary relationship）とみて，法定訴訟担当には権利帰属者の匿名化機能があることを指摘する。すなわち，信託法旧8条2項（現123条・125条）が，原告となるべき受益者を訴状

請求の特定が抽象的なものになり，それに伴って，訴額の算定や事物管轄などに特別な手当が必要になるほか，さらに，係争利益がどのような規模になるか予想がつきにくいことから被告の防御上の不利益への配慮も求められるであろうが，最後の点は，抽象的な特定さえなされれば，係争利益の規模についてはむしろ被告側が情報を持っている事案も多いのではないかと思われる。

IV まとめ

　本稿で取り上げた消費者庁報告書（平成22年9月）は，二段階型など手続の基本的構造，手続追行主体やその当事者適格の構成，通知・公告のあり方，判決効，総額賠償などについて主な可能性を示したものである。本稿は，それらを紹介しつつ逐次若干の検討を加えてきた。

　全体を振り返りつつさらに付言すると，消費者庁研究会で示された案のうち，まずA案は複合的な内容であるので評価が難しいが，そこに属すると思われる三木私案〔A2案〕は，D案を除けば最も単純かつ穏やかなモデルで，現行法上の概念や制度に最もなじみやすいものと思われる。その意味で，立法のハードルは最も低いであろう[41]。というよりも，立法の実現性を優先した案といってもよい。ただ，従来の追加的選定制度よりはインセンティブがあるもの

　　　に表示できない場合に信託管理人を訴訟担当者として構成しており，社債管理会社についても，社債権者の多数性や社債の流通性に配慮して顕名の原則が排除されている（旧商法309条ノ5，現会社法705条1項・708条）といった例をあげ，これらは法定訴訟担当と構成すべきであり，法定訴訟担当という法技術によれば当該の権利義務の帰属関係を捨象することができるとする。そのことからさらに，各構成員を列挙することが不可能な場合のオプトアウト型クラスアクションも，権利帰属者の匿名化の必要性がある場合として，法定訴訟担当構成によって説明できるとする。山本克己「信認関係として見た法定訴訟担当」論叢154巻4・5・6号236頁，263頁参照。これによれば，オプトアウト型の構造自体は，現行法上の既存の考え方と必ずしもかけ離れたものではないといえることになろう。

41）　なお，前掲注20参照。

の，それをどの程度超える実効性を発揮しうるかについては，率直なところ予想は難しい。また，被告が勝訴しても，紛争の一挙的解決という点では課題が残りそうである。

次に，これと対極の関係にあるC案は，アメリカ型のクラスアクション（オプトアウト型）の特徴を有するモデルであり，総額賠償という不当利益剥奪に匹敵する手段を備えているがゆえに，経済界からアレルギー反応を受けやすい。もっとも，要件の定め方にもよろうが，総額認定（総額の立証）ができるような事案はわが国ではさほど多くはないと思われる。総額賠償が支払われた後の分配の問題は難題である。近似分配等の方法は，きわめて少額の被害を受けた者がきわめて多数で特定しがたい場合には現実的な方法といえなくはないけれども，わが国ではおそらく実体法上容認しがたいとされ，支持は得られにくいであろう[42]。他方，これを避けて個別分配を行っても，分配後に残る残額の処理について同じ問題が生ずる。そのように，C案は多くの難問を抱えており，また，個別分配後の残額は最終的には権利者不明で国庫に帰属させるのが最も無難であると考えれば，C案に相当する役割を行政機関による経済的不利益賦課制度に期待するのが現実的との評価もあり得よう。

最後に，B案は，AとCの中間案といえる。その第二段階は個別権利者が加入する必要があることから基本的にA案と同じで，そこでの債権確定手続は単なる分配手続ではなく争訟的性質を有するとはいえ，対象消費者の手続的負担をどのように軽減するかが救済の実効性を上げる鍵となる[43]。ここはA案と共通の課題である。ただ，A案と違って，第一段階はオプトアウト型であるから被告側が勝訴した場合には，紛争の一挙的解決のメリットがある。その反面として，B案は，C案同様，対象消費者の手続保障のためのノウティス（通知・

---

42) 流動賠償や近似分配については，前掲注7参照。これを許容するかどうかは，英米法系の国々でも賛否両論に分かれ，アメリカでも連邦と州とでかなり温度差があるようである。Rachael Mulheron, supra note 7, at 426.

43) 消費者庁報告書32頁，三木・前掲（注3）現代消費者法8号11-12頁，大村・前掲（注8）消費者庁研究会第11回配付資料3など参照。

公告）やそれに伴う負担をいかにして緩和することができるかという課題を抱えている。この課題を，代表の適切性という要件の強化に加え，対象事件を社会に埋もれやすいかなり少額の事案に絞ることによって，クリアしようとの試みもあり，立法政策的な合意が得られるならば，その方向は追求して行くに値すると思われる。これによれば，第一段階の手続追行資格をA案では（三木私案のように）特に限定せず広く個人に認め，B案では何らかの公的色彩のある機関に限定するというように使い分ける考え方もあり得るであろう[44]。

　集合訴訟制度を検討するにあたって考慮すべき論点は多岐にわたる。本稿で検討した事柄以外にも，現実の制度設計を考える場合には，証拠・情報の開示義務，証明の方法，損害額の認定，訴訟上の和解の規律，対象消費者による訴訟参加，対象消費者の権利の時効中断，個別訴訟や他の集合訴訟との競合問題，訴訟費用，弁護士費用など，民事訴訟法に関連するさまざまな論点が検討課題として残されている。理論的・実務的課題の主要なものについては，民訴学会シンポジウムでのさらなる検討を参照していただくことを期待し，また，筆者自身もそれを踏まえて改めて検討してみたい。

---

[44]　そのような立法例として，デンマークなどがある。上原敏夫「デンマークにおけるクラスアクション（集団訴訟）の概要」NBL917号72頁参照。なお，本文に述べた「社会に埋もれてしまう事案」とは，個別提訴が期待できない事案であるが，少額訴訟にすら乗ってこないきわめて少額な事案と，それほど少額ではないが略式の少額訴訟には適さない法律問題・事実問題を含む事案とがありえよう。
　　＊脱稿後，落合誠一ほか座談会「動き出す消費者クラスアクション制度：日本経済へのインパクト（上）」ビジネス法務11巻1号50頁，土屋信「集団的消費者被害救済制度研究会報告書の解説」同前63頁に接した。そこに示された種々の懸念の中には，立法においてしかるべき配慮が必要なものもあろう。

追　記

　2012年に，消費者庁は，前記の専門調査会の報告書（平成23年8月）を踏まえて消費者集合訴訟制度の案をさらに整理し，「集団的消費者被害回復に係る訴訟制度案」（平成24年8月）を公表するとともに，これについての意見募集を行った。この「制度案」およびその「概要」については，http://www.caa.go.jp/planning/index12.html を参照されたい。そこでは，手続構造の細部がかなり整備され，より明確にされている。

　この「制度案」は，基本的に，前述のＡ1案の手続構造を採用していると思われ，第1段階の「共通義務確認訴訟」と，第2段階の「個別の消費者の債権確定手続」からなっている。対象事案は消費者契約に関するものに限られ，一段階目の手続は，特定適格消費者団体のみが提起しうる，被告事業者の共通義務（相当多数の消費者に共通する事実上および法律上の原因に基づいて事業者が負う金銭支払義務）の存否の確認訴訟である。個々の消費者の請求権はこの訴訟の訴訟物ではないが，この共通義務は各消費者が請求をする場合の共通争点といえよう。訴状には，対象債権及び対象消費者の「範囲」を記載して，請求の趣旨及び原因を特定するものとされている（制度案第2, 1(3)）。一段階目の訴訟で請求認容判決が確定したとき（訴訟上の和解，請求の認諾の場合も同様）は，二段階目の手続に移ることが可能となる。二段階目の手続は，一段階目と同じ消費者団体が簡易確定手続開始の申立てをし，消費者への通知・広告，申立て団体への授権を経て，団体が裁判所に債権を届け出，事業者による債権認否を経て，裁判所による簡易確定決定にいたる手続として構成されている（証拠調べは書証に限る）。簡易確定決定に対しては，当事者または届出消費者は異議申立てをすることができ，異議がなければ確定判決と同一の効力が生じ，異議があった場合には異議を申し立てた団体または届出消費者を原告とする通常の訴えの提起があったものとみなされる。この簡易確定手続は，倒産処理手続における集団的な債権確定方式に類似する発想に基づいているといえる。

　「共通義務確認訴訟の確定判決は，当該共通義務確認訴訟の当事者以外の特定適格消費者団体及び対象消費者の範囲に属する届出消費者に対してもその効

力を有するものとする。」(制度案第2, 1(7))とされている。一段階目の確定判決の効力（既判力）が認容の場合も棄却の場合も消費者に拡張されるのか否かは，必ずしも明らかではない。しかし，「届出消費者」という文言や，「一段階目の判決の効力は，原告および被告に及ぶほか，二段階目の手続において債権を届け出た消費者にも及ぶ。」との説明（制度案の概要 ※3）は，一段階目の判決の内容が次の段階での債権届出が可能な内容のもの，すなわち請求認容判決であることを前提としており，さらに，「対象消費者は，共通義務確認訴訟に参加することができないものとする。」との手続権保障の制限的規律（制度案第2, 1(6)）と併せて勘案すると，従来のＡ１案と同様，請求認容判決の場合に限った片面的拡張の趣旨であると解される。原告適格の限定などの手当による代表性の確保と，敗訴の場合の判決効拡張の否定により，消費者の手続権保障を確保しようとするものとみられる。

　ところで，紛争解決の一回性を可及的に確保するためには，共通義務確認訴訟における原告敗訴（請求棄却判決）の後の再訴を何らかの方法で禁ずる必要がある。ただ，消費者による多数の提訴は，理論的には可能性があるが，現実にはあまり想定できないので，現状のままとするのが，認容の場合だけの片面的拡張にとどめることの含意であろう。これに対し，他の適格団体による共通義務確認訴訟の再訴の問題は別であり，これは別途明確に禁止する必要があると考えられるところ，上記（制度案第2, 1(7)）の説明は，「当事者以外の特定適格消費者団体」が請求認容判決を前提とする「届出消費者」と併せて記述されていることから，趣旨が若干曖昧であるように思われる。しかし，「紛争の蒸返しを防止する観点から，ある特定適格消費者団体が提起した一段階目の手続に関する訴えの判決の効力は，他の特定適格消費者団体にも及ぶ旨の規定を設けることが適当である。」（公募意見に対する消費者庁の考え）との記述からみるかぎり，他の特定適格消費者団体には棄却判決の効力も及ぶとする趣旨であろう（前述のように，ブラジルなどはそのような規律を採用しているようである。注9参照）。

　さらに，訴訟競合への対応に関しては，「同一の共通義務確認訴訟が数個同

時に係属するときは，その弁論及び裁判は，併合してしなければならないものとする。」(制度案第2(5))との併合強制の規律が採用され，また，共通義務確認訴訟と消費者による個別訴訟が同時に係属する場合には，裁判所は個別訴訟の手続の中止を命ずることができるものとして（制度案第2），調整を図っている。

他の特定消費者団体への判決効拡張と対象消費者への判決効拡張の区別は巧みな規律と思われるが，そのような規律の理論的な根拠説明については，さらに検討を要すると思われる。ここでは，以上のような感想を付記するにとどめる。

(2012年11月上旬)

2 カナダのクラスアクションの基本構造

I 研究の意義

アメリカ合衆国などでみられるクラスアクション (class action) とは,同一の被告に対して法律上または事実上の争点を共通にする請求を有する一定範囲の多数者(この観念的なグループを「クラス」という)がいる場合に,そのうちの一部の者(代表原告)が特段の授権を要せずに全員を代表して訴えを提起することができ,その受けた判決の効力が勝訴・敗訴を問わず全員に及ぶという訴訟形態をいう。このようなクラスアクションが生まれたのはアメリカの連邦民事訴訟規則の1966年改正によってであり,今日ではその存在は世界的によく知られているが,この制度に対しては,理論的にも実際的にも,常に功罪相半ばする評価が下されてきたところである[1]。

筆者は,カナダのオンタリオ州およびブリティッシュ・コロンビア州におけるクラスアクションの概要と特徴についての調査研究を公表したことがある[2]。本稿はこれら両州の制度の紹介を一本化して要約し,カナダにおけるク

---

1) リチャード・マーカス(大村雅彦訳)「アメリカのクラスアクション——疫病神か救世主か」大村 = 三木編訳『アメリカ民事訴訟法の理論』225頁所収(商事法務,2006年)。
2) 大村雅彦「カナダ(オンタリオ州)におけるクラスアクション制度の概要(上)(下)」NBL911号52頁以下,912号52頁以下(2009年),同「カナダ(ブリティッシュ・コロンビア州)のクラスアクションの概要(上)(下)」NBL966号77頁以下,NBL967号50頁以下(2011年)。これらは,集合的権利保護訴訟研究会(代表・三木浩一教授)の2008年から2010年にかけての調査研究活動の成果の

ラスアクションの基本構造や特徴を描出しようとするものである。

カナダはケベック州を除くとコモンロー法系に属する。コモンロー諸州の代表格がオンタリオ州であり，西海岸の重要州がブリティッシュ・コロンビア州であるので，この2州に着目すれば，当面の目的は達せられるといえる。

カナダのコモンロー諸州のほとんどはクラスアクション制度を導入しており，それはアメリカ型のクラスアクションである。ただ，アメリカのクラスアクションはその条文（連邦民事訴訟規則23条）の規定ぶりがかなり簡潔であり，多くの部分が判例法理に委ねられているのに対し，カナダは明文の実定法的規整がより充実しており，詳しく規定されているので，その面では大陸法の法律家からみると，アメリカの法制よりもわかりやすいというメリットがある。

また，カナダはアメリカ型のクラスアクションを導入しているにもかかわらず，濫用が少ないとされている。アメリカ型の制度がカナダにおいてなにゆえ抑制のきいた運用になるのか，それはどのような事情によるのかは，比較法的に興味深いところである。

オンタリオ州は，カナダのコモンロー諸州の中で最初にクラスアクション立法を実現したが（1992年）[3]，これを踏まえてその後に（1996年）制定されたブリティッシュ・コロンビア州（以下，BC州ともいう）の法律[4]は，オンタリオ州のそれよりもよく整理されているために，カナダ法の特徴がよりわかりやすい。そこで，本稿ではBC州のクラス訴訟法を主に引用することにする（オンタリオ州のクラス訴訟法もおおむね同趣旨の条文を有する）。これらのカナダ諸州のクラスアクションの最大の特色は，明確に二段階型の手続として立法されていることである。すなわち，手続の第1段階は，クラスの共通争点について審

一環であるが，執筆内容については筆者のみが責任を負っている。
[3] オンタリオ州クラス訴訟法（Class Proceedings Act 1992）（S.O. 1992, Chapter 6）。その訳文については，前掲（注2）NBL912号52頁以下を参照。
[4] ブリティッシュ・コロンビア州クラス訴訟法（Class Proceedings Act 1996）（R.S.B.C. 1996, Chapter 50）。その訳文については，前掲（注2）NBL967号50頁以下を参照。

理・判決をする手続であり（BC 州クラス訴訟法 25 条・26 条），第 2 段階はクラス構成員の個別争点を解決し，個別的な救済の実現につなげる手続である（同法 27 条）。もっとも，判決で処理される事件は実際にはほとんど存在せず，原告側が一部でも勝訴する事件はほぼ例外なく手続の第一段階において和解で決着がつくため，第二段階の手続については必ずしも実務慣行が確立されているとはいえないようである[5]。

しかし，そのような実際の運用はともかくとして，カナダの採用するこのような明確な二段階構造がわが国における最近の消費者集合訴訟立法の準備作業においても参酌され，かなり大きな影響を与えていることに鑑みると，カナダのクラスアクションの手続構造を明らかにしておく基礎作業は比較法的にみても必要であると考える[6]。

Ⅱ　クラスアクション制度の目的

カナダでは，一般に，クラスアクション制度の目的は次の 3 点にあるとされている。

① 　裁判所へのアクセスの保障（すなわち，「個々人では提訴不能」な埋もれた請求の復活）

② 　訴訟経済（すなわち，多数の個別訴訟において同じ争点を何度も重複審理する

---

[5] クラスアクションの専門家であるウォード・ブランチ（Ward Branch）弁護士（BC 州バンクーバー市のブランチ＝マクマスター法律事務所）のご教示によると，BC 州では，1996 年のクラス訴訟法制定から 2010 年 5 月（筆者の訪問調査時）に至るまでの間に，クラスアクションとして認可された事件の数は 73 件である。そのうち，41 件は和解で終結した。本案に関して判決が下されたのは，8 件である（残りは却下，取り下げ，未決等）。判決のうち，原告勝訴判決が 4 件，被告勝訴判決が 4 件である。原告勝訴の 4 件は，すべて同 26 条に基づく共通争点判決（judgment on common issues）である（後述の総額賠償を判決で命じた事例はないようである）。

[6] 集団的消費者被害救済制度研究会報告書（平成 22 年 9 月消費者庁）など参照。

事態の回避）

③ 違法行為者の行動修正（すなわち，法の不遵守の抑止）

これらのうち，何が中心的な目的であるかは興味のあるところであるが，少なくともオンタリオ州法改革委員会以後は，①が最も重視されているようである[7]。②は，放っておけば表に出てこない事件を訴訟制度にすくい上げた場合の効率的運用という趣旨であり，最重要の目的とはいえないであろう。③はクラスアクションの実際的効用として現実にはかなり重要と思われるが，それはむしろ直接的には懲罰的賠償制度等の目的であって，クラスアクションという手続自体の本質的機能は実体権の実現・回復にあると思われ，違法行為抑止のための制裁という観点を正面から掲げることが適切かどうかには疑問がないではない。思うに，②と③は，①とは異なり，「個々人では提訴不能」とは必ずしも言い切れないタイプの事件にもクラスアクションを拡大適用する論拠になっているのではなかろうか。

ちなみに，クラスアクションにおいては，クラス構成員のための手続権保障（デュー・プロセス）の要請と裁判所へのアクセス権保障の要請がせめぎ合うことになるが，構成員に対する個別的通知という方法での完全な手続権保障は困難であるのに，代表原告を通じた提訴の実現を優先する立場は，やはり①の裁判所へのアクセス権（すなわち裁判を受ける権利）を重視するからであろう。アクセス権が実際には存在しないところでは，手続権保障も当然ゼロである。逆にいえば，手続権保障をある程度犠牲にしてでもアクセス権を回復すべき場面はどのような場面かを考えることが求められ，その境界を画するラインが焦点となると思われる。それは，典型的には少額多数被害のような類型であろうと思われる。

しかし，アメリカもそうであるが，カナダでも，実際の事件類型としては，

---

7) 山本和彦「カナダ・オンタリオ州法からみたクラスアクションの検討―オンタリオ州法改正委員会『クラスアクションに関する報告書』の紹介」ジュリスト842号（1985年）156頁，Garry Watson, Class Actions : The Canadian Experience, 11 Duke J. of Comp. & Int'l L. at 269.

少額多数被害だけに限定する法的規律が存するわけではなく，各人がかなり多額の損害を被っている事件類型もクラスアクションで多く取り上げられている。この点の理論的説明は，前述のような立場に立つ限り，困難であるが，カナダ側の視点からの説明として，次のような見解がある。すなわち，大規模不法行為（mass tort）事件の多くは，アメリカでは個別提訴が可能である。なぜなら，仮にクラス訴訟の認可を得られなくても，訴訟費用の各自負担ルール，全面成功報酬制，民事陪審制，巨額の懲罰的賠償などのために，個別訴訟でも引き受ける弁護士がいる。これに対し，カナダでは，全面成功報酬は認められるようになったが，民事陪審制はなく，巨額の懲罰的賠償もなく，敗訴者負担原則があるので，クラス訴訟による賠償額の糾合がなければ，原告の弁護士には費用負担のリスクは受容し難い。よって，カナダでは，大規模不法行為事件でも「個別提訴不能」に近いというのである[8]。

III　クラスアクション制度の概要

1．第1段階の手続＝共通争点の解決

(1)　訴　　状

クラスアクションの訴状は基本的に通常の訴状と変わらず，請求する権利の発生原因および求める救済の種類・内容が記載される。たとえばBC州クラス訴訟法4条(1)(a)は，訴状において cause of action〔訴訟原因〕を特定することを求めており，それに加えて，「クラス訴訟法に基づく訴えである」旨を明記しなければならない。

条文はこのようになっているが，オプトアウト型の訴訟において，いわゆる「請求の特定」がどこまで要求されるかは1つの問題である。請求の特定について日本法的な厳格性にこだわると，クラスアクションにおける請求の特定は

---

[8]　ヨーク大学のゲーリー・ワトソン（Garry Watson）教授からの聴取による。なお，クラスアクションにおける訴訟費用負担ルールや成功報酬契約については，大村・前掲（注2）NBL911号59頁参照。

理解困難となる。文献に掲載されている BC 州の訴状例（製造物責任事例）をみると，訴訟当事者たる原告・被告はもちろん特定されるが，クラス構成員としての個人個人は時間的・地理的・対象的な特徴の記述によって抽象的にしか特定されず[9]，その関係で，請求総額の明示も必ずしも要求されない。もっとも，請求総額については州によって異なり，オンタリオ州では一応明示しなければならないとされているようであるが，ブリティッシュ・コロンビア州では明示は要求されていない[10]。ただ，総額を明示しなければならないといっても，クラス構成員の人数や個々人の請求額が不明な場合は，その数字は実際上はかなり大まかな仮の数字にならざるを得ないであろう。大まかな額であれ請求総額が明示されないことによって被告の防御上の不利益が生じないかという懸念も感じられるところであるが，その点については特段の議論はないようである。

なお，請求総額が明示されなくても，提訴手数料や事物管轄については別途技術的に解決可能である[11]。

---

9) BC 州の訴状例では，クラス構成員の特定は次のような記述によって行われている。「原告は，1996 年 8 月 1 日から 10 月 1 日までの間に，ブリティッシュ・コロンビア州において，被告の製造した本件製品（飲料）を摂取し，その結果として何らかの病的被害を蒙ったすべての者を代表して，本件訴えを提起するものである。原告は，クラス訴訟法に依拠して訴答を行う。」Ward Branch, CLASS ACTIONS IN CANADA (2008), at p-2.

10) BC 州の訴状例では，請求原因事実と重要な間接事実にあたる部分は詳しく記載されているが，請求の趣旨にあたる部分は次のように記載されており，請求総額どころか，原告自身の請求金額も明示されていない。

「原告は次の費目について支払を請求する。
 (a) 一般損害の賠償
 (b) 特別損害の賠償
 (c) 懲罰的損害賠償
 (d) それらの利息
 (e) 訴訟費用，および，
 (f) その他裁判所が適切と認める救済」　Ward Branch, supra note 9, at p-3.

11) 提訴手数料はアメリカと同様の定額制と推測され，そうであれば訴額に準拠せずに決まるし，また，クラスアクションは Supreme Court（日本の地方裁判所に

(2) 共通争点

共通争点（common issues）とは，クラス構成員の間で，(a)同一もしくは共通性のある事実上の争点，または，(b)同一もしくは共通性のある事実関係から生じた，同一もしくは共通性のある法律上の争点をいう（BC 州法 1 条）。

共通争点の存在は，クラス訴訟としての認可の要件である。アメリカのクラスアクションで要件とされているところの共通争点の「支配性」は，カナダでは要件とされていない（むしろ，共通争点が個別争点よりも「支配的であるかどうかに拘わらない」と明記されている。BC 州法 4 条(1)(c)）。ただ，共通争点の公正で迅速な解決のための方法として「クラス訴訟が望ましい手続」であるといえることが要件とされており（BC 州法 4 条(1)(d)），「望ましさ」の判断にあたっては，「支配性」も 1 つの考慮要素として明記されている（BC 州法 4 条(2)(a)）。従って，実際上は「支配性」もかなり重要な要素であると思われるが，アメリカにおけるよりも緩やかな扱いになっているようである[12]。

共通争点は，原告が訴状に記載しなければならない。もっとも，認可の申立て（BC 州法 2 条(2)）の段階で原告側はこれをさらに補充することが可能である。共通争点は，主に，請求原因を構成する諸要素のうちクラス構成員に共通するものを抜き出して，イエスまたはノーで回答できる疑問文の形式を取るのが通常である。標準的な例を示せば，次のような形式である（この事例は，少額・短

相当）の管轄であると法定されているので，請求額が明示されていなくても管轄の面で困ることはない。

[12] たとえば，列車の脱線事故で数百人の乗客が死傷したというような事故の損害賠償請求の場合，アメリカでは共通争点の支配性の有無が問題になりうるが，カナダではクラスアクションとすることに支障はないとされている。もっとも，オンタリオ州では，個々の被害額が高額で，個別争点も重要なケースでは，クラスアクションとしての認可が認められないとした州最高裁の先例があり，その面から認可に制限がかかる可能性もあるが，ウォード・ブランチ弁護士は，自分で独自に訴訟をやりたい者にはオプトアウトの権利が保障されているという理由で，そのような扱いに反対する。日本弁護士連合会「カナダにおけるクラスアクションの実情報告書―ブリティッシュ・コロンビア州における実務を中心として」（2010 年 12 月）12 頁および 50 頁参照。

期の貸付けを全国展開する消費者金融業者を被告とする，不当利得返還請求，「商慣行および消費者保護法」等に基づく損害賠償請求などである。以下は一部のみの抜粋である)[13]。

　(a)　被告が課金した融資手数料は，刑法○条に規定された利息に該当するか？

　(c)　被告の標準書式の条項に従って融資手数料を徴収したことは，刑法○条に違反する率の利息の収受にあたるか？

　(d)　(c)に対する回答がイエスの場合，クラスメンバーから当該融資手数料を徴収することによって被告に不当な利得が生じたか？

(3)　認 可 決 定

　クラス訴訟の認可要件の1つとして，遂行可能な訴訟運営計画（litigation plan）を原告側が提出することが求められ（BC州法4条(1)(e)），これは認可の判断要素となる。

　認可決定の必要的記載事項は次の通りである（BC州法8条(1)）。

　(a)　クラスを識別するための特徴を記述することによるクラスの特定
　(b)　クラスの代表原告の指名
　(c)　クラスのために主張された請求権の種類
　(d)　クラスによって求められた救済の内容
　(e)　クラスの共通争点
　(f)　クラス構成員がクラス訴訟からオプトアウトすることができる方法と期限
　(g)　ブリティッシュ・コロンビア州民でない者がクラス訴訟にオプトインすることができる方法と期限

---

　[13]　Kilroy v. A OK Payday Loans Inc., 2006 BCSC 1213. この判決は後に説明する共通争点に関する判決であり，そこに示された共通争点を一部簡略化して本文に引用している。

認可または不認可の決定は，独立して上訴の対象となる（BC州法36条(1)）。認可決定が確定すると，次に，そこに示された共通争点についての審理が行われる。

(4) 共通争点に関する裁判

共通争点の審理および裁判は，原則として，分離してはならない（BC州法11条）。共通争点に関する裁判は，通常通りに判決理由を記述した後，前述のような形式の各疑問文に対して，裁判所がイエスまたはノーの結論を示す形をとる。

共通争点に関する裁判は，「終局判決」とされており，上訴が可能である（ここで終局判決というのは，単に独立して上訴の対象になるという意味にとどまり，手続を終了させるという意味ではないと解される）。

共通争点に関する判決は，通常は「確認判決」であると考えてよい。ただ，必ずしも確認判決と決まっているわけではなく，被告に現実に何らかの給付を求める効果を持つ内容の共通争点を設定することが特に禁止されているわけではないという[14]。

共通争点に関する判決は，被告と，オプトアウトしなかったクラス構成員を拘束する（BC州法26条）。この拘束力は「既判力」（res judicata）であるとされている。

2．第2段階の手続＝個別争点の解決

(1) 個別争点の解決のための手続

第一段階の共通争点について原告勝訴の判決が出ると（実際にはそのような判決が出る前にも）和解が成立するのが通常であるが，和解が成立しない場合には，第二段階として，個別争点の解決を行うことになる。それは，クラス構成員が多数であればあるほど，きわめて煩瑣な手続になる恐れがある。そこで，

---

14) ウォード・ブランチ弁護士からの聴取による。

法律は，個別争点については事件の個性に応じて多様な手段で処理することを許容しており，①裁判所がみずから審理を続行すること，②独立の専門家（experts）を指名して裁判所規則に従って審理を行わせ，その結果を裁判所に報告させること，あるいは，③両当事者の同意を得て，その他の何らかの方法で個別争点を解決させることが可能とされており（BC州法27条(1)），いずれにしても，裁判所はその裁量で手続の一部省略など簡素化を図るとともに，「最も安価で最も迅速な方法を選択しなければならない」と，法は命じている（BC州法27条(3)）。

②の専門家（referee, registrarなどと呼ばれる）としては，他州の例をみると弁護士が選任されることが普通のようであるが，法律問題が第一段階ですべて解決されていれば，法律以外の専門家でもよく，たとえば，身体的被害状況を判定するだけならば，医師をmedical arbitratorとして使うこともできるという。専門家の判定結果に対する裁判所への不服申立は，上訴裁判所の許可にかかる裁量上訴制がとられている（BC州法36条(4)）。

BC州では，第二段階の個別争点の審理手続のあり方について（法27条に基づいて）判断が示された例は，1件だけである（その事件では，裁判所は少額裁判所の裁判官をrefereeに任命して少額訴訟の手続で個々のメンバーの請求を扱わせようとしたが，上訴審では，refereeとしての立場で少額訴訟を主宰することはできないという理由で覆された）。原告が勝つケースでは基本的に第1段階において和解が成立するため，第二段階については必ずしも実務慣行が確立されてはいないようである。

(2) 個別争点のADR的処理の考え方

BC州には，強制調停（mandatory mediation）の制度がある。共通争点についての第一段階で和解が成立した場合は，個別争点ないし分配についても通常は合意がなされ，和解に基づいて強制調停が活用されているようである（強制調停は，一方の当事者が調停を申し立てれば他方の当事者はこの手続に応じる義務があり，合理的な理由なく応じない場合には，コンテンプト（裁判所侮辱）の制裁が可能という

制度である。調停であるから，解決内容については同意しない自由があるが，BC州では75％ぐらいの確率で成立している）。そこで，第一段階で原告勝訴の判決が出された後に当事者間の和解が成立しない事件でも，第二段階はこの強制的調停を活用し，この方法で調停が成立しなかった事件についてのみ，refereeなどによる審理手続を使うことが望ましいといわれる[15]。

　さらに，別の簡易な方法として，強制調停の前に，まず，原告側の弁護士が，個別損害の届出方法，賠償額の算定方法，賠償金の支払方法などを記載し，金額記入欄等を設けた書式を作成し，裁判所がこれを了承すれば，各クラス構成員に提供し，各人が自己の基本データとともに被害額を記入して被告側に提案する。被告側がこれに異論を唱えなければ，この書式に従って支払が行われる。被告側が同意しない場合には，被告側が対案として新たな書式を作る。このようにして書式に従って書面手続で簡易に（個別の被害者の負担を軽くして）個別の権利の救済をできるだけ進め，これによって合意が得られずに，残ったケースについて，強制調停を活用することが望ましいともいわれている[16]。これらの提案は，前述（BC州法27条）の③の活用案と考えられる。

(3) オプトイン的性質

　第二段階が，書式のやり取りを通じた和解，調停，referee等による簡易かつ柔軟な審理，裁判所による本格的な審理のいずれで取り扱われる場合でも，この段階になれば，クラスメンバーの積極的な手続加入が必要であり，加入した者にだけこれらの手続の成果と効力が及ぶ。その意味で，第二段階の審理手続は本質的にオプトイン型である。

　つまり，BC州のクラスアクションは，第一段階をオプトアウト型，第二段階をオプトイン型とする二段階型の手続構造を取っているといえる（オンタリオ州など他州でも基本的に同様である）。

---

15) ウォード・ブランチ弁護士からの聴取による。
16) ウォード・ブランチ弁護士からの聴取による。

3. 総額賠償判決[17]

(1) 総額賠償の要件

BC州において第1段階で原告勝訴の総額賠償判決（aggregate award）をすることができるのは，次の要件を満たす場合に限られる（BC州法29条(1)）。

(a) 一部またはすべてのクラス構成員のために金銭給付が請求されていること

(b) 被告が負うべき金銭的責任の額の査定が唯一の争点であり，それ以外の事実上または法律上の争点が残っていないこと，かつ，

(c) 一部またはすべてのクラス構成員に対する被告の責任の総額または一部額が，個々のクラス構成員による立証がなくても合理的に認定することができること

また，この要件具備の判定をするに先立ち，裁判所は，被告に個別的立証の必要性などについて反論の機会を与えなければならない（BC州法29条(2)）。個々の構成員による立証が不可欠である場合は，総額賠償判決の要件を満たさない。

(2) 総額判決に適する事案

上記のBC州法29条によると，総額賠償判決ができるのは，①賠償額の算定以外の法律上・事実上のすべての争点についてすでに決着がついており，かつ，②賠償額についても，個々のクラスメンバーによる被害額の立証がなくても，被告の有する記録・資料などからその総額を確定できる場合である。すなわち，責任論のみならず損害論も共通争点として処理することができ，個別争点がなくなる事件に限られる（なお，最後の分配段階では個々人がクラスメンバー

---

[17] 総額賠償判決を明文の法規で認めているのは，世界でもカナダ諸州とオーストラリア（連邦法）だけのようである。Rachael Mulheron, THE CLASS ACTION IN COMMON LAW LEGAL SYSTEMS: A COMPARATIVE PERSPECTIVES, at 408 (2004).

に該当することの立証は必要になると考えられるが，それ自体は個別争点とはみられていないようである）。

具体的には，金融機関やクレジット会社の overcharge の事件，すなわち，利息や手数料などのとりすぎに関する事件がその典型例といわれる。こうした事件では，被告のコンピュータ記録からクラス全体にどれだけ過剰な利率を適用したかがわかるので，それによって損害総額を算出し，各人にはそれを割り振って被害額を算出できる。これに対し，豊胸材による人身被害のような事件は個別性が強く，各人が自分の症状を立証しなければならないので，総額賠償の要件に該当しない。

ただ，被告は負けそうな状況になると総額賠償の敗訴判決を避けるために和解に応じてしまうので，すべて途中で和解が成立してしまい，BC 州で総額賠償判決が出された具体例はまだないとされている[18]。

(3) 総額賠償判決の分配の方法

1) 総額判決の先例がないので，その分配を実施した例もないことになるが，法律によれば，総額賠償判決をする場合，裁判所はその分配の方法についても指定することになる。この方法としては，クラス構成員に対する個別的分配（BC 州法 32 条）や，平均的・割合的分配（BC 州法 31 条。個々人に支払うべき金額を正確に算出できないときなどに許容される）のほか，残額についてはいわゆる近似分配（cy-pres distribution）も許される（BC 州法 34 条(1)。ただ，判決による cy-pres の実例はまだない）。さらに，分配の方法について BC 州法 33 条が詳しく規定している。また，個別的分配後の残額の処理方法については，(a)クラス訴訟手続の費用への充当，(b)没収して国庫に納めること，または，(c)被告に返還することも，裁判所の選択肢として認められている（BC 州法 34 条(5)）。

2) 総額賠償の和解が成立した場合，分配やその方法も合意で取り決めるこ

---

18) ウォード・ブランチ弁護士からの聴取による。なお，アメリカではカリフォルニア州で総額判決の例が 1 件あるともいわれるが，実際には，アメリカのデータベース上，勝訴判決を探し出すこと自体がきわめて困難である。

とができ，通常は，クレーム・アドミニストレーター（claim administrator）が分配手続を行う（総額判決の規定だが，BC 州法 33 条 2 項(c)参照）。クレーム・アドミニストレーターとしての仕事を受託するのは，約 8 割がクラスアクション管理の専門会社である。有名な会社としては，最大手のクロフォード・クラスアクション・サービス，そのほかに，デロイト社，ブルノー・グループなどがある。これらの多くは，元々は損害査定会社や経理会社である。原告の代理人弁護士にクレーム・アドミニストレーターの役割を委託する事件もある（約 1 割）。原告の代理人弁護士に委託するのは，その方が費用が安く上がるからである（弁護士は報酬の範囲内で分配事務も行う）。したがって，賠償金総額や事件規模の小さな事件で使われる。逆に，被告が巨大企業である場合は，顧客対応専門の部門があるので，業者を使う必要がなく，分配も被告自身が行う（約 1 割）。その場合は，監視の方法などを裁判所が指定する必要がある。しかし，通常は，クラスアクション管理専門会社が分配を行っている[19]。

クレーム・アドミニストレーターの任務は，被告から和解金を受領し，これに信託を設定して基金化し，クレーム（申請）手続をとった個々の被害者にこの基金から支払いをすることである[20]。

IV 結 び

カナダにおいては，製造物責任や大規模不法行為（事故），契約（不実表示ほか），保険金，年金，競争法（価格操作など），証券取引法（株価），環境汚染，労働紛争など，多様な事件類型においてクラスアクションが利用されているといわれる[21]。

---

19) 以上はウォード・ブランチ弁護士からの聴取による。
20) 日弁連・前掲（注12）「カナダにおけるクラスアクションの実情報告書」19 頁参照。なお，同・59-65 頁に，クラスアクションの被告側弁護士の経験を経てクレーム・アドミニストレーター会社を興したローラ・ブルノー弁護士のインタビューが掲載されている。

しかし，カナダでは，法的根拠の薄いクラスアクションによって和解金をむしり取ろうとする濫用的な提訴 (legalized blackmail) の弊害は，アメリカよりも少ないと評価されている[22]。そうだとすると，その背景としては，次のような事情が考えられよう。

第一に，アメリカのクラスアクションでは，陪審が巨額の懲罰的賠償を認めるけれども，カナダでは民事陪審制は憲法上の権利ではなく，クラスアクションでは陪審制は採用されていないし，高額の懲罰的賠償も存在しない。

第二に，勝訴の場合，賠償額が巨額にならなければ，その2割～3割で取り決められる弁護士の成功報酬の額も異常なほど高騰はしないと考えられる。

以上を要するに，クラスアクション制度自体というよりも，これに関連する外的な要因によって，アメリカとカナダにおける評価の違いが生じているのではないかと推測されるのである。言い換えれば，訴訟制度の1つのパーツは，それだけで機能するわけではなく，全体構造の中で機能するということを踏まえて，我々はクラスアクション制度を論ずる必要があろう。

本稿は，カナダのクラスアクションの二段階構造を中心とする手続的な特徴を取り上げたにとどまる。本稿で取り上げた諸論点のほかに，和解の規制や費用負担のあり方など，論ずべき点は多々あるのであるが，それらについては他日を期したい。

---

21) Ward Branch, supra note 9, at 5-1 ～ 5-77.
22) Iain Ramsay & Alberto Salazar Valle, "CANADA-NATIONAL REPORT" (2006), in An analysis and evaluation of alternative means of consumer redress other than redress through ordinary judicial proceedings, at 6. また，Bogart, Kalajdzic and Matthews, "Class actions in Canada : A National Procedure in a Multi-Jurisdictional Society? — A report prepared for The Globalizations of Class Actions Conference, Oxford University, December 2007" at 35 も，カナダのクラスアクションは全体的には受容できるレベルで機能しており，社会に利益よりも害をより多くもたらしているというような批判はみられない，という。

第 3 章

アメリカ民事司法改革の潮流

[第 3 章解題]

　本章の論稿は，1991 年からの筆者の在外研究中にほぼ執筆したものである。必ずしも研究テーマを固定しないまま渡米し，テキサス大学ロースクールにお世話になった。Wright & Miller, Federal Practice and Procedure (West Publishing Co.) という民事訴訟法の膨大な注釈書で有名なチャールズ・ライト教授に師事しようと思ったところ，私はもう民訴法の授業は担当していないよと言われ，紹介されたエドワード・シャーマン教授に何かとご指導いただくことになった。ライト教授はその数年後に他界されたが，シャーマン教授（夫妻）には未だに公私にわたって懇意にしていただいている。ちなみに，その後，交流を深めたリチャード・マーカス教授と初めて会ったのも，1995 年にシャーマン教授のご自宅に数日間滞在させていただいたときのことであった。ご両人はいくつかのケースブックの共著者である。
　在外研究で渡米後，しばらく経ってから，民事司法改革法（1990 年）の制定とそれに基づく種々の実験的な取り組みを初めて知り，アメリカでもかつてない試みであるので，アメリカ司法制度の全体的な勉強になるだろうという発想で，同法に基づく司法改革の状況を在外研究のテーマとした次第である。この作業の過程では，法改正・制度改革を実行するにあたっていわゆる立法事実を重視するアメリカの実証主義的な姿勢を感じ取ることができた。〔本章の内容は 1992 年あたりまでの状況しか反映していないが，その後の情報も含めて民事司法改革法の影響を取り上げた文献として，古閑裕二「アメリカ合衆国における民事司法改革」法曹会編『アメリカにおける民事訴訟の実情』1 頁以下（法曹会，1997 年），小松良正「アメリカ合衆国における民事司法改革法の評価」国士舘法学 30 号 129 頁（1998 年）などがある。〕

1 アメリカ民事司法の現況と改革の動向
——民事司法改革法（1990年）を中心として——

I 序　　論

　アメリカでは，最近，民事訴訟制度の抜本的な改革の提案がさまざまな方面から出されている。従来とは異なる最近の特徴は，司法部だけではなく，立法府や行政府から民事訴訟改革の積極的なプランが提示され，推進されつつあるという点である。連邦の民事訴訟制度の改革は，主として，合衆国議会の規則授権法（Rules Enabling Act）によって司法部に委任された，連邦民事訴訟規則の（制定および）改正という形をとる[1]。訴訟手続面の重要な改革は，これまでこのルートを経て，司法部のイニシアチブによってなされてきたが，最近，立法府や行政府が，従来の〈司法による司法改革〉[2]に飽き足らず，民事訴訟手続のあり方や運営の仕方にまで踏み込んで，改革を求めるようになってきた。具体的には，上院司法委員会の主導の下に制定された「1990年の民事司法改

---

1) 28 U.S.C. §§ 2071-2077.
2) 規則授権法に基づく連邦民事訴訟規則の改正は，合衆国司法会議の連邦民事訴訟規則諮問委員会が法律に定められた一定の段階（各界からの意見聴取を含む）を踏んで作成した改正草案を，同じく合衆国司法会議の訴訟規則に関する常任委員会が審議・了承し，合衆国司法会議自体がこれを可決し，さらに合衆国最高裁判所がこれを承認して，合衆国議会に送付すると，議会が一定の期間内に修正の措置をとらないかぎり，あらかじめ予定された期日に効力を生ずる，というプロセスを経てなされる。詳細な解説として，Paul Carrington, The New Order in Judicial Rulemaking, 75 Judicature 161, 164-165 (1991).

革法」[3]、1991年の競争力に関する大統領審議会報告書[4]、およびこれに基づく「1992年の司法へのアクセス法案」[5]がそれである[6]。とりわけ、民事司法改革法は、連邦地方裁判所の民事訴訟手続について相当詳細なガイドラインを定め、その枠内で各地方裁判所が独自の事情を勘案した改善プラン（「費用と遅延の減少計画」）を策定、実施するように義務づけたものであり、これまでに前例のない立法で、注目される。この法律の根幹をなす「費用と遅延の減少計画」という改善計画の名称に端的に示されているように、立法の動機は、民事訴訟制度が訴訟遅延の悪化と訴訟費用の高騰にますます毒されており、従来のような部分的改革ではなく総合的な改革が必要だと考えられたためである[7]。これ

---

3) Civil Justice Reform Act of 1990. これは、Judicial Improvements Act of 1990 (PL 101-650, December 1, 1990, 104 Stat 5089) の Title I : Civil Justice Expense and Delay Reduction Plans の簡称である。なお、後掲注65参照。

4) A Report from the President's Council on Competitiveness, Agenda for Civil Justice Reform in America (August 1991, U.S. Government Printing Office). その翻訳紹介として、法務大臣官房司法法制調査部参事官室・〈紹介〉経済競争力に関する大統領審議会の報告書「米国の民事司法制度改革に関する提案事項」判例タイムズ773号28頁以下。

5) Access to Justice Act of 1992 (1992 S. 2180, H.R. 4155). 92年2月に法案が提出されたが、結局不成立となった。

6) なお、ブッシュ前大統領は、この大統領審議会の報告書をうけて、連邦の政府弁護士・政府機関に、連邦政府のかかわる事件において代替的紛争解決方法（ADR）による解決を追求するよう命ずるなど、20項目のルールを含む行政命令を出した。Executive Order No. 12, 778, 56 Fed. Reg. 55, 195 (1991) ; Marshall J. Breger, Lawyers Must Lead the Way : The Recent Executive Order That Was Issued by the White House to Federal Lawyers Challenges Them to Set the Example in Reducing Runaway Litigation That Burdens the National Economy, National L. J., November 18, 1991.

7) 民事司法改革法の推進を支えた法律家（上院司法委員会のスタッフ・ディレクター）は、これまでの連邦民事訴訟規則の改正を「特定の狭い問題に対処するための限られた一時しのぎの方策でしかなかった」と批判し、根本的かつ系統的な改革の必要性が同法の立法の理由であるとする。Jeffrey J. Peck, "Users United" : The Civil Justice Reform Act of 1990, 54 Law & Contemporary Problems 105, 115 (1991).

は，アメリカで訴訟が爆発的に増えてきたという危機意識を背景にしている。

近年，アメリカの経済は疲弊したといわれ，その立て直しが懸案となっている。そして，アメリカ経済をここまで追い込んだ原因の一つとして，アメリカ自身の民事司法制度があげられている。いわれるところによれば，他の国々に比べて弁護士の数が非常に多く[8]，したがって訴訟の数も多すぎる（その背景には，新たな訴訟原因を規定する制定法の激増もある）。とくに1970年代後半から，訴訟の危機的な激増状況を指して「訴訟爆発」(litigation explosion) という表現が使われ始め[9]，そのような状況をもたらした原因についてはいろいろ議論があるようだが，アメリカ国民は生来的に「訴訟好き」(litigious) であるとか訴訟狂になってきたなどという意見までが，司法のリーダーによって公に主張されるようになった[10]。「訴訟爆発」論ないし「訴訟社会」論においては，犠牲者

---

8) 後述のクェール前副大統領の演説によれば，アメリカの弁護士の数は世界の弁護士人口の70パーセントを占めるという。ただ，それは形式的意味での弁護士の数を比較した場合のことであって，りんごとみかんを比較するようなものであると批判されている。機能的・実質的意味での弁護士ないし法律家（アメリカの弁護士と同等の仕事を担当しており，アメリカでなら Lawyer とよばれるであろう者。日本でいえば，司法書士や企業の法務担当者なども含まれる）の人口を比較すれば，アメリカの法曹人口は世界の25パーセント〜35パーセントの間であろうという推計がある。Marc Galanter, "Pick a Number, Any Number," The American Lawyer, April 1992, at 82.

9) Macklin Fleming, Court Survival in the Litigation Explosion, 54 Judicature 109 (1970) が，人口爆発になぞらえて最初にこの言葉を使ったようである。Fleming は，アメリカ社会でリーガル・プロセスの民主化が推進された結果，かつては裕福な者の特権であった裁判制度の利用が貧困者にも可能になり，貧困階層が事件を大量に裁判所へ持ち込むようになったことが，訴訟爆発の主要な原因であるとする。

10) Marc Galanter, Reading the Landscape of Disputes: What We Know and Don't Know (and Think We Know) about Our Allegedly Contentious and Litigious Society, 31 UCLA L. Rev. 4, 10 (1983)〔以下 Galanter, Reading the Landscape of Disputes として引用〕; Newsweek, November 21, 1983, at 54 に引用のバーガー最高裁長官の発言参照。

ギャランター教授によれば，かつての改革者たちは，裁判所の負担過重，高い

になっているとされるのは企業である。たとえば，大規模な独禁法クラスアクションや多数の製造物責任訴訟が提起され，膨大な量のディスカヴァリが被告企業側に対して要求され（その費用は被告の負担となる），結局，和解で巨額の賠償金を支払うことになるか，あるいは判決で懲罰的賠償を含む莫大な賠償金の支払が命じられる[11]。企業がその損害賠償額を製品価格に転嫁しようにも無制

訴訟費用や訴訟遅延の問題を，制度の失敗—制度の設計や運営方法がまずいのが問題なのだ—という観点からみていたが，70年代後半あたりから，むしろ紛争や訴訟が多過ぎてどうにもならないという観点が主張され出した。この頃から訴訟爆発論が本格化したということであろう。ギャランター教授のいうこれら法過剰論ないし訴訟過剰論（hyperlexology）に属する説や文献およびそれらの特徴については，Galanter, Reading the Landscape of Disputes, supra, at 6-11.

アーサー・ミラー教授は，訴訟の激増を指して訴訟爆発という言葉を用いており，訴訟爆発という捉え方にとくに反対はしないようである。ミラー教授によれば，訴訟の激増の原因は，社会正義実現のための武器として訴訟が強調された60年代・70年代に教育を受けた法学生が80年代の法的闘士となっていること，自動車保険や離婚法におけるno-fault化に伴って弁護士が新たな分野の開拓に努めたこと，弁護士広告の規制の緩和，制定法や判例法によって新たな訴訟原因がたくさん作り出されたこと，イシュー・プリーディング，ファクト・プリーディングからノウティス・プリーディングへの移行〔それに伴うディスカヴァリの拡充〕により，提訴段階での垣根が低くなって，根拠の薄弱な訴訟（frivolous suits）でも提訴がしやすくなったこと，訴訟費用の敗訴者負担原則を採用していないこと（むしろ，原告が敗訴しても費用の二重負担の危険のない，被告側だけの片面的敗訴者負担をいろいろな制定法で採用している），全面成功報酬（コンティンジェント・フィー）の取決めによって現在無資力の者でも提訴が可能であること，訴訟費用には税金の控除があること，などをあげている。これらは基本的に，すべての市民に裁判への平等のアクセスを保障するという政策に支えられたものである。Arthur R. Miller, The Adversary System: Dinosaur or Phoenix, 69 Minnesota L. Rev. 1, 3-11 (1984). これは，「訴訟好き」という主張と違って，提訴を容易にする客観的・具体的な事情を重視する立場といえよう。また，ミラー教授は，訴訟爆発を抑えるために上記の諸原因を改廃せよというのではなく，対処方法としては，裁判官の増員，新たな実体権の増加の抑制，司法制度の機能の改善とりわけ裁判官による事件管理の強化をあげる。Id. at 12.

11) 最近の2〜3の例をあげてみよう。昨年筆者のところに郵送されてきたクラスアクションの賠償金の請求書類に付記されていた説明によると，1988年1月1日

限というわけにはいかないであろうし,賠償額の巨大化に伴って製造物責任保険の保険料も高騰し,企業の保険料負担は増大する。法律紛争が増えると,顧問であるロー・ファームへの報酬も増え,最近のように社内弁護士をより多く雇うのにも費用がかかる。このように企業を被告とする種々の民事訴訟が直接・間接の負担となって企業を衰退させ,それがアメリカ全体の経済競争力を

から92年6月30日の間に九つの航空会社の国内線の航空券を購入した者からなるグループを代表し,不法な価格協定その他独禁法違反を理由として3倍賠償と差止めを求めるクラスアクションが提起されているが(In re Domestic Air Transportation Antitrust Litigation. No. 1: 90-CV-2485-MHS. MDL No. 861),被告の大多数が和解を望み,合計4億5800万ドル(4億800万ドルは航空券購入証券で,5000万ドルはキャッシュで)の支払いを申し出たという。周知のとおり,アメリカでは航空会社の倒産が頻発しており,現在倒産手続中の2社の支払いはそれぞれの倒産裁判所の承認が条件となる。(なお,この和解はまだ認可されていないようである。)

本稿執筆中の新聞報道によると,ゼネラル・モーターズ(GM)は1987年まで14年間にわたり燃料タンクをシャシーの外側の車体側面に取り付けたピックアップ・トラックを製造していたが,他社のトラックに比べ,横から衝突された場合に炎上しやすいという欠陥があるとして,事故の被害者から多数の訴えを提起されているが,そのうちの1件(1名の死亡事故)において1億ドルを超える賠償金の支払いを命ずる陪審の評決が出された(そのうち,実損害の賠償は420万ドルで,懲罰的損害賠償が1億100万ドルにのぼる。懲罰的賠償については,たとえば,田中英夫 = 竹内昭夫『法の実現における私人の役割』140頁以下〔東京大学出版会,1987年〕参照)。これは製造物責任訴訟における評決額としては史上5番目の金額であるという(事実審裁判官または上訴審による減額の可能性はまだある)。係属中の同種の訴訟に与える影響も大きいであろう。なお,連邦の監督官庁はこのトラックのリコールを命ずるかどうか検討中であり,リコールになると5億ドルから10億ドルの費用がかかるという。ちなみにGMは1992年度すでに240億ドルの損失を計上している。1993年2月5日付 USA Today, Austin American-Statesman,ほか各誌。

アスベスト(石綿)訴訟のように,主要被告マンヴィル社が賠償の負担等から倒産に至り,ほか12社もこれを追って同様に更生申立をした例もある。最近に至っても,膨大な数のアスベスト被害者が延々と訴えを提起しており,被害(症状)の発生はこの先まだ15年,20年続くと予想されている。アスベスト訴訟については,小林秀之『製造物責任訴訟』54頁,92頁(弘文堂,1990年)参照。

低下させている。そこでアメリカ経済の競争力を回復するためには民事訴訟を制限することが必要だという意見が経済界から出てくる。そして，ついに政府がこのキャンペーンを華々しく打ち出したのが，競争力に関する大統領審議会の報告書（とクェール前副大統領による ABA での演説）であったといえよう[12]。民

> 1991 年 7 月には，連邦の多数の地区に係属している約 2 万 6000 件につき，広域係属訴訟としてペンシルヴァニア東部地区への移送・併合の決定がなされたけれども，州裁判所には連邦の 2 倍以上のアスベスト事件が広く係属している。最近は加害企業の更生手続の併合の提案もある。"Panel Orders Centralization of Asbestos Cases," 23 (No. 8) The Third Branch 3 (August 1991) ; "An Asbestos Jugde Pushes to Combine Bankruptcy Cases," National L.J., September 21, 1992. アスベスト訴訟の併合やクラスアクションにおける問題点につき，Edward F. Sherman, Aggregate Disposition of Related Cases : The Policy Issues, 10 Rev. of Litigation 231 (1991).
>
> 12) 競争力に関する大統領審議会の報告書（前掲注 4 ）の序論を読めば，そこで提案されている民事訴訟制度改革の主要目的が企業の競争力の回復にあることが明らかである。
> 　この報告書を論評して，ハザード教授は次のようにいう。すなわち，民事訴訟制度はアメリカ企業の競争力を阻害しているであろうが，たとえば制限的な銀行法や経済取引の規正法，製造物責任など実体法からの規制，さらには複雑な問題を生む連邦制度自体の方が，もっと大きな障害となっているはずであるのに，この報告書はそれらには何もふれていない。また，この報告書に盛られた勧告は従来からいろいろいわれている提言と同じもので，リップ・サービスの域を出ず，敗訴者負担原則を除いて，訴訟制度に実際的影響を与えそうもない。敗訴者負担原則採用の提案も，その適用範囲を州籍相違事件に限定しているのは，州法に基づく訴えを連邦裁判所に提起することを原告に思い止まらせ，州裁判所に持って行かせるところに真の目的があり（州籍相違管轄権の廃止を直接出すと論争が多いので，別の形でこれを狙った），敗訴者負担原則そのものを正面から取り上げていない。Geoffrey C. Hazard Jr., Bush Report Not All That Controversial, National L. J., December 16, 1991. 大統領審議会報告書とクェール前大統領の演説に対してその個々の引用データごとに批判を加え，政治的意図に基づく被告企業の優遇と個人原告の冷遇に反対するものとして，Deborah R. Hensler, Taking Aim at the American Legal System : The Council on Competitiveness's Agenda for Legal Reform, 75 Judicature 244 (1992). クェール演説に対する法曹各界の反応については，Andrew Blum, Quayle's Proposals Still Making Waves, National L. J.,

事司法改革法の制定にも,このような立場が色濃く影を落としているといわれる[13]。

こういう議論の際,よく引き合いに出されるのが,日本である。日本は裁判官や弁護士の数が極端に少なく,これは日本人が争いを好まない協調的な民族性を有するからだとみる見解がかつては一般的であったが,近時はむしろ,政府が伝統的に法曹の数を抑制するという政策を意識的にとってきたからであるとする見解が強力に主張されている[14]。民事司法制度のキャパシティが小さいので,訴訟件数が少なく,消費者が訴訟で企業を苦しめることもない。そのようにして企業が消費者の攻勢から守られてきたことが一因となって,企業の成長とともに日本の経済力はここまで伸びてきたのである,というふうに理解されている[15]。最近,日本経済の成長が鈍っているようであるが,それでもアメリカの貿易赤字の半分以上を占める対日貿易赤字はまた徐々に増加しており,アメリカからみれば日本の経済力は依然脅威として映る。

September 16, 1991.

13) 法案の基礎になった報告書を作成したブルッキングス委員会の委員構成は,大企業の利益を代表する者が高い割合を占めている。後掲注42とその本文参照。また,Judicial Improvements Act of 1990 : Report of the Committee on Judiciary, United States Senate, on S. 2648 together with Additional Views (August 3, 1990 U. S. Government Printing Office) (Senate Report 101-416) 1-2〔以下,Senate Report として引用〕は,訴訟費用の高騰が,資力の乏しい者の裁判所へのアクセスを制限しているだけでなく,(膨大な額の弁護士費用の支払いなどにより)アメリカの企業の国内および国外での競争力を弱めていると述べている。

14) Galanter, Reading the Landscape of Disputes, supra note 10, at 57-59 およびそこに引用されている文献参照。そのうち,ヘイリー教授の論文については翻訳がある。ジョン・O・ヘイリー(加藤新太郎訳)「裁判嫌いの神話(上)・(下)」判例時報902号14頁,907号13頁。なお,これらとは別の角度からみる試みとして,小島武司編著『調停と法―代替的紛争解決(ADR)の可能性』57頁(中央大学出版部,1989年)。

15) Galanter, Reading the Landscape of Disputes, supra note 10, at 11. なお,これは訴訟法ないし訴訟制度の側面からみたものだが,実体法の側面の違いも無視できないであろう。

弁護士も含めた民事裁判制度が本当にアメリカ経済の後退の原因であるのかどうかはともかく[16]，そのようにみる意見が相当な重みと広がりをもち始めているように思われる[17]。

---

16) 弁護士の数と経済成長率などとの関係を調べ，前者が後者に悪影響を及ぼすような因果関係はないものとして，Frank B. Cross, The First Thing We Do, Let's Kill All The Economists : An Empirical Evaluation of the Effect of Lawyers on the United States Economy and Political System, 70 Texas L. Rev.645 (1992). この論者は，弁護士の活動には，経済効率に反する再配分行為だけでなく，むしろ経済効率を促進する生産的行為，さらには，市場取引に適しない社会的価値（人権の擁護，民主化等）の生産の3種があるとして，一面観的な弁護士批判に反論する。Id. at 653-661. また，ビジネス・レギュレーションを専門とするこの学者によると，アメリカ経済の衰退は，近年のレバレッジド・テイクオーバー〔バイアウト〕とよばれる無理な企業買収によってもたらされた膨大な債務負担の結果であるという。なお，大統領審議会の報告書で引用されたテキサス大学の同僚は，弁護士が1人につき年間100万ドルのコストをアメリカ経済に強いているというその学説を撤回しつつあるという。Frank B. Cross, Let's Kill All the Lawyers. . . Not, New Jersey L. J., August 31, 1992.

ハザード教授は，「訴訟爆発」の存在を肯定するが，だからといって弁護士を非難するのはあたらない，それはハイウェイが混雑しているからといって車のディーラーを非難するようなものである，という。車の購入者のニーズ，つまり，法的紛争を抱えた依頼者の訴訟へのニーズが，訴訟の増加をもたらしている基本的要因である。Geoffrey C. Hazard Jr., Are Lawyers To Blame for Litigation? : Litigation Is a National Pastime, National L. J., June 10, 1991.

なお，Mark G. Yudof, Lawyers Aren't Really So Bad — And Times They Are Changing, Texas Lawyer, January 20, 1992 は，アメリカの弁護士は訴訟弁護士とはかぎらず，むしろ，カウンセラー，アドヴァイザー，ドラフター，ネゴシエイターとしてオフィス業務に従事している者が多いから，弁護士の多さを訴訟の多さと直結させるのは疑問であるとし，また，アメリカのような不均質な社会でこそ寛容と民主主義が育っていく基盤があり，そこにおいて法と法律家が果たす積極的役割はこれからも基本的に不変であることを看過すべきでないと強調する。

17) David Frum, High Noon, Forbes, September 14, 1992 は，1974年から1990年の間に連邦裁判所における製造物責任訴訟の数は12倍近くになっていること，アメリカは日本よりも15倍も多く責任保険に費用をかけていること，また，いかに不合理な場合にまで企業が製造物責任を負わされているかという例を挙げて，

このように，一方では，裁判所に事件が殺到して訴訟遅延がひどくなり，ディスカヴァリの濫用などで訴訟費用も高騰の一途を辿っているという声が強くなりつつあるのに対して，他方では，しかし，実態調査をしてみたら，それほどの状況ではなかったという研究結果もある。たとえば，ギャランター教授やトルーベック教授ら，ウィスコンシン・グループによる調査が，「訴訟爆発」や「訴訟好き」という状況把握が多数説を占めそうな勢いであるのに対し，そのような見解は統計的には根拠がないというアンチ・テーゼを突きつけたことはよく知られている[18]。また，ギャランター教授は，特に連邦裁判所における民事事件について新たな角度から訴訟類型別に統計的検討を試み，その結果得られた事件類型別の増減動向は，訴訟好きなどという一般論で説明できるものではなく，被害や問題の数量・集中度・拡散度，（行政の対応や政策なども含めた）他の救済方法の有無，法的救済についての情報の流布の程度，弁護士の取組みや専門家の程度といった種々の個別的なファクターを反映するものとみる方がより合理的であると結論する[19]。また，同教授は，訴訟のもたらすコストばか

製造物責任の及ぼす負担を説き，これまで法案の提出があっても前進をみせなかった議会が，製造物責任にささやかな制限をかける法案（Product Liability Fairness Act, S. 640, H.R. 3030）をようやく投票にかける見込である（上院）と紹介している（なお，この法案も結局議場での採決に至らず，不成立となった）。

18) Galanter, Reading the Landscape of Disputes, supra note 10; D.M. Trubeck, A. Sarat, W.L.F. Felstiner, H.M. Kritzer, and J.B. Grossman, The Cost of Ordinary Litigation, 31 UCLA L. Rev. 72 (1983). たとえば，ギャランター教授は，提訴件数の増加状況，弁護士数の増加状況，裁判官の増員，提訴率の基本的傾向の不変（最近の上昇は過去の水準よりも低い），トライアル実施率の減少，事件処理期間の短縮，各国との比較などの分析に基づき，最近になって急激な変化が生じているわけではなく，社会の発達に伴う経済・産業・生活などの諸条件の変化という文脈の中でみるならば，現在の訴訟制度のパターン（増加状況）自体はむしろ控えめで，従来の利用パターンとあまり変わりはない，と結論している。

19) Marc Galanter, The Day After the Litigation Explosion, 46 Maryland L. Rev. 3 (1986)〔以下，Galanter, The Day After として引用〕で訴訟類型別の統計分析を展開し，Marc Galanter, The Life and Times of the Big Six; or, the Federal Courts Since the Good Old Days, 1988 Wisconsin L. Rev. 921〔以下，Galanter, The Life

りでなく，たとえば，製造物責任訴訟が製品設計にあたって安全性を優先するという変化をもたらしたように，訴訟が生み出す種々の利益も考慮に入れるべきであるとして，次のように積極的な捉え方を提示している。「市場関係を強

---

and Times として引用〕では，さらに時代を遡って検討し，前稿を修正・補充している。これらによって示された分析結果を要約すると，次のようになる。

1960 年から 1986 年にかけての 26 年間に，連邦裁判所の新受件数は，約 5 万 1000 件から約 25 万 4000 件へ，398 パーセント上昇した。この増加分は六つの分野にとくに集中しており（事件の類型区分は連邦裁判所事務局の分類基準を使っている），この間の増加件数のうちの 8 割をこれらビッグ 6 が占めている。

第一は，「過払い金の返還および判決の執行」という類型である。この事件は，この期間に 2200 件から 4 万 800 件へと増加した（この間の年平均増加率 11.8 パーセント）。急激に増加を始めたのは 70 年代末からであり，ピークは 85 年の 5 万 8000 件である。その中心は軍人恩給の過払い金および奨学ローンの取立てのために国が提起する訴訟で（とくに前者が 9 割を占める。たとえば，昨年の新聞報道によると，本人の死亡が分からないために機械的に払い続けるケースがきわめて多いという），これらは，70 年代末から問題処理のために裁判上の手続を積極的に活用するという行政側の方針転換の結果増えたもので，86 年に約 1 万件の減少をみたのも，過払い額が 600 ドル未満の場合は提訴しないという方針に切り替えたためであり，いずれにせよ市民の訴訟好きとは関係がない。

第二は，社会保障関係の訴訟である。これは 61 年の 500 件から微増を続けていたが，70 年代半ばに 5000 件から 1 万件に倍増し，その後やや減少傾向をたどるが，80 年代初期に激増し，84 年の 3 万件をピークに急減して，86 年には 1 万 4000 件になっている（年平均増加率 13.5 パーセント）。70 年代半ばの増加は，連邦政府による救済の対象とされた発病時期以後に発病した炭鉱夫の提起したいわゆる黒肺訴訟によるもので，その後の行政上の救済ルートの整備によりこの事件は減少していった。80 年代前半の急増は，政府が廃疾給付の受給資格の回復に関する判例の基準を一般化して他の者にも及ぼすという従来の方針を変更したため，給付を打ち切られた者がその資格の回復を求めるには自分自身の訴訟を提起する以外に途がないという立場に追い込まれたためである。各方面から激しい批判を浴びて 84 年に政府がこれを改めたために，提訴件数は急減していった。以上の二つの類型の事件の増減は政府の政策の変更を反映したものである。

第三は，在監者の（処遇改善等の）申立事件である。これはこの 26 年間に 2000 件から 3 万 4000 件へとコンスタントに増加しているが（年平均増加率 11.1 パーセント），それは主として在監者人口の増加を反映したものであり，在監者

行するための［契約］事件がかつては優勢であったが，不法行為訴訟，公民権訴訟および，市場を『矯正』しようとする公共法訴訟〔公共利益訴訟〕が台頭してきた。訴訟社会だという非難を呼び起こしているのは，部外者や顧客や従

人口あたりの申立て率をみると，少なくとも70年代以降はむしろ減少傾向にある。

　第四は，公民権訴訟である。これは60年の約300件から86年には2万件に増加している（年平均増加率17.9パーセント）。その主要部分は（人種・性別による）雇用上の差別に関する事件である。種々の調査によると，この種の問題は被害者が我慢（泣き寝入り）する傾向が強く，他の類型の事件に比べて訴訟になる率が非常に低い。したがって，この増加傾向は，むしろこの種の問題がうまく訴訟にのるようになってきた（他の事件類型における提訴水準に近づいてノーマル化しつつある）と解釈すべきものである。

　第五は，不法行為事件で，60年には約2万件だったが，86年には4万2000件に増加した。不法行為事件は，「訴訟爆発」という怨嗟を受ける中心的領域である。もっとも，全民事事件のうちで不法行為事件が占める割合は，60年には38パーセントであったが，86年には16パーセントに低下している。不法行為事件のうち，かつては自動車事故による人身損害の賠償が多数を占めていたが，その割合が減少して近年は製造物責任訴訟の増加が顕著である（75年に2600件であったのが，85年には1万3000件に増えた）。製造物責任事件の中ではアスベスト訴訟の占める割合がとくに多い（1986年には，43パーセントを占めるようになっている）。これを追いかけようとしているのが，ダルコン・シールド（子宮内避妊具）事件である。(74年から86年までの製造物責任訴訟の6パーセントを占めている)。このように，ごく少数の欠陥製品に関する事件の数が全体の件数を大きく左右するのが，製造物責任訴訟の特徴である。74年から86年にかけての全製造物責任訴訟のうち，少数の特定企業（80社）に集中するこの種の訴訟が半分を占め，あとの半分はきわめて多数の企業に向けられて拡散している。前者の，いわば流行性の事件を除いて製造物責任訴訟の年平均増加率を計算すると4パーセントであり，不法行為の3パーセント，その他の全民事事件の7パーセントに比べて，とくに高いわけではない。（なお，連邦裁判所における不法行為訴訟の別の調査の紹介として，小林・前掲〔注11〕65頁以下参照。）

　第六は，契約事件である（ただし，第一の類型を除く）。これは60年の1万3000件から86年には4万7000件に増えた（年平均増加率5パーセント）。契約事件が全民事事件の中で占める割合は，26パーセントから18.7パーセントに低下している。しかし，この占有率は，年平均増加率とともに，不法行為を上回っ

属的立場の者が公的機関や企業に対して提起するこの種の訴訟なのである。……（中略）……われわれは，種々の形をとって変化しつつあるアメリカの訴訟パターンを，この社会の中心的かつ顕著な特色を探求するためのチャレンジだ

ている。にもかかわらず，契約事件は，事件の洪水や裁判所の混雑に対する批判の対象になっていない。従来の批判は個人の提起する事件を眼中におき，企業や政府などの組織体が提起する事件を等閑視していたためである。

連邦裁判所の事件類型は，増加し続けているものばかりではなく，減少しているものもある。たとえば，独禁法訴訟は，1977年の1650件から1986年の863件へと48パーセント減少し，クラス・アクションも，1976年の3584件から1985年の971件へと73パーセントも減少している（以上は，Galanter, The Day After, supra, at 15-26 ; Galanter, The Life and Times, supra, at 924-946 による）。

また，全米の98パーセントの民事事件は州裁判所で処理されているといわれるので，全体像を把握するには州裁判所における動向を無視することができない。統計が完全でない点が障害になっているが，20州にまたがる29の州裁判所（審級問わず）における新受件数（ただし，不法行為，契約，および不動産事件のみ）の調査によると，1978年から81年にかけては14パーセント増加したが，81年から84年にかけては逆に4パーセント減少している。この7年間を通してみると9パーセントの増加だが，この間には人口も5パーセント増加しているという。(Galanter, The Day After, supra, at 6-7 ; Galanter, The Life and Times, supra, at 923.)

【連邦裁判所における最近の提訴動向】

ギャランター論文以後の連邦裁判所の新受件数の動きを補充しておこう。まず，図1をみると，全民事事件の新受件数は，1985年をピークにして，それ以降減少傾向にあることがわかる。そして，図1には載っていないが，1991年にはこれが3パーセント上昇に転じた。80年代後半の減少は，前記の第1類型および第2類型の新受件数が減少していったことが原因である（これら両類型を除いた調整後民事事件の推移と対比されたい）。91年に若干上昇に転じたのも，やはりこの両類型の増加が主な原因であった（第1類型は約8000件から1万4000件へ80パーセント，第2類型は6800件から8700件へ28パーセント，それぞれ増加した）。この両類型を除いた残りの民事事件についてみると，1988年（20万9000件）をピークに，89年に20万3000件，90年に19万7000件，91年には19万4000件へと減少している。この減少の主な原因は，89年5月に州籍相違事件の管轄金額の制限が1万ドルから5万ドルに引き上げられたことによる（州籍相違事件は90年には11パーセント，91年には8パーセント減少している）。また，91年の減

と理解すべきなのである。」[20]

　この正反対ともいえる二つの意見をどう解釈したらいいのか。対立は依然続いているようである[21]。費用と遅延の深刻化を叫ぶ立場と，客観的なデータに

図1　連邦地裁における民事訴訟の新受件数の推移

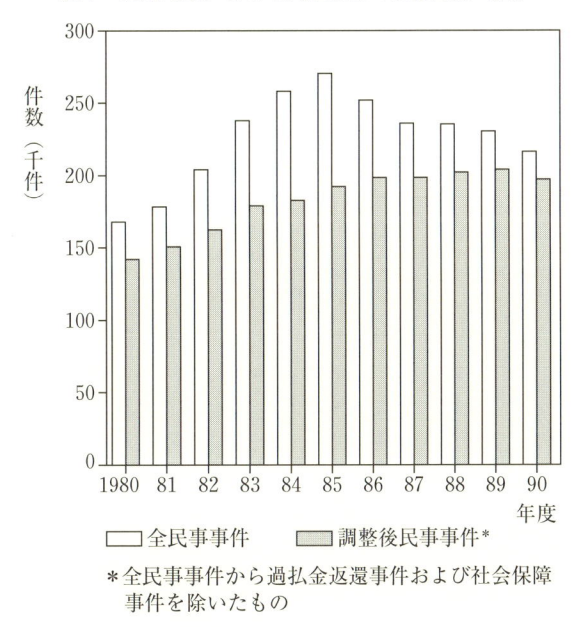

＊全民事件から過払金返還事件および社会保障事件を除いたもの

（出典）　1990 Report of the Director, infra note 69, at 1.

少については，88年以来毎年1万件を超えていたアスベストの新受件数が，91年には5300件と約半数に減少したことも関係がある。これは，91年7月に広域係属訴訟に関する司法パネルが，ディスカヴァリア等の重複を避けるために，連邦のアスベスト事件の多くをペンシルヴァニア州東部地区へ移送する決定をしたことで，潜在的な原告が提訴を見合わせたためとみられている。Federal Judicial Workload Statistics, December 31, 1991, at 3-6 (Administrative Office of the United States Courts).

【州裁判所における最近の提訴動向】
　州裁判所の扱う事件は連邦裁判所の扱う事件に比べて相対的に小規模であまり注目を浴びないとはいうものの，ギャランター教授がいうように圧倒的多数の事

基づいて全体状況はそれほど深刻ではないと冷静に反論する立場がある。前者は大企業のかかわる大規模事件のみあてはまるのではないか。その領域では企業が法律費用にあえいで，国際的な経済競争力を失う少なくとも一因になっているかもしれない。しかし，それほど大規模でない事件では，前述のような統計的・実態的調査の結果が妥当しており，前者からの推論を後者に及ぼさなければ，両説とも正しいのではないか，という憶測も可能かもしれない。しかし，かかる対立の原因や解消の道を探るのは本稿の目的ではない。

件は州裁判所が処理しているのであるから，州裁判所における動向に目を配ることはきわめて重要であると思われる。州裁判所におけるその後の統計（ただし，完全に正確なものはいまだにない）をここで若干補充しておくと，新受件数は着実に増加しているようである。すなわち，38 州の原則的第一審裁判所（地裁に相当）から得られた民事事件の新受件数の統計によると，1984 年の約 685 万件から，1990 年には約 847 万件へと，24 パーセント増加した。Court Statistics Project, State Court Caseload Statistics : Annual Report 1990, at 15 (National Center for State Courts in Cooperation with the Conference of State Court Administrators, Williamsburg, Va., 1992). ちなみに，1990 年に初めて全米の州第一審裁判所（地裁以外も含む）の事件数のデータが揃ったが，これによると同年には 1 億 50 万件の新受事件が記録され，そのうち 6750 万件は交通法規その他条例違反で，刑事事件が 1300 万件，少年事件が 150 万件，そして民事事件が 1840 万件であった。Id. at xiv. 24 州からのデータをまとめた図 2 によると，民事事件の主な内訳は，家庭事件が 33 パーセント，契約事件が 14 パーセント，少額請求事件が 12 パーセント，不正行為事件が 10 パーセント，不動産事件が 9 パーセントなどとなっている。Id. at 18. なお，裁判離婚の建前であるから，家庭事件の中には争いのない合意離婚も含まれている。最も批判の対象とされやすい不法行為事件の動向についてみると，主要な州を網羅する 20 州の原則的第一審裁判所のデータに現れた不法行為事件の伸びは変則的である。すなわち，1984 年から 90 年の間に 29 パーセント増加したが，この増加分のほとんど（23.4 パーセント）は 84 年から 86 年にかけての増加によるもので，86 年から 89 年にかけてはほとんど伸びがなく，89 年から 90 年にかけては 3 パーセント増加している。なお，この同じ 6 年間の契約事件の増加率は 29 パーセント，不動産事件の増加率は 32 パーセントで，不法行為事件が他の民事事件に比べて急速に増加しているという証拠はないと結論されている。Id. at 21-25.

20) Galanter, The Day After, supra note 19, at. 38-39. もっとも，Galanter, The Life

本稿は，以上に略述したアメリカの民事訴訟の最近の状況とその対立する評価を背景としつつ，1990年の民事司法改革法を中心として，アメリカにおける司法改革の動向を素描しようとするものである。なお，従来，ディスカヴァリの規制強化やケース・マネジメント強化の動向などが紹介されてきたが，本稿では，関連する最近の統計資料や調査結果も入手できた範囲で取り入れることによって，全体状況がなるべく客観的に把握できるように心がけたい。わが

図2 州の原則的第一審裁判所（地裁）における民事事件の内訳（1990）

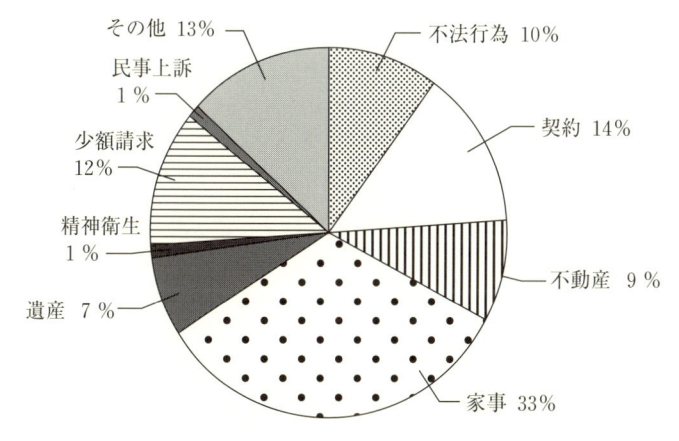

- その他 13%
- 民事上訴 1%
- 少額請求 12%
- 精神衛生 1%
- 遺産 7%
- 家事 33%
- 不動産 9%
- 契約 14%
- 不法行為 10%

（出典）　State Court Caseload Statistics: Annual Report 1990, note 19, at 18.

and Times, supra note 19, at 942 では，先の論文では看過されていた事実として，より長いタイムスパンでみると，契約事件のほうが不法行為事件を上回る勢いで増加してきたことが指摘されている（前注参照）。いずれにせよ，他の事件類型の増加によって，契約事件・不法行為事件とも，全事件数に占めるその比率が低下してきたことは確かである。Id. at 925.

21)　「訴訟爆発」という危機的状況の存否をめぐる論争に関する文献案内として，Alice I. Youmans, Research Guide to the Litigation Explosion, 79 Law Library J. 707 (1987). それ以後の概観として，Richard D. Catenacci, Hyperlexis or Hyperbole : Subdividing the Landscape of Disputes and Defusing the Litigation Explosion, 8 The Rev. of Litigation 297 (1989). なお，Walter K. Olson, The Litigation Explosion : What Happened When America Unleashed the Lawsuit (1992).

国の民事訴訟法改正を間近に控え，また，製造物責任立法に関する議論も高まっている現在，比較法的基礎資料の一つとしてそのような作業が必要ではないかと思うからである。

II 民事司法改革法の成立過程

　民事司法改革法案の作成の基盤となったものは二つある。一つは簡単にハリス調査とよばれている調査報告書[22]，もう一つはブルッキングス研究所の特別委員会報告書[23]である。

1．ハリス調査

　これは，the Foundation for Change の依頼によって行われた調査である。the Foundation for Change は，バイデン上院議員（上院司法委員会委員長）がかつて自分の大統領選キャンペーンの一環として設立した，公共政策リサーチを行う財団である[24]。

　(1)　調査の目的
　この調査は，連邦の民事訴訟における高い訴訟費用（transaction costs）[25]と訴

---

22)　Procedural Reform of the Civil Justice System (Louis Harris & Assoc, Inc, March 1989). この調査報告書をここでもハリス調査とよぶことにする。これは上院司法委員会公聴会の記録に転載されている。Hearings before the Committee on the Judiciary, United States Senate, 101st Cong, 2d Sess, on S. 2027 (the Civil Justice Reform Act of 1990) and on S. 2648 (the Judicial Improvements Act of 1990), [S. Hrg. 101-1097] pp. 91-184 (1990). ［この公聴会記録は，以下，Senate Hearings として引用］

23)　Justice for All : Reducing Costs and Delay in Civil Litigation (Brookings Institution, 1989). ［以下，Justice for All として引用］

24)　Joyce Plotnikoff, Case Control as Social Policy : Civil Case Management Legislation in the United States, 10 Civil Justice Quarterly 230 (1991).

25)　ハリス調査の定義によれば，最終的な賠償責任ないし和解の価額を除外した，

訟遅延の認識について，裁判官や弁護士の間にどの程度のコンセンサスがあるか，また，民事裁判制度の手続的改革についてコンセンサスが存在するか，を明らかにすることであった[26]。

(2) 調査方法

ハリス調査は，1988年8月から10月の間に実施されたもので，原告側（専門）弁護士250人，被告側（専門）弁護士250人，公共利益弁護士（ここには民間の非営利組織の弁護士だけでなく，政府弁護士も含まれている）100人，米国の最大手企業5000社から抽出された会社の役員弁護士（corporate general counsel）300人，および，連邦地裁判事147人を対象とし（これらの各グループを以下では順にA・B・C・D・Eとよぶ），電話によるインタヴュー方式で行われ，インタヴューの時間は一人あたり平均25分であった[27]。具体的には，たとえば，連邦裁判所における訴訟費用は（インフレを除外して）過去10年間に，非常に増えた，若干増えた，若干減った，非常に減った，のうちどれが妥当だと思うか，というふうに質問を提示し，答えを選択肢から選ばせる方式である。このような方式の質問を使って，「民事訴訟における費用と遅延が問題とされる状況にあるか，どの程度重大な問題になっているのか，その考えられる原因は何か，それらの問題の可能な解決策は何か」について，法律家の認識，意見，態度を調べたものであり[28]，前述のように，そこに一定のコンセンサスないし傾向がみられるかどうかを明らかにしようとしたものである。

これは，世論調査の方法としては標準的なものといえるが，客観的な数字に

全当事者が民事訴訟によって被った全費用を指す。Senate Hearings, supra note 22, at 92. 費用の各自負担がアメリカの原則であることを前提としつつ，ここでは簡単に訴訟費用とよんでおく。

26) Ibid.
27) Senate Hearings supra note 22, at 92, 93. なお，公聴会記録にはインタヴューに使用された質問一覧表は転載されていない。
28) Id. at 92.

基づくデータを収集するものではなく，主観的な認識や意見を数字化するための調査にすぎない。ただ，訴訟に日常的に携わる法律家の認識であるから，費用と遅延などの民事裁判制度の問題点については，ある程度は客観的事実を反映するものという期待はできるであろう。ちなみに，これより1年後に公表されたランド・コーポレーションの報告書[29]（その内容については後に注50でふれる）は，客観的な統計資料に基づいて事件の処理状況（訴訟遅延の状況）を分析したものである。事件処理状況については，連邦裁判所に蓄積された統計のデータベース化が進んだために，客観的な調査研究が可能になった[30]のに比べると，そもそも訴訟費用の実態についてはその種のデータがないという違いがあるが，それにしても，立法の基礎データにするには，ハリス調査のような聞き取り調査だけではやはり不十分という感じが否めない[31]。ただ，訴訟制度の改革は，裁判所と弁護士の間のコンセンサスがなければ成功は難しいのは当然であるから，あるべき改革の方向や具体的方策については，法律家の意見を広く探ることはきわめて有益なことであろう。

(3) 調 査 結 果

ハリス調査の調査項目はかなり詳細で多岐にわたるが，後に述べるブルッキングス特別委員会報告書[32]や上院司法委員会スタッフの書いた論文[33]が引用している主な項目は，たとえば次のような部分である。すなわち訴訟費用につい

---

29) Terence Dungworth and Nicholas Pace, Statistical Overview of Civil Litigation in the Federal Courts (RAND Corporation, 1990).［以下，Statistical Overview として引用］

30) Statistical Overview, supra note29, at v, vi によると，1985年に Integrated Federal Courts Data Base (IFCDB) が作られ，1970年代初頭以降の連邦裁判所の全事件の記録が web 上で検索できる。

31) 訴訟のコストに関する調査研究としては，たとえば，David M. Trubeck, Austin Sarat, et. al., supra note 18.

32) Justice for All, supra note 23, at 6, 7.

33) Peck, supra note 7, at 107-108.

ては，それが過去10年間に非常に増えたと答えた者および若干増えたと答えた者を合わせると，前述のAからEまでの各グループとも，80パーセントから90パーセントを占める[34]。

　訴訟費用がどの程度深刻な問題になっているかについては，大きな問題であると答えた者が，C，D，Eの各グループでは50パーセントを少し超え，AおよびBグループでも40パーセント前後を占める[35]。

　訴訟費用が普通の市民にとって民事裁判制度の利用を妨げているかという問いには，Aの63パーセント，Bの52パーセント，Cの85パーセント，Dの69パーセント，Eの56パーセントがイエスと答えている[36]。

　高い訴訟費用（あるいは費用を増大させる遅延）の最も大きな原因は何かという問いに対して，A，B，Dのそれぞれ55パーセント前後，Cの47パーセント，Eの67パーセントが，弁護士によるディスカヴァリの濫用であると答えている[37]。

---

34) Senate Hearings, supra note 22, at 111.
35) Id. at 116. なお，Plotnikoff, supra note 24, at 231 は，逆に，訴訟費用が中程度（moderate）の問題，小さな（minor）問題，およびまったく問題でないと答えた者の合計が，半数前後を占めることにも注目する。
36) Senate Hearings, supra note 22, at 123. なお，ノーと答えている者もかなり多く，とくにBおよびEでは40パーセントあまりを占める。
37) Id. at 129. 訴訟費用が高くなる最大の原因としてディスカヴァリの濫用をあげる者が半数強というのは，—文献ではこれが最大の原因として指摘されるのが常であることを考えると—多いとみるべきか少ないとみるべきか，微妙なところであろう。ちなみに，二番目に多かったのは，裁判官が事件管理を適切に行わないからだという答えである。この答えの中にもディスカヴァリの濫用が間接的に入っているとみれなくもない。
　なお，ディスカヴァリの濫用に関しては，濫用がないというわけではないが，被告企業が証拠を提出するための費用はそれほどかかるわけではなく，「企業側が，強制的に内部資料を提出させられることに対する反発から，費用がかかりすぎるとか濫用されているとかという形で非難しているだけなのであるとも言えます。非難の本当の動機は，内部資料を暴露させられることに対する不満です」という指摘があることが注目される。「研究会・アメリカにおける民事司法の動向

裁判官のケース・マネージャーとしての役割を強化する考え方に対して賛成か反対かという問いには，A，B，Eの80パーセントあまり，C，Dの90パーセント前後が賛成と答えている[38]。具体的な方策についてはともかく，一般的方向としては，裁判官の積極的事件管理にこのような圧倒的支持が寄せられていることは，注目される。

なお，その他に，過去10年間に訴訟遅延がどうなったかを聞く問いには，答えがかなりばらついており，遅延が非常に増えたとの答えが，AからDグループで15から20パーセント，Eグループで7パーセント，若干増えたとの答えが，各グループとも30パーセントから40パーセントを占める。しかし，とくに変わりなし，若干減った，非常に減ったという答えを合計すると，AおよびBグループで45パーセント前後，CおよびDグループで35パーセント前後，Eグループでは58パーセントを占めている[39]。これは，後に述べるランド・コーポレーションの報告書が，事件処理期間の長期化を示すデータはないという結論を出していることに照らすと，興味深い。

2．ブルッキングス研究所特別委員会報告書

1988年，バイデン上院議員の提唱により，ブルッキングス研究所（シンクタンク）と the Foundation for Change は，民事訴訟における費用と遅延の問題に対処する方法を勧告するための特別委員会を設置した。

(1) 委員会の構成

委員会のメンバーは，「原告側専門弁護士，被告側専門弁護士，公民権団体，女性の権利擁護団体，消費者団体および環境保護研究団体を代表する弁護士，

　　—日本の民事訴訟法改正作業との関連において」ジュリスト1005号77頁におけるハザード教授の発言。

38) Senate Hearings, supra note 22, at 161.
39) Id. at 112.

保険産業の代表，大企業の役員弁護士，元裁判官，法学教授」[40]など，36名の法律家からなる。委員会は，このような多様な，しばしば対立する利益を代表するメンバーによってその報告書が生みだされたことを，信頼性の高い根拠として強調する[41]。しかし，報告書の末尾の委員の経歴をみると，保険会社その他大企業の役員弁護士が12名とこれだけで3分の1を占め，ロー・ファームのパートナーが10名（裁判官経験者5名は上記のいずれかのグループに含まれている），アカデミックが5名，研究機関3名，損害賠償の原告代理専門弁護士が2名，有色人種権利擁護団体（NAACP），女性の権利擁護団体，消費者団体の代表がそれぞれ1名，などとなっている[42]。したがって，委員会の構成自体が大企業側に片寄った配置であるという批判がなされている[43]。

(2) 審　議

この委員会は，1988年9月から89年6月までの間に，6回の会合を開いて審議を行った。レポーターになったのは，ブルッキングス研究所経済研究プログラム内の経済発展センターのディレクターと，the Foundation for Change の理事の，2名の法律家である[44]。審議の過程においては，RANDコーポレーション（シンクタンク）の民事裁判研究所スタッフおよび上院司法委員会スタッフ，さらに，エキスパートとしての現職の裁判官，主だった弁護士および法学教授の「助力を得た」という（助力を与えたエキスパート11名の中には，後に民事司法改革法案に反対の証言をするペッカム判事の名前も上がっている)[45]。委員会が審

---

40) Justice for All, supra note 23, at vii.
41) Id. at 5.
42) Id. at 45-49.
43) Plotnikoff, supra note 24, at 231 ; Linda S. Mullenix, The Counter-Reformation in Procedural Justice, 77 Minnesota L. Rev. 375, 389, 397, 406 (1992) ［以下，Mullenix, The Counter-Reformation として引用］は，大企業や保険会社の利益代表者の比重がきわめて大きいと指摘する。
44) Justice for All, supra note 23, at vii.
45) Id. at vii, 49.

議の基礎にした調査研究が，前述のハリス調査であった[46]。

(3) 報　告　書

特別委員会は，"Justice for All: Reducing Costs and Delay in Civil Litigation" と題する報告書を作成し，これは 1989 年にブルッキングス研究所から発行された[47]。報告書は，本文 39 頁からなり，手続革命に関する勧告 12 項目，裁判所のリソースの拡大に関する勧告 4 項目，そして弁護士および依頼者に向けられたもの若干が含まれている。報告書によれば，連邦規則の改正（とりわけ 1980 年と 83 年）による従来の改革は，おおむねディスカヴァリの濫用の阻止と裁判官による事件管理の強化を目的とするものであったが，一時しのぎの手当にすぎず，費用と遅延の問題の解決には不十分であったと断定し，より体系的におおなたをふるわなければならないとする[48]。勧告の作成にあたっては，すでに発表されているさまざまな研究論文を参考にし，一部の裁判所で実験されて成果を上げているものを取り入れるとともに，ハリス調査によって得られた結果にも依拠しているという[49],[50]。

---

46) Peck, supra note 7, at 107 ; Plotnikoff, supra note 24, at 230.
47) 前掲注 23。なお，同特別委員会のレポーターの 1 人による同報告書の要約紹介として，Robert E. Litan, Speeding Up Civil Justice, 73 Judicature 162 (1989).
48) Justice for All, supra note 23, at 8.
49) Id. at 7, 9.
50) ブルッキングス特別委員会が RAND コーポレーションの協力を得ていたことは，前述のように，ブルッキングス報告書自体に記されている。そして，RAND コーポレーション側の記述によれば，ブルッキングス特別委員会の審議中に同委員会に対して資料等を提出したようであり，それをまとめたものが，前掲注 29 の Statistical Overview であるという。Statistical Overview, supra note 29, at ⅲ．そうすると，RAND コーポレーションの分析が，連邦地裁の事件処理状況が何ら悪化していないという結論を引き出していることはブルッキングス特別委員会にもわかっていたのではないかと思われるが，同委員会報告書はそのようなデータにはまったくふれておらず，無視しているかのようである（Plotnikoff, supra note 24, at 231 もこの点を指摘している）。

報告書の勧告内容は民事司法改革法に取り込まれているので，そちらでみることにするが，事件の類型別処理（トラッキング・システム）の導入の必要，ディスカヴァリやトライアル期日等の期限設定とその遵守の必要，議会が改革の

図3　連邦地裁における私人間民事訴訟の件数の推移

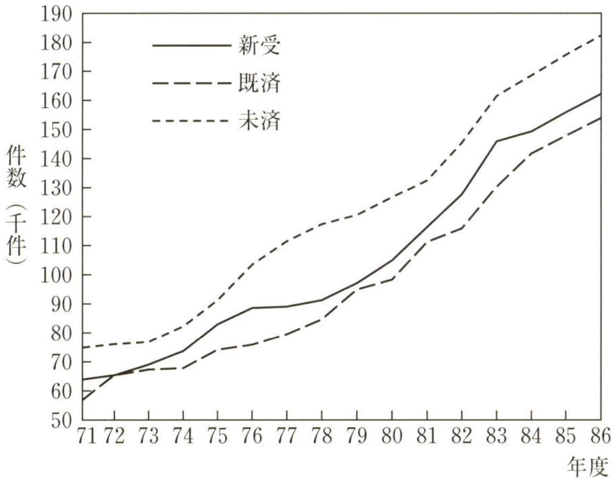

（出典）Statistical Overview, supra note 29, at 18.

【RAND コーポレーション報告書】

ここで，RAND コーポレーション（その民事裁判研究所）の報告書の関連箇所を紹介しておくことにする。これは，前に述べたように，1971 年から 1986 年にかけての裁判所の統計資料を使って種々の角度から事件処理状況の分析を試みたものであるが，国が当事者になっていない民事事件（private civil cases）［便宜上，これを私人間民事訴訟とよんでおく。もちろんこれが民事事件のほとんどを占める］のみを分析の対象にしており，刑事事件と国が当事者になっている民事事件（U. S. civil cases）は除外している。その理由は，刑事事件は優先審理されるので（後掲注 83 参照），民事に比べて遅延が目立たないであろうこと（なお，民事に比べると件数自体が圧倒的に少ない），国が当事者となる民事事件は，裁判官の労力をほとんどまたはまったく要しない，簡単で迅速に終結する事件（軍人恩給の過払い，奨学ローンの返還懈怠，および判決の執行のために国が申し立てる事件と，社会保障関係で国が被告になる事件）の占める比率が高いので，これを加えるとやはり遅延が目立ちにくくなること，さらに，私人間民事事件は増加率が

大枠を定め，その範囲内で各裁判所が地域の実情に沿ってボトムアップで具体化する必要の3点が，手続改革に関する勧告の基本をなしている方針として，とくに指摘されている[51]。

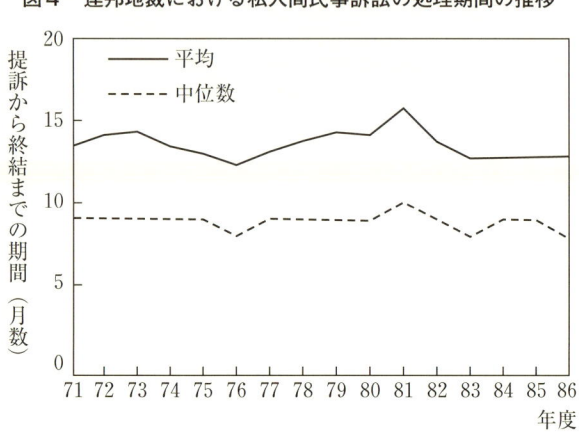

図4　連邦地裁における私人間民事訴訟の処理期間の推移

（出典）Statistical Overview, supra note 29, at 19.

もっとも著しいので，これをみればもっとも顕著に傾向が把握できると考えられること，による。Statistical Overview, supra note 29, at vi , vii .

　まず，図3は，71年から86年までの各年度の連邦地裁における新受件数，既済件数および未済件数の推移を示している。70年代の初期と終わり頃に既済件数が新受件数に追いつくか，きわめて接近しているが，これは裁判官の増員をした時期と符合している（それぞれ60名と79名）。しかし，増員に直接関係ない時期でも，既済件数は新受件数を追いかけるようにほぼ平行に上昇している。もっとも，既済が新受を追い越したことはないから，未済事件は増加を続けている。しかし，未済件数が一定の水準で増加を続けることは，申立てと終結の間に時差がある制度なら，新受件数の増加によって必然的に生じる事態であって，事件負担の増大による処理期間の悪化が生じないかぎり，あわてることはない。真に問題とすべきは，未済件数のレヴェルが新受件数に比べて釣合いが保たれているかどうかである（新受件数の伸び以上に未済件数が伸びているとすればまさに危機的状況である）。図3からすると，両者の間にほぼ均衡の関係が肯定できる。そして，これは，裁判所の事件処理に要する期間が一定の水準に維持されていることを意味する。図4をみると，より明確になる。図4は申立から事件終結まで

3．法案の審議過程と司法部の対応

ハリス調査を前提とするブルッキングス特別委員会の報告書に基づいて，

図5　連邦地裁における私人間民事訴訟の処理期間別分布の推移

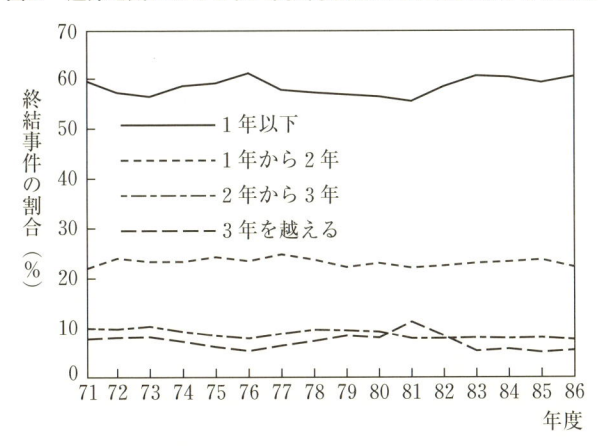

（縦軸：終結事件の割合（％）、横軸：年度 71〜86）
- 1年以下
- 1年から2年
- 2年から3年
- 3年を越える

（出典）Statistical Overview, supra note 29, at 22.

の処理期間の推移を平均と中位数で示すものであるが（トライアルを経た事件も経ない事件も含む），各調査年度を通じておおむね安定している（それぞれ14カ月と9カ月）。図4からすると，訴訟遅延が「悪化」しているという結論は導けないであろう（なお，平均は中位数よりも数カ月高くなっているが，これは非常に長期間を要した事件が少数ではあるが存在することよって平均値が引き上げられているためであるという）。図5は，事件処理に要した期間によって1年以下，1年から2年，2年から3年，3年以上の四つのグループに分けて，その分布の推移を示したものであるが，かなり安定していて，やはり大きな変化はない。以上を要するに，未済事件は増加し続けているものの，それは新受事件の増加に平行したものであり，このような現象は，新受件数が伸び続ける環境の下では予想されるものであるとともに，新受件数の増加によって事件処理期間がほとんど影響を受けていないことを示唆している。Id. at 16-25. なお，この報告書は，さらに，事件類型による処理期間の比較，裁判所の行為ないし手続段階による処理期間の比較，各地方裁判所間の処理期間の比較などの分析もしている。

この報告書でカヴァーされていない1987年から1990年についてフォローしておくと，統計の基礎に含めあるいは除外された事件の種類の点でこの報告書と多

「民事司法改革法案」が作成され，1990年1月25日に上下両院に同時提出された[52]。

この法案の趣旨は，裁判官による事件管理を拡充し，これを全裁判所に義務づけることにあった[53]。すなわち，立法の日から1年以内にすべての連邦地方裁判所に民事裁判の費用と遅延の減少計画の実施を義務づけ，この計画は各地区の諮問グループによって策定されるものとし，計画の中には，ケース・トラッキングないし類型別事件管理システム，ディスカヴァリに関する種々の規制，早急かつ確実なトライアル期日の指定，代替的紛争解決プログラムなど，一定の「方針と指針」を盛り込むことを義務づけた。また，個々の裁判官ごとの事件処理状況の統計を公開することなども命じている。

ブルッキングス特別委員会に現職の裁判官がメンバーとして関与していなかったために，この法案の迅速な作成・提出は司法部にとっては不意打ちであっ

少の違いがあるが，提訴から終結までの処理期間の中位数は一貫して9カ月を維持している（平均値は不明）。Federal Court Management Statistics 1990, at 167 (Administrative Office of the United States Courts).

以上のような分析結果は，訴訟遅延が最近非常に悪化してきたという大合唱に疑問を投げかける。現在の数値が満足できるものであるか否かはともかくとして，少なくとも，客観的なデータからみるかぎり，事件処理のスピードはとくに変化がないのである（もちろん，それはこれまでの司法改善の努力の成果といわなければならない）。にもかかわらず，訴訟遅延がひどくなってきたという意見が多いとすれば—多いといえるかどうか自体，前述のハリス調査をみると微妙なところであるが（前掲注39の本文参照）—制度の客観的な状況に変わりがない以上，民事訴訟制度をとりまく状況の方が変わったのではないかとも想像される。すなわち，社会の動きのスピードが早くなったことによって，相対的に，訴訟のスピードが人々の目には遅くなったように映る（だんだん許容できないようになってきた）という側面が考えられる。また，提訴件数の増加，あるいは長期間を要する大規模事件が人々の耳目を引くようになって，そこから訴訟遅延の推測が一般化したということも考えられよう。

51) Justice for All, supra note 23, at 10.
52) Senate Report, supra note 13, at 3.
53) Plotnikoff, supra note 24, at 232-233 に簡潔な要約がある。

たといわれる[54]。合衆国司法会議はさっそくこの法案の内容を検討するための委員会を設置し，ペッカム判事[55]をその長に任命した。しかし，必ずしも十分な検討の余裕のないまま，3月6日に上院の公聴会が開かれた。そこでは，合衆国司法会議を代表して，ペッカム委員会のメンバーであるロビンソン判事が証人の1人として出頭し，この法案の内容はまさに手続事項[56]であるから，授権法に基づき，司法部による規則制定過程によるべきであるとして，反対の証言をした[57]。

3月13日には，合衆国司法会議は，ペッカム委員会の報告に基づいて，民事司法改革法案に反対する決議を全会一致で採択した。翌4月にはアメリカ法曹協会（ABA）その他の法曹団体も，同法案に反対の姿勢を表明する。4月末には，司法会議は，ペッカム委員会の作成した，事件管理の改善を通じて費用と遅延の問題に対処するための《14項目プログラム》を承認する決議をした[58]。これは同法案に対する司法会議の対案であって，これを実施するから同法案は不要であるというふうに説得工作を試みたが，成功せず，以後，司法会議は，ペッカム委員会と上院司法委員会スタッフとの交渉を通じて，法案の内容を修正・緩和させることを主たる狙いとするようになる[59]。

5月17日，バイデン上院議員は，最初の法案を相当修正した「司法改善法案」を提出した[60]。この新法案は，前よりも緩和された民事司法改革法案を第1編とし[61]，連邦裁判官の増員を第2編とする包括法案である。バイデン上院

---

54) Senate Hearings, supra note 22, at 329.
55) 2段階ディスカヴァリなど，積極的な事件管理を率先試行していることで知られる。その紹介として，後掲注96の安達論文㈠744頁以下参照。
56) 28 U. S. C. § 2072は，連邦裁判所における"practice and procedure"について最高裁判所に一般的規則を規定する権限を与えている。
57) Senate Hearings, supra note 22, at 212, 221 ; Mullenix, The Counter-Reformation, supra note 43, at 412-413.
58) Senate Hearings, supra note 22, at 330.
59) Id. at 331.
60) Senate Report, supra note 13, at 3.

議員は，司法会議側の種々の修正要求ないし提案をある程度取り入れるとともに，裁判官の大幅な増員をも抱き合わせにして，妥結を図ったものと思われる。しかし，司法部の支持は依然として得られなかった。

6月26日の上院司法委員会の二度めの公聴会において，ペッカム判事は合衆国司法会議を代表して，反対の証言をした。反対の理由は，大別すると二種類ある。一つは立法と司法の関係に関する理由，今一つは法案の内容に関する訴訟実務的な理由である。前者は，手続事項にかかわる改正は，授権法に定める裁判所規則制定プロセスによるべきであって，この法案は授権法を潜脱する悪例となる，という主張である[62]。後者は，訴状の提出から18カ月以内の確実なトライアル期日の指定や，各種申立てを裁定するための目標期日の設定の義務づけ規定の非現実性と硬直性，また，個々の裁判官ごとの統計の公表を命ずる規定が裁判の質に及ぼす影響などの問題点にかかわる[63]。

7月に入って，上院司法委員会はさらに緩和された内容の法案を公にした。9月に，下院は公聴会を経てこの法案を修正可決した。主な修正個所は，上院の法案では，各裁判所の「費用と遅延の減少計画」には同法案の定める訴訟管

---

61) たとえば，費用と遅延の減少計画の内容に関する中核規定は，当初の法案では相当詳細な15項目の定めを計画に取り入れることを義務づけていたが，この修正法案ではこれを二つのグループに分け，第1グループは6項目の「方針ないし指針」を掲げてその採用を義務づけるか，かなり幅をもたせた一般的な形で規定することによって地域の特性に適応できるよう柔軟性をもたせ，第2グループは6項目のより具体的な「方策」を掲げるが，その採用を検討すべきことを命ずるにとどめ，強制はしないものとした。Id. at 53. このグループ分け自体は現在の473条にも受け継がれた。

62) Senate Hearings, supra note 22, at 316-317, 334. なお Id. at 334 でペッカム判事は，この法案は憲法上の微妙な領域に踏み込む危険を侵しているという司法部内の意見を紹介するが，詳細に立ち入ることは避けている。Mullenix, The Counter-Reformation, supra note 43, at 382 は，民事裁判改革法は憲法上の権力分立原理に抵触するという（詳論は後に発表予定の同教授の論文に留保されている）。

63) Senate Hearings, supra note 22, at 317-318, 335-341. なお，連邦裁判官協会の立場を代表して反対の証言をしたマーフィー判事の意見については，Diana E. Murphy, The Concerns of Federal Judges, 74 Judicature 112 (1990).

理等に関する一定の「方針ないし指針」を取り入れ「なければならない」となっていたのを，取り入れることが「できる」と改めた点である。これは，立法府による司法のミクロ・マネジメントであるという司法部の批判を受け入れたもの[64]といわれるが，同法案の強制的性格の大きな後退であるので，上院は簡単には追随しなかった。10月の両院協議会ではこの点をめぐって調整が行われ，11月，第101議会の終盤に至り，一定の「方針と指針」の採用を義務づけられるのはそれを実験的に試行する10カ所のパイロット地区の裁判所のみとし，その他の地方裁判所にとっては当面任意的な条項にとどめることで，司法改善法は最終的に成立をみた[65]。

司法改善法の審議過程においては，上院司法委員会のスタッフが合衆国司法会議の委員会と討議を重ね，多くの修正提案を受け入れたという点で，さすが

---

[64] 下院では，その司法委員会の中の裁判所・司法運営等に関する小委員会のKastenmeier小委員長がつとに司法部の立場に理解を示し，合衆国司法会議の提言が受け入れられやすい事情があった。"Kastenmeier Wraps up Distinguished Congressional Career", 22 (No.12) The Third Branch 1 (December 1990).

[65] "Shall vs. May : Judges Rebel Over One Word in Civil Reform Bill," Legal Times, October 15, 1990 ; "Last-Minute Judgeships : Congress Shoves Civil Reform on Federal Courts," Legal Times, November 5, 1990 ; Plotnikoff, supra note 24, at 239.

1990年の司法改善法（Judicial Improvements Act of 1990, PL 101-650, December 1, 1990, 104 Stat 5089）は，八つの編からなる包括法案であった。そのうち司法改革に関係がある第4編までの表題を以下に掲げておく。TITLE Ⅰ: CIVIL JUSTICE EXPENSE AND DELAY REDUCTION PLANS ("Civil Justice Reform Act of 1990") ; TITLE Ⅱ: FEDERAL JUDGESHIPS ("Federal Judgeship Act of 1990") ; TITLE Ⅲ: IMPLEMENTATION OF FEDERAL COURTS STUDY COMMITTEE RECOMMENDATIONS ("Federal Courts Study Committee Implementation Act of 1990") ; TITLE Ⅳ: JUDICIAL DISCIPLINE AND JUDICIAL REMOVAL ("Judicial Discipline and Removal Reform Act of 1990").

第1編の民事司法改革法は，第101条から106条までで構成され，そのうち，「合衆国法律集第28編の改正」と題された第103条が，その(a)項で，USCタイトル28の中に「第23章―民事裁判の費用と遅延の減少計画」を新たに追加すること，および，その章に入るべき条文として，471条ないし482条を定めている (28 U.S.C. §§471-482)。

に司法部に配慮したといえなくもないが,制定に向けての議会の姿勢には相当強引な面もあった[66]。さらに,授権法との関係では,法理論的に大きな問題を残したと批判されている[67]。

---

66) たとえば,上院の2回の公聴会に出頭して証言した10名の証人のうち法案に賛成したのは6名だが,そのうち5名は法案の基礎になった報告書を作成したブルッキングス特別委員会の委員であり,いわば内輪の人間であった。Mullenix, Counter-Reformation, supra note 43, at 397. また,法案作成階段や公聴会その他審議過程において,アメリカ法曹協会 (ABA) や American Judicature Society をはじめとする主要な法曹団体の意見を聴取すべきであったという批判はもっともであると思われる。Id. at 398. なお,RAND コーポレーションの出した前述の分析結果は議会の審議過程においても指摘されたが,無視された。Id. at 405.

67) マレニクス教授は問題点をいくつか指摘しているが,とりわけ,上院の主張する議会の排他的訴訟ルール制定権とこれに対する同教授の批判が注目される。すなわち,上院司法委員会によると,アメリカ憲法(第3章第1節および第1章第8節)は訴訟手続を規律するルールを定める権能を議会が有する趣旨を含んでおり,その権能の行使の一環として,裁判所当局に憲法や法律に違反しない規則の制定を委任することができる(これは合衆国最高裁判所の確立した判例である)。授権法はこの委任をしたものだが,憲法が議会に与えた訴訟ルール制定権はこの委任によって何ら制限されるものではないと上院はいう。Senate Report, supra note 13, at 10-13; Peck, supra note 7, at 114-115. しかし,マレニクス教授によれば,いったん委任したものをものみずから行使するためにはその委任を撤回する立法行為がまず必要であるはずで,授権法の存在を前提とするかぎり,議会が有する権能は最高裁から提案された規則改正案を修正ないし拒否することにとどまる。上院司法委員会が自説の根拠として引用する授権法制定当時の議会の記録は,このような veto の権限を議会が堅持することを明らかにしたにすぎない。また,上院が挙げる Speedy Trial Act (1974) などの先例も,先例たりえない (Speedy Trial Act は最高裁が提案した規則改正に対して議会が veto を行使したケースにすぎず,議会がイニシアチブをとって包括的な手続改革を行ったものではない)。Mullenix, The Counter-Reformation, supra note 43, at 425-433. そこで,民事司法改革法の真の意義は,手続改革の個々の論点にあるのではなく,規則制定権能を裁判所から議会に事実上戻してしまった(議会がみずからのイニシアチブで包括的な訴訟手続改革を行う道を開いた)点にある,と Mullenix 教授は喝破する。Id. at 379, 409. この指摘は非常に重要ではあろうが,日本の訴訟法研究者の立場からすると,手続改革の内容の方に関心があるので,これ以上立ち入らないことにする。

Ⅲ　民事司法改革法の内容

1．立法目的および基本構想

　司法改善法の目的について，上院司法委員会の報告書（1990年7月）は次のように述べている。「この法案の目的は，すべての市民にとって……民事紛争の正しい，迅速かつ廉価な解決〔これは連邦民事訴訟規則第1条の掲げる理念を指している——筆者注〕を促進することにある。高い訴訟費用，長い訴訟遅延，および司法リソースの不足のゆえに，昔からのこの約束は果たされないできた。……連邦裁判所は今日，相互に関連する二つの悩みを抱えている。第一に，民事訴訟のコスト，およびコスト増をもたらす遅延は，深刻で，ますますその度を加えつつある。その結果，高い費用を賄える者しか裁判所へのアクセスができなくなった。また，アメリカの企業の国内および国外での競争力も，これによって侵食されている。第二に，連邦裁判所はリソースの不足——とりわけ，第3章裁判官の不足——に悩まされており，麻薬関連事件の増加している法域ではとくにそうである。司法改善法案は，この両方の問題に包括的かつ直接的に対処しようとするものである」[68]。第一の問題には，司法改善法第1編の民事

---

68) Senate Report, supra note 13, at 1-2. 3月の上院司法委員会の公聴会においても，バイデン上院議員は同様のことを立法目的として述べてはいるが，そこでは紛争の迅速な解決をとくに強調し，また，企業ないし経済の視点を強く出している。とくに後者に関しては，アメリカの企業は応訴のために年間200億ドルも支出しているとか，保険会社が応訴のために支払う弁護士費用の伸び率は保険金の額の伸び率を上回っているとか，企業が研究開発よりも訴訟での防戦に多額の費用を浪費するから経済上の競争相手を利することになるなどと，例を上げて強調している。Senate Hearings, supra note 22, at 1-2. なお，民事司法改革法によって議会は結局大企業・保険業界の利益を擁護しようとしていると断定するものとして，Mullenix, The Counter-Reformation, supra note 43, 438-439. 実体法改正によって正面から実体権を制限・廃止させることはできないので，手続法改革の側面から訴訟を制限しようとしているのだという。手続法改革の政治化を防止しなければならないというのが，マレニクス教授の一貫した主張である。Cf. Mullenix, Hope

司法改革法(「費用と遅延の減少計画」),第二の問題には,同第2編の連邦裁判官職法[69](裁判官の増員)をもって対処するということであろう。

上院司法委員会報告書によると,民事司法改革法案は,訴訟管理の改善および費用と遅延の減少を目的とする次の六つの基本要素ないし基本原則によって組み立てられたという。すなわち,

(1) 下からの改革

各地方裁判所(以下,単に地方裁判所というのは合衆国地方裁判所〔連邦地方裁判所〕のことである)は,その諮問グループの勧告に基づいて,「民事裁判の費用と遅延の減少計画」を策定・実施しなければならない。諮問グループの構成員は,各地方裁判所長によって任命され,その地区の弁護士,検察官および当事者の代表からなる。したがって,裁判制度の利用者による,ボトムアップの改革と称される[70]。

Over Experience: Mandatory Informal Discovery and the Politics Rulemaking, 69 North Carolina L. Rev. 795 (1991).

69) 司法改善法第2編(連邦裁判官職法)は,最終的に,上訴裁判所判事11名と地方裁判所判事74名の定数増を定めた(なお,同時に,既存の定数8名の臨時裁判官職を正規の裁判官職に転換した)。増分の割り振りは,基本的には,麻薬絡みの刑事事件の負担が増大している(したがって,それが民事事件にしわ寄せしている)地区に比重をおいている。Plotnikoff, supra note 24, at 243; "Last-Minute Judgeships: Congress Shoves Civil Reform on Federal Courts" Legal Times, November 5, 1990. この定数増により,連邦裁判官の総定数は,地裁が649名,(中間)上訴裁判所が179名となった。1990 Report of the Director, at 8 (Administrative Office of the United States Courts). ただし,現実の補充には相当時間がかかる。1992年7月段階で,連邦裁判官の総定数のうち117名分がいまだに空席となっている。"Prospects for Judicial Confirmations Spelled Out," 24 (No. 7) The Third Branch 9 (July 1992). なお,破産裁判官職も1992年に35名の定数増が認められた(Bankruptcy Judgeship Act of 1992, PL 102-361)。その結果,破産裁判官の総定数は326名となった。ちなみに,1991年7月～1992年6月の倒産新受事件数は97万2490件であった。"President Signs Bankruptcy Judgeship Bill," 24 (No. 9) The Third Branch 1, 9 (September 1992).

70) Senate Report, supra note 13, at 14-15.

(2) 裁判官の事件管理を支持する政策の普及

プリトライアル手続に関する早期の，積極的かつ継続的なコントロール，早期の確実なトライアル期日の指定など，裁判官による積極的な事件管理が訴訟遅延の減少に成果をあげているとの報告や主張がすでに相当な蓄積をみせている[71]。そこで，これを法律によってもっと広く全国の裁判所に普及させることが必要であるとする[72]。

(3) ディスカヴァリ手続の規制強化

近時のディスカヴァリは訴訟費用の高騰と訴訟遅延の最大の原因になっており，その効果的なコントロールが必要である。有望な方策として，ペッカム判事の提唱にかかる2段階ディスカヴァリ，ニューヨーク州南部地区で用いられている質問書の種類の手続段階による制限，全体的な事件管理の一環としてのディスカヴァリの終了期限の設定などがある[73]。

(4) 類型別事件管理システムの確立

類型別事件管理（Differentiated Case Management = DCM）システムとは，事件

---

[71] たとえば，Steven Flanders, Case Management and Court Management in United States District Courts (Federal Judicial Center 1977) ; Alvin B. Rubin, The Managed Calendar : Some Pragmatic Suggestions About Achieving the Just, Speedy and Inexpensive Determination of Civil Cases in Federal Courts, 4 Justice System J. 135 (1978) ; Steven Flanders, Case Management in Federal Courts : Some Controversies and Some Results, 4 Justice System J. 147 (1978) ; Robert F. Peckham, The Federal Judge as a Case Manager : The New Role in Guiding a Case from Filing to Disposition, 69 California L. Rev.770 (1981) ; Steven Flanders, Blind Umpires—A Response to Professor Resnik, 35 The Hastings L. J. 505 (1984) ; Robert F. Peckham, A Judicial Response to the Cost of Litigation : Case Management, Two-Stage Discovery Planning and Alternative Dispute Resolution, 37 Rutgers L. Rev. 253,265 (1985). なお，連邦民事訴訟規則16条の1983年改正は，訴え提起後なるべく早い段階で，当事者と協議のうえ，ディスカヴァリその他プリトライアル手続の「スケジューリング命令」を出すことを裁判官に義務づけ，訴訟進行の早期コントロールをめざしている。

[72] Senate Report, supra note 13, at 16-20.

[73] Id. at 20-23.

の種類・規模・複雑度に照らして，事件処理やその準備に裁判官の関与がどの程度必要かを早期に評価し，それによって異なる手続的取扱いをするシステムである。その一つの形態として，ケース・トラッキング・システム（ないし軌道システム）がある。これは，（典型的には，迅速事件・複雑事件・普通事件というような）複数のトラックに事件を割り振り，単一の手続で種々の事件を処理することによる過剰管理と過少管理を除去しようとするものである[74]。

(5) 訴訟内のいわゆる申立てに関する実務の改善と遅延の減少

プリトライアル段階での種々の申立行為とそれについての裁判の無計画性と遅れが，訴訟準備の無駄やトライアルの先送りをもたらすので，その改善が必要である[75]。

(6) 代替的紛争解決（ADR）方策の拡充と利用促進

すべての紛争について適切な解決を可能とする唯一の方法というものはなく，いくつかの方法を合理的に配置して併用することが不可欠である[76]という認識に立つと，かなり以前から試みられている，判決によらない紛争解決方法のさらなる拡充が重視される。有望な方策として，簡易陪審トライアル（Summary Jury Trial），調停（Mediation），ミニトライアル（Mini-Trial），早期中立的評価（Early Neutral Evaluation）などがあり，それらの利用を促進すべきで

---

74) Id. at 23-24. : Maurice Rosenberg, The Federal Civil Rules after Half a Century, 36 Maine L. Rev. 243 (1984) （後者は翻訳がある。ローゼンバーグ（大村＝猪股訳）「連邦民事訴訟規則の半世紀」，ローゼンバーグ（小島＝大村編訳）『民事司法の展望―裁判所の役割と司法改革』（中央大学出版部，1989 年）41 頁以下に所収）。ニュージャージー州およびミネソタ州におけるトラッキング・システムの実験について，Senate Report, supra note 13, at 13, at 25-26 ; Holly Bakke and Maureen Solomon, Case Differentiation : An Approach to Individualized Case Management, 73 Judicature 17 (1989). なお，前述のハリス調査では，トラッキング・システムに対して，弁護士の各グループともその 9 割が支持を表明している（裁判官は 8 割が支持）。Senate Hearings, supra note 22, at 164.

75) Senate Report, supra note 13, at 26-27.

76) Maurice Rosenberg, Resolving Disputes Differently : Adieu to Adversary Justice, 21 Creighton L. Rev. 801 (1988).

あるとする[77]。

　以上の基本要素は，審議の過程においてその大部分が即時義務づけから当面任意的（推奨）へとトーン・ダウンさせられたとはいうものの，民事司法改革

---

77)　Senate Report, supra note 13, at 27-30.
　　　簡易陪審トライアルとは，陪審が事件をどのように評価するかについての両当事者の予測の食い違いが和解の成立を妨げる場合が多いことから，陪審の評決をシミュレーションしてみようという方法であり，トライアルの準備が終了した段階で，裁判官の命令により，「諮問陪審」の前で両弁護士が非公開で重要な争点について要約的に主張立証を行う（証人尋問は通常はしない）。この陪審の評決には拘束力はないが，ほとんどの場合に和解が成立して正式のトライアルは不要になるという。Thomas D. Lambros, The Summary Jury Trial and Other Alternative Methods of Dispute Resolution : A Report to the Judicial Conference of the United States Committee on the Operation of the Jury System, 103 F. R. D.461 (1984) ; Thomas D. Lambros, The Summary Jury Trial―An Alternative Method of Resolving Disputes, 69 Judicature 286 (1986). ミニトライアルとは，やはり，両当事者が自己および相手方の主張立証の客観的・現実的な評価を得るための方策であるが，当事者の合意により，裁判所外で私的に行われる。両当事者（企業）の役員とモデレーター（共同で選んだ中立的助言者）が裁判官役となり，両弁護士が重要な争点についてプレゼンテーションを行い（証人尋問は通常はしない），その結果に基づいて，役員同士が弁護士抜きで和解の協議をする。モデレーターが双方の主張立証の強みと弱みを踏まえて判決の予測を提供すると，さらに和解の可能性が高まる。Eric D. Greene, Growth of the Mini ― Trial, 9 Litigation 12 (1982). これらに関する文献については，Roger J. Patterson, Dispute Resolution in a World of Alternatives, 37 Catholic Univ. L. Rev. 591 (1988). ; Robert W. Bradford, Jr., The Mini ― Trial and Summary Jury Trial, 52 Ala. Law. 150 (1991).
　　　これらと異なり，早期中立的評価とは，プリトライアル手続の早い段階で行われ，当事者に客観的・現実的な事件把握を得させることにより，プリトライアルのその後の展開を合理化・簡素化することを目的とするインフォーマルな会合である。これは，裁判所の命令により，中立の評価人（スペシャル・マスターの一種であり，熟達した弁護士が選任される）の主宰の下に，両当事者と代理人が出席し，相互に相手の要約的な主張（簡略な訴答書面を肉付けする主張）を聴くとともに，評価人がそれらの客観的な評価（場合によっては一定の幅をもった判決予測も）を与え，ディスカヴァリの計画などについて勧告する。評価人の意見には何の拘束力もないが，おおむね所期の目的を達成しており，和解促進の副次

法の基調をなしているといえよう。

　ちなみに，議会での審議を経て，民事司法改革法は，最終的に次のような「認定 (findings)」に立脚することを明文でまず宣言している（同法102条。以下，条数だけで示すのは民事裁判改革法である）。このうち，とくに⑤が前述の基本原則とも実質的に関連する。

　①　民事訴訟の費用と遅延の問題は，民事事件および刑事事件の双方にわたる地方裁判所のリソースの不足を十分に念頭において論じられねばならない。

　②　裁判所，当事者，弁護士，議会および行政府は，民事訴訟における費用と遅延について，ともに責任を負うものである。

　③　費用と遅延の問題の解決には，裁判所，当事者，弁護士，議会および行政府の重要な貢献が必要である。

　④　費用と遅延の問題の解決策を開発・実現するにあたっては，個々の司法官，当事者および弁護士が訴訟管理および費用と遅延の減少についての方策 (techniques) を開発した場合に，民事裁判制度のすべての関係者とその方策について効率的かつ迅速に情報交換できるようにするための協議の途を用意することが必要である。

　⑤　効率的な訴訟管理および費用と遅延の減少のためのプログラムは，以下のような相互に関連するいくつかの方針 (princeples) を結び合わせたものでなければならない。

　　(a)　事件のニーズ，複雑さ，期間および予想される推移に基づいて，個々の事件の特性に応じた〔訴訟〕管理を提供する，類型別事件処理 (differential

---

　　的効果もあるという（元来は和解目的の方策ではなかった）。詳細については，Wayne D. Brazil et al., Early Neutral Evaluation: An Experimental Effort to Expedite Dispute Resolution, 69 Judicature 279 (1986); David I.Levine, Early Neutral Evaluation: A Follow — up Report, 70 Judicature 236 (1987).

　　民事司法改革法は，他のADR方策も含め，これらのADR運動を初めて法律で総括的に支持し，全国的な試行を促したものである。Stephen MCG. Bundy, The Policy in Favor of Settlement in an Adversary System, 44 Hastings L. J. 1, 4 (1992).

treatment）を行うこと

　(b)　事件の進行計画，ディスカヴァリ手続のコントロール，および，ヒアリングやトライアル等のスケジュール作成に，司法官が早期に関与すること

　(c)　プリトライアル手続の期間中，司法官と弁護士が定期的に意思疎通を図ること，および

　(d)　しかるべき事件では，代替的紛争解決プログラムを活用すること

⑥　民事および刑事事件の増加と複雑化がますますその度を加え，司法官，書記官その他の裁判所職員にいよいよ重い職務上の負担を課しているがゆえに，効率的な訴訟管理および費用と遅延の減少のための方針と方策について継続的な協議と情報交換を確保するため，能率的な運営機構を創り出すことが必要である。

　以上のように，この法律の構想内容は広範で多岐にわたるが，大胆に整理すれば，裁判官による事件管理の強化によって，訴訟運営の合理化・効率化を図るとともに，ADR で処理できるものはその過程でどんどん ADR に振り向けることにあるといえようか。これらを念頭に置きつつ，次にこの法律の内容を略述することにする。

2．民事司法改革法の概要

　(1)　費用と遅延の減少計画

　民事司法改革法が民事訴訟制度の改革を推進する手段として採用したのが，「民事裁判における費用と遅延の減少計画」である（471 条第 1 文。以下，単に計画ともいう）。各地方裁判所は，費用と遅延の減少計画を，この法律の立法の日から 3 年以内に実施しなければならない（103 条(b)(1)。したがって，期限は 1993 年 12 月 1 日である）。この計画の目的は，「民事事件の本案についての熟慮された裁判を促進し，ディスカヴァリを監視し，訴訟管理を改善し，民事紛争の適正，迅速かつ廉価な解決を確保することにある」（471 条第 3 文）。費用と遅延の減少計画は，ローカル規則として実施される[78]。

(2) 費用と遅延の減少計画の策定プロセス

同計画は，各地方裁判所の「諮問グループ」の勧告を考慮したうえで，開発（または司法会議の開発したモデル計画から選択）されなければならない（472条(a)）。諮問グループは，立法の日から90日以内に各地方裁判所の所長によって任命されるが，「その任命に際してはバランスを考慮」しなければならず，弁護士，検事のほか，「当該裁判所における当事者の主な類型を代表する者を含めなければならない」(478条)[79]。諮問グループはその報告書を裁判所に提出しなければならない。報告書には，民事および刑事の事件簿 (docket) の状況の評価，開発すべき計画（または選択すべきモデル計画）に関する勧告，推奨する方策やプログラムなどが含まれるが（472条(b), (c)），当該地区における提訴動向，費用と遅延の主たる原因，新法のもたらす効果の予測等がこの評価の中に示され

---

78) 連邦司法センターのディレクターであるシュウォーザー判事が各地方裁判所長に宛てた詳細なメモランダム "Implementation of the Civil Justice Reform Act of 1990" が，Significant Developments in Federal Civil Practice and Procedure : 1990-91 Legislative and Rule—Making Changes (Federal Judicial Center, 1991) に掲載されている。これは，民事司法改革法の主要な規定を解説するとともに，費用と遅延の減少計画の諸条項について "Suggested Local Rules" という形で参考例を提供している。（なお，筆者はこのメモランダムを WESTLAW の ALI-ABA データベースで参照した（Q207 ALI-ABA 167 という略号で検索可能）が，印刷された現物が手元にないので，頁数が不明であるため，以下では章節の番号・記号で引用しておく。）

79) "Implementation of the Civil Justice Reform Act of 1990," supra note 78, II-C-2 は，ワーカブルな計画が策定されるためには，諮問グループの人選が重要であり，十分な知識，経験を有する者を，また，当該裁判所の司法官をも加えるべきであるとする。また，委員の数について法は定めていないが，このメモランダムは，通常は10ないし15名，大きな地区では15ないし20名くらいが望ましいとしている。ちなみに，テキサス州南部地区の諮問グループは合計21名からなり，その内訳は，裁判官1名（所長），書記官1名，法学教授1名，統計学者1名，検察官1名，公設弁護人1名，企業役員弁護士3名，元ハイスクール教師1名，あとは開業弁護士でそのほとんどがロー・ファームのパートナーである。Report and Plan : Civil Justice Reform Act Advisory Group of the United States District Court for the Southern District of Texas, 11 Rev. of Litigation 203, 295 (Spring, 1992).

ることを同法は要求している[80]。なお,事件簿の状況の評価は毎年行われ,それに基づいて費用と遅延の減少および訴訟管理の改善のための適切な追加的措置の決定が行われる (475条)。

(3) 費用と遅延の減少計画の内容

地方裁判所は,同計画の作成にあたっては,諮問グループと協議のうえ,「訴訟管理および費用と遅延の減少に関する次の方針ないし指針 (principles and guidelines) を検討しなければならず,これらを計画に取り入れることができる」(473条(a))[81]。この方針は次の6項目からなる。

① 事件の複雑さ,トライアルの準備に要する合理的な期間,および,事件の準備と処理に必要とされかつ充当できる裁判所のリソースなどの基準に基づき,事件の特性に応じて訴訟管理の程度を類型化する,民事事件の体系的類型別処理〔類型別事件管理〕を行うこと

② 司法官[82]の関与により,以下の事項についてプリトライアルの早期かつ

---

[80] マレニクス教授はこの点について,テキサス州南部地区の諮問グループのレポーターを務めた経験を踏まえ,次のように批判する。民事司法改革法は,docket assessmentsの方法,基準等を何ら示しておらず,パイロット地区の諮問グループには連邦司法センターから若干の助言文書(前記のメモランダムを含む)が配布されたものの,データの収集・解析についての専門的な指導や支援は提供されなかった。したがって,訴訟制度改革の経験もなく,統計分析の専門家でもない諮問グループにとっては,同法の要求はきわめて困難な課題である。結果として,早期実施地区の各諮問グループが用いた基礎データや評価の方法は,地区によってバラバラになってしまった。Mullenix, The Counter-Reformation, supra note 43, at 400-407.

[81] 法案では「取り入れなければならない」となっていたのが,審議の最後の段階で,10カ所のパイロット地区を除き,本文のように任意的な条項とされた。バイデン構想が最も大きく後退させられたポイントである。

[82] ここで司法官とは,裁判官と補助裁判官(マジストレイト・ジャッジ)を意味する(482条)。1990年の司法改善法321条は,マジストレイトの権限が拡大されてきたことに伴い,従来のマジストレイトの名称を,マジストレイト・ジャッジに変更した。マジストレイトの権限ないし管轄は,28U.S.C.§636およびこれ

継続的コントロールを行うこと

 (a) 事件の進行についての評価〔査定〕および企画

 (b) 訴状の提出から18カ月以内にトライアルが行われるように，早期の確実なトライアル期日を指定すること。ただし，司法官が次のいずれかに該当すると認めるときは，このかぎりではない。

  (i) 当該事件のもつ必要性および複雑さのゆえに，前記のようなトライアル期日の設定が司法の目的の達成と相入れない場合

  (ii) 当該事件の複雑さのゆえに，または係属中の刑事事件の件数もしくは複雑さのゆえに[83]，合理的にみて前記の期間内にトライアルを開くことができない場合

 (c) ディスカヴァリの範囲および完了の時期をコントロールし，適切なデ

 をうけた連邦民事訴訟規則72条・73条が定めている。マジストレイトは裁判所の命令により，プリトライアル事項の審理および判断を付託され（規則72条），また，ローカル規則の定めまたは裁判官の命令があり，かつ，「当事者全員が同意する」ならば，マジストレイトは，陪審トライアルや非陪審トライアルも含め，民事訴訟の手続の全体またはどの部分でも担当することができる（唯一の例外は裁判所侮辱の裁判である。規則73条）。マジストレイトの人数は約500名で，連邦地裁の裁判官の実員とほぼ同じくらいであり（1990 Report of the Director, supra note 69, at 6），プリトライアルを中心にまさに民事裁判の一翼を担っている。

83) Speedy Trial Act (18 U.S C.§3162) は，刑事事件につき，一定の期間内にトライアルが開始されないときは，被告人の申立てにより起訴状が却下されるべきものとしているので，民事事件について確実なトライアル期日を設定するには，刑事事件のこの優先審理の要求が妨げになることがある。本文(ii)の例外は，このような考慮に基づくものであろう。もっとも，近年の麻薬撲滅運動（War on Drugs）により都市部の連邦裁判所では麻薬関連の訴追が増加し，それが刑事事件の増加をもたらしているという状況の下で，Speedy Trail Act が現在のままでは，民事事件の強制的なデッドラインやスケジュールを定めても途中で刑事事件が入ってくれば遵守しにくいし，民事事件の遅延の原因ともなっていると，批判されている。Richad Rothman, Civil Justice Reform Act : Too Little, Too Fast, New York L.J., April 17, 1990 ; Mullenix, The Counter-Reformation, supra note 43, at 401 およびその注115に引用の文献参照。

ィスカヴァリの要求が適時に遵守されるようにすること，および，

　(d)　各種の申立てをする期限およびその処理の時間的枠組みを，実行可能な最も早い時期に設定すること

③　裁判所または個々の司法官が複雑であると認めるすべての事件およびその他の適切な事件については，1回または一連の「ディスカヴァリ・事件管理カンファレンス」(discovery-case management conference) を通じて，注意深く慎重に監視すること。このカンファレンスにおいては，これを指揮する司法官は，以下の事項を行う。

　(a)　当事者が和解を受け入れるかどうか，またはそれが適切か否か，それとも訴訟を続行するかについて調査すること

　(b)　対立の存する主要な争点を識別ないしは形成し，必要であれば，連邦民事訴訟規則第42条(b)項に従い，トライアルにおける段階的解決または争点ごとの分割審理（bifurcation of issues）を採用すること

　(c)　地方裁判所が定めるディスカヴァリ完了の予想タイムリミットを超えないように，かつ，地方裁判所の定める以下の手続と調和するように，ディスカヴァリのスケジュールと計画を作成すること

　(i)　不必要または不当に過重もしくは高価なディスカヴァリを避けるために，許容されるディスカヴァリを量的に（volume）制限する手続

　(ii)　ディスカヴァリをいくつかの段階に分けて実施する手続

　(d)　各種の申立てをする期限およびその処理の時間的枠組みを，実行可能な最も早い時期に設定すること

④　当事者およびその代理人弁護士の間での自発的な情報交換を通じ，また協力的なディスカヴァリ方法を通じて，費用効率のよいディスカヴァリを促進すること[84]

⑤　当該事項について相手方弁護士と合意に達するために合理的かつ誠実な

---

84)　この項目には，いわゆる強制的ないし自動的ディスクロージャーの導入が含まれていると思われる。

努力をしたことを申立人が証明しないかぎり，ディスカヴァリの申立てを審理しないものとすることによって，裁判所のリソースを節約すること，および

⑥　しかるべき事件を以下のような代替的紛争解決プログラムに付託することの認可

　(a)　地方裁判所で従来指定されてきたプログラム，または，

　(b)　裁判所が〔新たに〕利用できるものとする，調停，ミニトライアル，簡易陪審トライアルなどのプログラム[85]

　これらの方針のほとんどは，やろうと思えば従来の連邦民事訴訟規則（とりわけ規則16条）の枠組みの中でもできる事柄であると思われ，現に，一部の裁判所で試行されてきた[86]。しかし，この規定は元々はこれらの採用をすべての裁判所に義務づけようとしていたのであって，それが裁判所の裁量を基本とする連邦民事訴訟規則と根本的に異なる点であった。最後の妥協により任意的な規定とされた結果，この規定だけをみるとあまりインパクトがなくなったが，少なくともすべての裁判所がその採用を検討はしなければならず，また，これらの実施を実験的に義務づけられたパイロット地区での3年間の成果いかんでは，この規定の内容は，すべての地方裁判所の費用と遅延の減少計画の中に将来取り込まれることになる可能性を依然としてもっているのである。(105条(b), (c)参照)。

　さらに，費用と遅延の減少計画の作成にあたっては，「訴訟管理および費用と遅延の減少に関する次の方策（techniques）を検討しなければならず，これらを計画に取り入れることができる」(473条(b))。すなわち，

　①　双方の弁護士が第1回目のプリトライアル・カンファレンスにおいて共同でディスカヴァリ・事件管理計画（discovery-case management plan）を提出すべきものとし，それができない場合はその理由を説明すべきこと

　②　すべてのプリトライアル・カンファレンスにおいて，裁判所がカンファ

---

85)　ミニトライアル，簡易陪審トライアルについては，前掲注77参照。

86)　"Implementation of the Civil Justice Reform Act of 1990," supra note 78, III-B.

レンスでの討議を予定したすべての事項およびこれに関連するすべての事項につき，当事者を拘束する権限を有する弁護士が各当事者を代理すべきこと

　③　ディスカヴァリ完了の期限の延長またはトライアルの延期の申請にはすべて，申請当事者およびその代理人が署名すべきこと

　④　非拘束的なカンファレンスにおいて裁判所によって選任された中立的な裁判所の代理人（a neutral court representative）に対して事件の法律上および事実上の基礎（basis）を提出する中立的評価（neutral evaluation）プログラムを，訴訟の早期に実施すべきこと[87]

　⑤　裁判所のノウティスに基づき，和解の討議において当事者を拘束する権限を有する代理人が出席するか，または，和解カンファレンスの進行中，電話連絡がつくようにしておくべきこと，および，

　⑥　地方裁判所が，第472条(a)項にいう諮問グループの勧告を検討したのち，適当と判断するその他の方策

　これらの「方策」は議会での審議の早い段階で上院司法委員会が妥協策として任意的な定めにしたものであり，これらについてはパイロット地区の裁判所も実施を義務づけられていない。

(4)　実験的プログラム

　民事司法改革法は，司法部の要望や批判との妥協の産物として，前記のような「方針ないし指針」を強制的に盛り込んだ費用と遅延の減少計画を全地方裁判所がただちに実施しなければならないという性急な立場を改め，原則として前記の方針の採用を任意的なものとしつつ，将来それらを採用させるか否かの決定の基礎になる実験プロジェクトを組み込んだ。それが合衆国司法会議の実施する「パイロット・プログラム」である。すなわち，合衆国司法会議の指定する10カ所の地方裁判所（パイロット地区）[88]は，473条(a)に掲げられた訴訟管

---

　87)　早期中立的評価である。これについては，前掲注77参照。
　88)　パイロット地区のうち少なくとも5カ所は主要都市圏を含む地区でなければならない（105条(b)(2)）。合衆国司法会議は，次の10カ所の地方裁判所をパイロッ

理および費用と遅延の減少に関する「六つの方針ないし指針」を取り入れた計画を1991年12月31日までに実施することを義務づけられた（105条(a), (b)）。これは少なくとも3年間はそのまま実施され，その後合衆国司法会議は，他の裁判所と比べて費用と遅延がどの程度減少したかに関する第三者機関による評価を含む，このプログラムの成果の報告書を1995年12月31日までに上下両院の司法委員会に提出するものとされた（同条(c)(1)）。この報告書の中で，合衆国司法会議は，パイロット地区以外の地方裁判所が473条(a)の「方針ないし指針」をそれぞれの計画の中に取り入れるべきか否かについて，勧告しなければならない。取り入れるべきであると勧告する場合には，その勧告を実施するための規則制定手続を開始しなければならず，そうでない場合には，「それに代えて実施すべきより効果的な費用と遅延の減少計画を勧告しなければならず」，その実施のための規則制定手続を開始することになる（同条(c)(2)）。パイロット・プログラムの成果に基づく判断権を与えられた合衆国司法会議がどのような報告書を提出するか，注目されるところである。

　パイロット・プログラムとは別に，合衆国司法会議は，五つの地区で，立法者がとくに重点をおいたと思われる費用と遅延の減少策を実験する，デモンストレーション・プログラムを実施すべきものとされた。すなわち，ミシガン州西部地区およびオハイオ州北部地区では，「ディスカヴァリおよびトライアルの遂行につき明らかに異別のルール，手続および時間的制限が適用される〔複数の〕処理軌道のうち，しかるべき軌道に事件を振り分ける，類型別事件管理」を，また，カリフォルニア州北部地区，ウェスト・ヴァージニア州北部地

ト地区に指定した（カッコ内は考慮されたと思われる主要都市）。すなわち，ニューヨーク州南部地区（ニューヨーク），ペンシルヴァニア州東部地区（フィラデルフィア），テキサス州南部地区（ヒューストン），ジョージア州北部地区（アトランタ），カリフォルニア州南部地区（サンディエゴ），ウィスコンシン州東部地区（ミルウォーキー），テネシー州西部地区（メンフィス），オクラホマ州西部地区，ユタ州地区，およびデラウェア州地区である。23 (No.4) The Third Branch 2 (April 1991).

区およびミズーリ州西部地区では,「代替的紛争解決策（ADR）をはじめとする民事訴訟における費用と遅延の減少のための種々の方策」を，実験的に試行するものとされた（104条(a), (b)）。その成果についての報告書も，1995年12月31日までに上下両院の司法委員会に提出しなければならない（同条(d)）。

(5) 早期実施地方裁判所

民事司法改革法は，実験的プログラムを実施する裁判所以外の地方裁判所についても，同法のすみやかな実施を考慮してであろう，「早期実施地方裁判所」というカテゴリーを設け，優遇することにした。すなわち，民事裁判の費用と遅延の減少計画を，1991年6月30日から12月31日までの間に開発し実施した地方裁判所は，合衆国司法会議によって早期実施地方裁判所に指定されることができ，かかる裁判所は，その計画の実施に必要な技術的人的サポートの資金および情報システムなどのリソースの追加を合衆国司法会議に申請できるものとした（103条(c)）。なお，パイロット地区の裁判所は当然に早期実施地方裁判所に含められる（105条(a)(2)）。1991年12月31日の時点で，全国94の連邦地方裁判所のうち，34の裁判所が早期実施地方裁判所に指定された（10のパイロット裁判所は当然として，その他に24の地方裁判所が申請に基づき指定されたが，後者には四つのデモンストレーション裁判所が含まれている)[89]。

これらの早期実施地方裁判所の採用した訴訟管理および費用と遅延の減少計画[90]から浮かび上がる特徴として，いくつかの点が指摘されている。すなわ

---

89) 具体的な地区名については，"Civil Justice Reform Act Status Report Sent to Congress," 24 (No.7) The Third Branch 4 (July 1992); Mullenix, The Counter-Reformation, supra note 43, at 349.

90) そのいくつかは一般刊行物にも掲載されている。たとえば，ニューヨーク州南部地区の計画について，Litigation and Administrative Practice Course Handbook Series: Litigation, Current Problems in Federal Civil Practice 1992: Civil Justice Expense and Delay Reduction Plan, February 19, 1992（WESTLAWで検索可能 431 PLI/LIT 805），テキサス州南部地区の報告書および計画について，Report and Plan: Civil Justice Reform Act Advisory Group of the United States District

ち，34 の裁判所のうちほとんどすべてが代替的紛争解決策（ADR）を採用しており，その多くは既存のプログラムを拡充強化したものである。最も多くみられる ADR 方策は，裁判官による和解カンファレンスと，裁判官または弁護士の調停人による裁判所付属調停である。10 のパイロット裁判所と二つのデモンストレーション裁判所を含む 24 の裁判所が，トラッキング方式を用いた何らかの形の類型別事件管理（DCM）を採用している。34 の裁判所すべてがディスカヴァリ・事件管理カンファレンスを採用しており，21 の裁判所が一定の基本的情報に関する強制的ディスクロージャー[91]を導入している。また，早期実施地方裁判所の相当数が，民事訴訟の遅延の主要な原因として，裁判官の空席の補充の遅れ，州法刑事事件の連邦法化，刑事事件の優先審理を要求する Speedy Trial Act などを指摘しており，裁判官，マジストレイト，ロー・クラークのさらなる増員を要請している[92]。

Court for the Southern District of Texas, supra note 79, マサチューセッツ州の計画について，Expense and Delay Reduction Plan, Massachusetts Lawyers Weekly, January 20, 1992（レポーターはアーサー・ミラー教授）．なお，諮問グループの報告や計画を基礎にした論文として，Linda S. Mullenix, Civil Justice Reform Comes to the Southern District of Texas : Creating and Implementing a Cost and [Delay] Reduction Plan under the Civil Justice Reform Act of 1990, 11 Rev. of Litigation 165 (Spring, 1992) ; Kim Dayton, Case Management in the Eastern District of Virginia, 26 Univ. of San Francisco L. Rev. 445 (Spring, 1992). 七つの早期実施地区の報告や計画の簡素な概観として，William K. Slate II, Early Implementation Districts : Pioneers and a Plethora of New Local Rules, 11 Rev. of Litigation 367 (1992). この概観によると，早期実施地区の報告には，遅延に関する検討に重点を置き，費用の問題には軽くふれるにとどまる傾向がみられ，それは民事司法改革法やその立法の基礎資料にみられる姿勢の反映ではないかという。Id. at 383-384.

91) 強制的ディスクロージャーとは，正規のディスカヴァリが行われる前に，相手方の要求なしに事件の基本的情報を開示することを両当事者に義務づけるという方策で，現在，次の連邦民事訴訟規則の改定案にも取り入れられている。詳しくは，伊藤眞「開示手続の理念の意義（下）―民事訴訟法改正への導入をめぐって」判例タイムズ 787 号 11 頁以下およびそこに引用の文献参照。なお，後掲注 105 参照。

(6) モデル計画，報告書，マニュアル

合衆国司法会議は，早期実施地方裁判所が開発実施した諸計画を基礎として，一つまたは複数の「モデル計画」を開発することができる。連邦司法センターの長および合衆国裁判所事務局長は，これに関して司法会議に対し勧告をすることができる。合衆国裁判所事務局長は，モデル計画を各裁判所および上下両院の司法委員会に送付しなければならない (477条)。早期実施地方裁判所以外の裁判所は，みずから計画を開発する代わりに，モデル計画を採用することもできるとされている (471条, 472条(a))。

民事司法改革法の立法の日から3年以内にすべての地方裁判所が費用と遅延の減少計画を実施に移さなければならないが，これをうけて，立法の日から4年以内に，合衆国司法会議は，各地方裁判所から送付されてきた計画のすべてについて，包括的な「報告書」を作成しなければならない。連邦司法センターの長および合衆国裁判所事務局長は，この報告書の作成に関して司法会議に対し勧告をすることができる。司法会議は，その報告書の写しを，各地方裁判所および上下両院の司法委員会に送付しなければならない (479条(a))。

合衆国司法会議は，訴訟管理および費用と遅延の減少の「マニュアル」を作成し，各地方裁判所にそれを送付しなければならない。連邦司法センターの長および合衆国裁判所事務局長は，このマニュアルの作成およびその後の改訂に関して，勧告を行うことができる。マニュアルの作成は，デモンストレーション・プログラム，パイロット・プログラム，および各裁判所が実施した計画を注意深く評価したうえでなされなければならず，また，マニュアルには，司法会議，連邦司法センターの長および合衆国裁判所事務局長が最も効果的と認める訴訟管理，費用と遅延の減少のための方針と方策，および，代替的紛争処理プログラムの説明と分析が含まれていなければならない (479条(c))[93]。

---

92) 24 (No.7) The Third Branch, at 4-5. なお, Mullenix, The Counter-Reformation, supra note 43, at 378-379 の notes 10-12 参照。

93) 民事司法改革法のこの命令に基づき，Manual for Litigation Management and Cost and Delay Reduction (Federal Judicial Center, 1992) が作成された。

(7) 司法官ごとの統計情報の公開

　民事司法改革法は，各裁判官・マジストレイトごとに，(i) 6 カ月以上係属している申立ての件数およびそれらの申立ての基となる各事件の名称，(ii)終結後 6 カ月を経過しても判決がなされていない非陪審トライアルの件数およびそれらのトライアルに係る各事件の名称，ならびに，(iii)申立て後 3 年経っても終了していない事件の件数および名称を明らかにする報告書を半年ごとに作成することを合衆国裁判所事務局長に命じており，これは一般に公開（available to the public）されなければならない（476 条）。この条文は「司法情報の普及の促進（Enhancement of judicial information dissemination）」と題されているが，下院でこのように修正される前は，「情報の普及による裁判官の責任感の高揚（Enhancement of judicial accountability through information dissemination）」となっていた。刺激的な表題だけは変わったが，中味については，上院司法委員会は，要件は相当緩和したものの，個々の裁判官ごとの統計情報の公開という基本線を押し通した。これは，この法律が定めるような積極的事件管理を推進してこそ事件処理の能率があがるのであるという信念から，それをしない裁判官にプレッシャーをかけるという狙いであろう。しかし，このような措置に対してはもちろん批判がないわけではない[94]。

Ⅳ　民事司法改革法の位置づけと展望

1．訴訟管理の潮流

　今世紀のアメリカの民事訴訟においては，「訴訟の推進者・管理者としての弁護士の役割の犠牲のうえに，裁判官がより多くの権限を付与され，より積極的になってき」ており，「昔の自由放任的態度に代わって裁判所の積極的な訴訟管理が最近明らかに強調されている……」。そして，このような「アドヴァサリ的性質を薄めていく潮流が……続くであろう」[95]と 1960 年代末に予言され

---

94)　Senate Hearings, supra note 22, at 318, 340.

たとおり，その後もアメリカの民事訴訟は，70年代・80年代の連邦民事訴訟規則改正を通じて訴訟管理ないし事件管理を奨励する道を辿ってきた[96]。1990年に登場した民事司法改革法の意図は，訴訟遅延と訴訟費用の減少のためには

---

95) ローゼンバーグ（大村訳）「21世紀のアドヴァサリ手続」ローゼンバーグ（小島＝大村編訳）・前掲（注74）26頁。なお，このような訴訟管理強化の傾向に対しては，伝統的な立場からするレズニク教授の批判があることは，周知のところである。Judith Resnik, Managerial Judges, 96 Harvard L. Rev. 374 (1982). これについては，注96の諸文献参照。

　アーサー・ミラー教授は，激増する訴訟に対処するために裁判官による事件管理を積極的に推進すべきであるとする。弁護士は依頼者の利益を最大限に守るためにあらゆる手段を使い，また，時間制報酬の場合はディスカヴァリに弁護士の経済的誘因も働くから，プリトライアル手続において弁護士が協力精神に基づいて行動することを期待するのは非現実的であり，この段階を弁護士任せにせずに裁判官が積極的に関与する必要があるという。Miller, supra note 10, at 14-16. そうすると，アドヴァサリ・システム自体の再吟味が必要になる。ミラー教授は，アドヴァサリ・システムは公正な裁判のためのメカニズムにすぎず，それ自体が目的ではないから，より正確で効率的な手続があれば柔軟な姿勢をとるべきだといいつつ，反面，気がついたらアドヴァサリ・システムを解体してしまっていたということにならないよう，用心しなければならないともいう。Id. at 35. これは，裁判官による事件（ないし訴訟）管理はアドヴァサリ・システムに対する修正原理にとどまり，代替原理ではないことを示唆するもののようである。民事裁判改革法が促進しようとする事件管理は，とりわけプリトライアル段階において事件を停滞させずにいかにして効率よく動かし続けるかという，手続進行面の考慮—これがすべてではないが，しかしこれ—を中心とする原理ないしは政策であるように思われるので，訴訟資料の提出に関する当事者責任は，基本的に維持されることになろう。

96) もっとも，連邦規則自体は訴訟管理に道を開きこれを奨励する程度の役割しか果たしておらず，訴訟管理は主として訴訟実務の中から育ってきたというべきであろう。アメリカにおける事件管理ないし訴訟管理の強化の動向を紹介する文献はすでにある程度発表されているので，これらを参照されたい。小林秀之『アメリカ民事訴訟法』205頁以下（弘文堂，1985年），加藤新太郎「管理者的裁判官の光と影—アメリカ合衆国における議論の展開」ジュリスト953号103頁，マリリン・バーガー（吉野正三郎＝安達栄司訳）「アメリカ合衆国における裁判官の役割—管理者か，それとも単なる審判者か」ジュリスト953号109頁，山本浩美

裁判官による積極的介入が有効であるという立場から，従来基本的には裁判官の裁量にゆだねられていた訴訟管理を，法律による強制によって，より広く普及させることにあったといってよかろう[97]。訴訟管理および費用と遅延の減少に関する六つの「方針と指針」は，その大部分は従来から司法部内で実験的に試行されてきたさまざまな方策に基づいて立案されたものとみられ[98]，連邦民事訴訟規則と重複する面もある。また，事件管理を積極的に推進してきた裁判官や裁判所は，この法律によって特段大きな影響を受けないとみられている[99]。したがって，民事司法改革法の意義は，各裁判所が訴訟管理のさまざま

「裁判官による訴訟管理（一）──弁論兼和解と釈明権を中心として」上智法学 33 巻 2・3 合併号 171 頁，安達栄司「アメリカ合衆国における審理の充実と訴訟促進の動向──管理者的裁判官論を中心に（一）・（二完）」民商法雑誌 103 巻 5 号 735 頁，同 6 号 912 頁。

　　ただ，巨視的にみると，アメリカの場合は当事者主義（アドヴァサリ・システム──これは弁護士対立主義といったほうが実態に近いかもしれないが，弁護士はあくまで代理人である）が訴訟のあらゆる局面で徹底されたところからスタートして，連邦民事訴訟規則の制定および改正を通じ，デュー・プロセスの理念を背景として民事訴訟手続の技術性の緩和とディスカヴァリの導入・拡充を中心とする現代的改革が進められ，その中で生じたプリトライアルの肥大化・非効率化に対処し，訴訟進行を促進するために裁判官による事件管理が徐々に加味・強化されてきているのに対し，わが国では，もともと手続進行面では職権主義がずっと維持されてきているだけでなく，事案の解明という面においても，戦後当事者主義が強調されたにもかかわらず，整然かつ活発な弁論に象徴されるような当事者主義が成熟しないうちに，協働主義的発想でか，新たな道を模索しているというのが現状であるように思われる。もし，そのようにみることができるとすれば，アメリカでの訴訟管理ないし職権強化の動きは，このような基本的流れの違いを踏まえて観察する必要があろう。

97) 1983 年の連邦民事訴訟規則改正は，裁判官による積極的な事件管理を強力に推進したとみられているが，「消極的な裁判官は，1983 年の改正以降も，決して能動的・積極的態度に変わったわけではありません。その意味で，失敗と言えば失敗と言えるでしょう」という評価がある。前掲（注 37）「研究会・米国における民事司法の動向──日本の民事訴訟法改正作業との関連において」79 頁におけるハザード教授の発言。

98) "Implementation of the Civil Justice Reform Act of 1990," supra note 78, III-B.

な試みをバラバラに実施しているという状況[100]から脱皮して，これを全国に広く普及させるとともに，遅延と費用の減少を目標とする多面的・総合的施策によって相乗効果をあげようとするところにあるといってよいであろう[101]。

---

99) Plotnikoff, supra note 24, at 244.
100) これまで訴訟管理の傾向がどの程度広く深く普及していたかは，何を基準に判断するかにもよるが，評価の難しい問題のように思われる。一方で，先覚者的裁判官などによる事件管理に関する詳細な論稿や各地の裁判所での革新的試みの報告がいくつもある反面，連邦地方裁判所における訴訟管理の技術はまだ胎児の段階にあるという見解（バーガー〔吉野＝安達訳〕前掲〔注96〕115頁）や，裁判官による事件管理を推進しようとした1983年の規則改正は「失敗」だったという評価もある（前掲注97参照）。今回，民事司法改革法の下で早期実施地方裁判所に指定された地区が34，法律上当然に指定されるパイロット地区を除くと24地区あった。早期実施地方裁判所はおそらく訴訟管理に積極的で，何らかの蓄積をすでにもっていたところがかなり多いであろうから，それが全体（94地区）に占める割合は，訴訟管理の普及度を示す指標の一つといえるかもしれない。もちろん，早期実施のグループに入るか否かの決定は別のさまざまな要素にも影響されるであろうし（テキサス州西部地区のように諮問グループの報告書の作成が，10ヵ月前後で提出という短期のタイムリミットに間に合わなかったというところもある），また，たとえば，「多くの扉をもつ裁判所」で知られるワシントンDCをはじめ，シカゴ，ロサンゼルスといった大規模な裁判所が早期実施地方裁判所に加わっていないので，これはあくまで参考値でしかない。Randall Samborn, The Battle Escalates on Reform : Will Case Management Measures Work?, National L. J., March 2, 1992.
101) ちなみに，マレニクス教授は，民事司法改革法の制定過程やその法理論的側面，また，諮問グループによるプラン勧告という改革手法について，これまでたびたびふれてきたように批判的であるが，直接伺ったところによれば，それでも，同法が民事訴訟手続の改革に相当な効果を発揮するであろうと予測している。
　なお，民事司法改革法は「病んでいない裁判所にまで薬を処方する結果を招いている」という意見もある。すなわち，モンタナ州地区の諮問グループはディスカヴァリの濫用を抑制する手続を勧告したが，同州の実務においてはそのような濫用対策を必要とする現実は存在しないという。Samborn, supra note 100.

2．改革ラッシュによる弊害のおそれ

「民事司法改革のパレードは強引に押し進んでおり，国家の三つの部門がそれぞれ自分が舵取りをしようと競い合っている。同じような目標を追求しながら……」[102]。このうち，行政府（ブッシュ＝クエール政権）による改革提案は，その法案 Access to Justice Act of 1992 の不成立で，一応立ち消えた。立法府主導の提案は，民事司法改革法として成立し，今実施されている。これと競合的に動き出した司法部による連邦民事訴訟規則の改正作業は，民訴規則諮問委員会および訴訟規則常任委員会の手を経て合衆国司法会議がその改正案を承認し（92 年 9 月），実質的な段階を終了しており，現在合衆国最高裁がこれを議会に送付するかどうかの検討をしている[103]。民事司法改革法に基づいて全国規模の壮大な実験的改革が動き出したばかりのところに，相当実質的な変更を含む大がかりな規則改正が重なるのであるから，両者の競合による混乱が心配されるのは当然であろう[104]。

この連邦規則改正案でとりわけ論争の的になっているものとして，ディスクロージャーの導入案（26 条改正）がある。これによると，両当事者は，訴訟のきわめて早期の段階で，訴答書面で争いになった事実に関連する証拠情報（証人の住所・氏名や文書の説明・所在場所または写しなど）を，自己に不利なものも含めて，相互に交換することを義務づけられ，この義務を果たさない者はあとのディスカヴァリの要求をすることができないものとされている[105]。ところが，

---

102) Samborn, supra note100.
103) Carl Tobias, Collision Course in Federal Civil Procedure, Legal Times, October 19, 1992.
104) Carl Tobias, Alter U. S. Civil Law Carefully, National L. J., June 15, 1992.
105) この初期ディスクロージャーによって得られた資料が，スケジューリング・カンファランスでその後のディスカヴァリその他プリトライアルのスケジュールを決める資料ともなることが期待されているようである。Preliminiary Draft of Proposed Amendments to the Federal Rules of Civil Procedure and the Federal Rules of Evidence, 137 F. R. D. 53, 67, 101 (1991).

早期実施地方裁判所のうち 20 地区の費用と遅延の減少計画が何らかのディスクロージャーを既に採用しており，しかも，その規定の仕方が規則改正案と種々の点で異なっている。そのため，このままの形で規則が改正された場合，ディスクロージャーに関して混乱が生じることを裁判官が懸念しているという[106]。民事司法改革法が先行してこれに基づく種々の実験的改革がなされ始めたばかりであるので，その評価がすむまで，規則によるディスクロージャー導入を延期すべきであるという要請がいくつかの地区やABA訴訟部会等からなされ，規則諮問委員会も一時は見送りを決めたが，委員会内部の強硬派の巻き返しで復活したという経緯がある[107]。最高裁がこの部分をも含めて議会に規則改正案を送付するかどうか，注目される。

3．司法会議の責務

民事司法改革法は，そのオリジナルの姿（法案）から判断すると，従前の民

なお，ディスクロージャーは，依頼者の代理人としてその利益を最大限に守るという弁護士の伝統的な倫理義務（ないしはアドヴァサリ・システム）を後退させて，裁判所のオフィサーとしての弁護士の役割ないし裁判所に協力する義務を強調するというフィロソフィーの転換を背景にしており，そこから生ずるさまざまな問題のために，弁護士からはかなり強い反対が表明されている。たとえば，Laura A. Kaster and Kenneth A. Wittenberg, Rulemakers Should Be Litigators, National L.J.,August 17, 1992. 弁護士の役割という観点からだけでなく，当事者の立場からみても，ディスカヴァリは，一方の当事者の権利として相手方に情報開示を要求することが認められ，相手方はそれに答える義務があるとして，あくまで当事者のイニシアチブの下に構成され，当事者対立主義の地平で観念することができよう。これに対してディスクロージャーは，どうせディスカヴァリでルーティンに要求される事柄については，一歩進めて要求を省略して迅速に提出させようという実際的考慮に基づくとはいえ，各当事者の裁判所（ないしは裁判制度）に対する義務として構成されざるをえず，当事者対立主義の構図からはみ出す異質の性格をもっているように思われる。なお，前掲注 91 の伊藤論文参照。〔規則改正によるディスクロージャーの導入については，本書第 1 章を参照されたい。〕

106) Tobias, supra note 103.
107) Ibid.

事訴訟制度改革が非常に慎重に一歩一歩なされており，なかなか抜本的かつ迅速な改正に至らないことに業を煮やした外野席が，訴訟の効率化を目標とし，民主的手法[108]を旗印に改革の現場に強引に踏み込んできた，という観を呈している。これは，司法部によるこれまでの改革が社会の期待に十分応えきれなかったという側面があることを示唆するが，他方，民事司法改革法の動機に政治的意図が含まれていたという批判があることも確かである[109]。ただ，動機と現実の動向とが必ずしも一致するとはかぎらない[110]。

今後，全国の連邦地方裁判所で同法に基づく訴訟改革がどのような成果をあげるかは，まだ即断できないが，同法の命ずるところにより合衆国裁判所事務局長が半年ごとに提出する報告書によれば，事件処理のスピードアップという点では，早くもその効果が出てきているようである。すなわち，1991年9月段階に比べて1992年3月の時点では，6カ月以上係属している申立ての件数

---

108) 民事司法改革法は，諮問グループのプラン策定を通じて，裁判制度の利用者の視点を取り入れた改革，つまり民主的な改革を標榜したが，諮問グループがどのようにその任務を実行すればよいのか，組織面や手続面におけるその実際的・具体的な手当を欠いたために，諮問グループを通じての民主的改革といってもそれは名目にすぎず，本音は，司法部による訴訟制度改革とは別系列の訴訟制度改革のルート作りにあるのではないか，（しかもそのルートは産業界等のロビーイングの影響を受けやすい）という批判を生むことになった。Mullenix, The Counter-Reformation, supra note 43, at 400-407.

また，各地区ごとの諮問グループの勧告に基づいてローカル規則で訴訟手続やその運営の重要な部分を決められるという，民事司法改革法の手法は，訴訟規則のバルカン化（異なる内容のローカル規則の族生）を推進し，弁護士が別の地区で訴訟に携わることをますます困難にするという批判もある。Tobias, supra note 104.

109) 民事司法改革法は結局大企業・保険業界の利益を擁護しようとしていると断定するものとして，Mullenix, The Counter-Reformation, supra note 43, 438-439. なお，前掲注42・43の本文参照。

110) 民事司法改革法案の提出後，企業団体だけでなく，労働組合や反企業グループからも，同法案に対して支持があったという。Richard A. Rothman, Civil Justice Reform Act : Too Little, Too Fast, New York L. J., April 17, 1990. もっとも，司法部や弁護士団体が反対の立場をとったことは先に述べたとおりである。

が全国平均で7パーセントの減少をみ,パイロット地区だけでみると17パーセントも減少しており,また,3年以上係属している民事事件の数は,同期間に全国平均で5パーセント,パイロット地区では13パーセント減少したという[111]。ただ,効率的で迅速な裁判は理想であるが,もし効率一辺倒や迅速至上主義に陥ると,将来的には裁判の質に関する懸念が生まれて来ないともかぎらない[112]。

ともあれ,民事司法改革法は,前例のないほどの大規模な実験的プログラムを3年間実施し,その結果を踏まえて,同法の定める「方針と指針」を全国に普及させるか否かを判断する——そして,普及させないのであれば,それに代わるより実効的な計画を提示する——期限付きの責務を,合衆国司法会議に負わせた。95年12月末までに提出される予定の合衆国司法会議の報告書が,民事司法改革法による民事訴訟制度改革の行方を定めるものとして注目される。

---

111) "Report Shows Decline in Pending Cases and Motions," 24 (No.9) The Third Branch, 12 (Sept. 1992).
112) オリバー・ウェンデル・ホームズによると,裁判の適正度は,「期間が過度に短ければ質は低いが,期間が適当だと適正度はずっと上がり,過度に長期化すれば適正度は逆に下がってくる」という。小島武司「民事訴訟改革の基本問題」法曹時報43巻3号621頁。なお,事件の洪水を処理するために効率追求が高じると,「効率は裁判所の望ましい属性ではあるが,裁判制度はそれを目的として設けられたわけではない」(Charles A. Wright, Procedural Reform: Its Limitations and Its Future, 1 Georgia L. Rev. 563, 578 (1967)) という指摘が思い起こされる日が来るかもしれない。しかし,少なくとも当分の間は,訴訟制度の効率の要請が,時代とともに,相対的にその比重を増すであろうことは否定できないと思われる。

2 アメリカ民事司法改革の最近の動向

I はじめに

　アメリカでは，もともと法改正や制度改革のスピードが日本よりも速いが，民事司法改革の動きは最近ますます急速になっているように思われる。
　かつてアメリカは，いかにして裁判所の門戸を開き，市民に裁判へのアクセスを保障するかに腐心してきたのであるが，そのせいか，1970年代から「訴訟爆発」とも称されるほど訴訟件数が急増しているといわれ，80年代に入るとアメリカの経済競争力の低下に対する危機感が引き金となり，民事訴訟制度や弁護士が批判の槍玉にあげられるようになった。すなわち，なにか問題があるとすぐ訴訟を起こしたがる国民性や，それを可能ならしめている全面成功報酬制度・懲罰的賠償・広範なディスカヴァリ・クラスアクション・弁護士人口の多さなどの制度的諸条件を背景として，消費者による製造物責任訴訟や独禁法訴訟によって企業が犠牲者にされてきたという（このような見方が果たして適切なものかどうかはアメリカでも異論がないわけではない。訴訟爆発論をめぐる論争については，たとえば，拙稿「米国における民事裁判の現況と改革の動向（上）」国際商事法務21巻5号517頁参照〔本書125頁以下に所収〕。なお，訴訟爆発に関連して訴訟遅延の「悪化」論が大勢を占めているが，少なくとも連邦レベルでは，新受件数の増加にもかかわらず，事件の平均処理期間にはまったく変化がなかったという統計的研究もある。第1審については，拙稿「同前（中）」同21巻6号687頁・「同前（下）」同21巻7号845頁に紹介したランド・コーポレイション報告書，上訴審については，M. C. Gizzi, Examining the Crisis of Volume in the U. S. Courts of Appeals, 77 Judicature 96

(1993) 参照。州レベルでは，全国的な研究はないようである）。

ともあれ，最近の，とりわけ1990年以降のアメリカの司法改革の動機は，従来の方向に対する反動ともいうべきこのような考え方にかなり影響されている面もある。その一つの典型が1991年に発表されたAgeda for Civil Justice Reform in America（競争力に関する大統領審査会報告書「米国の民事司法制度改革に関する提案事項」判例タイムズ773号28頁）であった（なお，この報告書に基づく法案Access to Justice Act of 1992が議会に提出されたが，成立にいたらなかった。この法案の内容については，小林昭彦「米国の民事司法制度改革法案の概要」NBL 498号6頁参照）。

しかし，わが国の司法改革を考えるにあたっては，アメリカとは異なり，むしろ消費者・市民を犠牲にして経済力をのばしてきたともいわれる従来の経緯，また訴訟爆発をおそれるほどの制度的諸条件も乏しいことから，当面は裁判所へのアクセスを促進することのほうに重点を置く必要があろう。

II 民事司法改革法の制定

アメリカは広大で，多様な顔を持っている。民事司法の改革にしても，きわめて多面的に行われており，全貌を捉えるのは容易なことではない。ここでは，ADR（代替的紛争解決）とディスクロージャーを一瞥することにしたい。いずれもプリトライアル手続の改善に関係するもので，最近喧伝される裁判官によるケース・マネジメントとも密接な関係がある。

ちなみに，連邦の民事訴訟制度に関して，1990年に民事司法改革法（Civil Justtice Reform Act of 1990）（CJRA）が制定されたが，これは，従来の連邦民訴規則の改正によっては実効があがらないとして，議会が主導権をとって司法改革に乗り出したものである。この法律によって，すべての連邦地方裁判所が「民事裁判における費用と遅延の減少計画」を93年12月から策定・実施することが義務づけられ，その「計画」の中でADRの促進や効率的なディスカヴァリの促進のための策を講じるべきものとされている。内容的には目新しいものは

少ないが，従来，ADRやディスカヴァリなどの改革の試みが各地の裁判所でバラバラに行われてきたのを，全国的規模でまとめあげ，効果的なシステムを作り上げて，それを広く普及させるための基盤を整備した法律といってよい。そのために，95年末には合衆国司法会議が包括的な報告書を提出することになっている（詳細は，前掲拙稿参照）。

Ⅲ　ADRの普及

　ADRは，トライアルという方法によるのでは多大の時間と費用がかかるというので，それ以外の方法で効率的に紛争を処理するために，最近とみに多用されている。これがなければアメリカの裁判所は直ちにバーストしてしまうであろう。ADRには裁判所内のものと裁判所外のものがある。裁判所内ADRとして，和解カンファランスにおける勧試のほか，裁判所付置の強制仲裁（裁定に拘束力はない），陪審の評決をシミュレーションするサマリ陪審トライアル，裁判所の選任にかかる弁護士による早期中立的評価などがあり，いずれも提訴後の和解の成立に相当な効果をあげている。また，種々の民間団体（ADR会社）が仲裁，調停，ミニトライアルなどの裁判所外ADRを行っている（ADRについては精力的に紹介されている。最近ではたとえば，林田学「ADR―1992年」民事訴訟雑誌39号183頁，同「アメリカにおける紛争解決のための新たな戦略」ジュリスト1012号88頁，濱野惺「カリフォルニア裁判所見聞記」判例時報1410号3頁）。

　ところで，最近アメリカでは，政府や立法者はADRの効率性のメリットばかりを強調する傾向があるように見受けられる。しかし，もともとADRには訴訟にはない紛争解決特性があったことを忘れてはならないし，また他方，とりわけ裁判所の命令による強制的ADRについては，当事者自治や公正の原則の観点から，その手続や当事者の関与のあるべき形態についての検討も行われている（たとえば，E. Sherman, Court Mandated Alternative Dispute Resolution : What From of Participation Should Be Required?. 46 SMU L. Rev. 2079 (1993)．なお，アメリカのADRの背景分析については，野村美明「アメリカにおける裁判所外の紛争処理」北

大法学論集 42 巻 4 号 107 頁が詳しい)。

Ⅳ　ディスクロージャー制度の導入

　ディスカヴァリはアメリカの民事訴訟の一大特徴となっているが，証拠が一方の当事者に偏在している場合に，事実関係の解明のためになくてはならない機能を発揮しているとともに，反面では，過度に行われたり濫用されると当事者にとって大きな負担となり，不当な和解の事実上の強要にもなりかねない両刃の剣であることは，周知のところである（たとえば，濱野・前掲参照）。したがって，ディスカヴァリの制限や効率化が叫ばれ，連邦民訴規則の改正もこれに配慮してきたが，実効をあげ得なかった。1993 年 12 月 1 日から効力を生じた今回の改正規則 26 条は，新たな改革の方法としてディスクロージャー（disclosure）義務を導入した（伊藤眞「開示手続の理念と意義（下）」判例タイムズ 787 号 11 頁，本書第 1 章参照）。この制度は若干の連邦裁判所のローカル規制では既にある程度採用されており，州裁判所で近時導入したところもある。前述の CJRA のスキームでも相当数の連邦地裁が実験的に実施してきた。

　連邦規則が採用したディスクロージャーの要点は，訴状・答弁書等で争点となっている事実に関連する所持文書の写しやリスト，証人のリストなどの提出義務を両当事者に課することによって，その後の無駄なディスカヴァリを省き，これを効率化するところにあるといえよう。これに関連して，証言録取書（デポジッション）や質問書の数量的制限もついに明文化された。ディスクロージャーの発想は，裁判所ないしは裁判制度に対する弁護士の義務を強調し，有利・不利を問わず基本的な情報の提出義務を課すところから，伝統的なアドヴァサリ的思想に反するとして，また，新たな手続上の争いを生むとして，導入提案には批判が強かった。改正規則 26 条は，このような反対論とのせめぎあいの過程で相当緩和された内容になっていったこともあって，これがディスカヴァリの合理化にどの程度成果を挙げるかは，今後の実施状況の調査分析を待たなければならない。

第4章

比較民事手続各論

[第4章解題]

　本章の1つめの論稿は，比較司法制度論的要素をある程度含んでいることから，本書に収録することにした。偏頗の恐れのある裁判官の忌避制度について，忌避権の実質的保障という観点から小島武司教授が提唱された忌避事由開示義務説を解釈論として基礎づけようとしたものである。平成民訴法改正によって裁判官の回避制度は民事訴訟法（旧47条）から民事訴訟規則（12条）へと移され，司法行政上の措置としての性格がより明確になり，佐々木吉男教授が提唱された回避義務は，訴訟法上の義務としてはますます認めがたくなったといえよう。平成民訴法以前に執筆したものであるので，引用条文の表記を最低限必要な範囲で修正した。

　2つめの論稿は，大昔に書いた助手論文である。アメリカにおける（任意的）当事者変更の実情を探究したもので，それに関連して，当事者適格（real party in interest, standing, 訴訟担当），当事者概念，訴訟書面修正，訴訟物概念などについても論及した研究である。助手時代のこのような基礎研究的な論稿を収録することには躊躇もあったが，アメリカにおける（任意的）当事者変更については，当時も今も，日本ではほとんど誰も研究したことがないのではないかと思われるので，古くても資料的な価値はあろうと考えて取り上げることにした次第である。〔なお，当事者の確定という視点からの研究として，藤本利一「アメリカ法におけるMisnomer法理の展開と当事者確定理論（1）・（2）」民商法雑誌110巻2号97頁，同3号100頁（1994年）がある。〕

1 公平な裁判所
――忌避権の保障をめぐって――

I　はじめに

　「何ぴとも自分自身の事件について裁判官となることはできない」という古来の法格諺に象徴されるように，公平な裁判官（ないしは裁判所）の保障は，時代と国を問わず，司法制度の要諦と考えられてきた[1]。今日，ヨーロッパのいくつかの国では「法律の定める裁判官」による裁判を受ける権利が憲法で保障され[2]，アメリカでも，合衆国憲法修正 5 条・修正 14 条のデュープロセス条項は「公正な裁判所における公正な審理」を要求するものとされている[3]。また，公平な裁判官（裁判所）の保障は，いわゆる国際人権 B 規約 14 条 1 項などによって国際的にも宣言されるにいたっている[4]。このような趨勢に照らすと，日本国憲法 32 条の「裁判を受ける権利」の中にも，公平な裁判所の裁判を受ける権利の保障が理念的に含まれているとみることが許されよう[5]。

---

1)　M. カペレッティ（小島武司＝大村雅彦訳）『手続保障の比較法的研究』（中央大学出版部，1982 年）4 頁，24 頁。
2)　カペレッティ・前掲 23 頁，90 頁（たとえば，ボン基本法 101 条 1 項第 2 文，イタリア憲法 25 条 1 項など）。「法定の」ないしは「自然の」裁判官の保障の内容につき，同書 90-91 頁，シュワーブ／ゴットヴァルトほか（石川明・出口雅久編訳）『憲法と民事手続法』（慶應義塾大学出版会，1988 年）36 頁以下，竹下守夫・憲法判例百選 II〔第 2 版〕263 頁。
3)　In re Murchison, 349 U. S. 133, 136 (1955).
4)　カペレッティ・前掲（注 1）74 頁。

ここで取り上げようとする個別事件における偏頗のおそれある裁判官の排除の制度は，公平な裁判官の憲法的保障を具体化する役割を有するものである[6]。もっとも，その具体的な実定法的規制のあり方は，国によってかなり異なりうる[7]。わが国の民事訴訟法（以下条数のみ示す場合はこれである）（旧）35条～44条（現行23条～26条）の規定は，その原型をドイツ民事訴訟法41条～49条に有する。これら両国では，不公平の疑いある裁判官の排除の制度は除斥・忌避・回避という三種類の方法に細分化されている。日本法の構成に即していうと，除斥は，裁判官に法定の原因があることによって法律上当然に当該事件の職務執行が許されなくなる場合であり（35条〔現行23条〕），忌避は，それ以外に裁判の公正を疑わせる事由があるときに，当事者の申立てに基づき裁判によって当該事件の職務執行が許されなくなる場合であり（37条〔現行24条〕），回避は，除斥・忌避の事由があるときに裁判官が自発的に当該事件の職務の執行から退く場合（43条〔現行規則12条〕）である[8]。これに対し，たとえ

---

5)　中野貞一郎「民事裁判と憲法」『講座民事訴訟第1巻』5-6頁（弘文堂，1984年）。また，日本国憲法37条1項は刑事事件について「公平な裁判所の……裁判を受ける権利」を定めているが，民事事件にもその趣旨は妥当するというべきであろう。村井敏邦「忌避制度の運用」刑事訴訟法の争点46頁。

6)　Vgl. B Verf GE 21, 139 ; 30, 149. Cf. In re Murchison, supra note 3. 東京地判昭和33年6月30日行裁例集9巻6号1262頁，1284頁。シュワープ／ゴットヴァルトほか・前掲（注2）41頁，ペーター・アレンス（石川明訳）「民事訴訟法の基本原理」民事訴訟雑誌27号13頁。なお，中野貞一郎「公正な手続を求める権利」民事訴訟雑誌31号23頁は，除斥・忌避が憲法上のいわゆる「公正手続請求権」の影響下に位置づけられることを示唆される。

7)　シュワープ／ゴットヴァルトほか・前掲（注2）41頁によると，「細目の具体化は，通常，立法者に委ねられている。すなわち，これらの原理・原則が，一般的に顧慮されなければならないという点だけが憲法上保障されている。」

8)　以上はドイツ法でも基本的に同じであるが，除斥原因あるときもそれ以外の偏頗事由あるときも当事者の申立ては忌避申立てとされること（§42 ZPO），回避は監督裁判所の許可でなく忌避管轄裁判所の裁判で決すること（§48 ZPO）などの点で，ドイツ法は日本法と異なる（日本の明治民訴法はこれらの点ではドイツ法と同様であった。）。

ばアメリカ法（連邦）はこのような明確な三分類を用いず，この三分類との対比でいうならば回避に近い self-disqualification という方法を原則としている[9]。

その他の国の制度についてはここで触れることができないが，偏頗のおそれある裁判官の排除の制度およびその運用は，各国の司法をめぐる状況や法文化とおそらく密接に関連する問題であり，わが国の理想の制度を考究するにあたっては，各国の社会的背景の中におのおのの制度を位置づけた比較法的研究が有意義であろう。しかし，今はこれを将来の課題とせざるを得ない。本稿では，日本の除斥・忌避・回避の制度についての解釈論を中心として考察する。

II　忌避制度検討の視角

偏頗のおそれある裁判官の排除制度のうち，わが国でこれまで議論が最も多かったのは忌避であるが，日本の忌避制度はかなり研究のしにくい領域であろ

---

[9]　合衆国司法法典 455 条（28 U. S. C. § 455）がこれを定めている。同条は，(b)項でわが国の除斥原因に相当する—しかしこれよりもかなり広範な—個別的事由を列挙するとともに，(a)項ではそれ以外に裁判官「の公平が疑問とされる相当の理由がある」場合というきわめて抽象的な要件を掲げ（もっとも，(b)項(1)号も「個人的な偏頗または偏見」という概括的な要件をあげているが），いずれの場合も裁判官は自分自身を disqualify しなければならないと定める（回避義務）。両者の差異は，(b)項の場合には裁判官が自己を disqualify しないことに対する当事者の異議権の放棄（喪失）が認められないのに対し，(a)項の場合には，裁判官による disqualification の事由の十分な開示を条件として，異議権の放棄（喪失）が認められることにある（同条(e)項）。この制度は回避に近いと本文で述べたが，除斥・忌避との類似性も看取できよう。なお，このほかに，28 U. S. C. § 47, § 144 も除斥・忌避・回避に関わる。

以上のアメリカ法制についての詳細な紹介として，山城崇夫「除斥・忌避・回避の基礎研究—アメリカ合衆国における展開を中心にして」比較法雑誌 15 巻 2 号 127 頁，中村治朗「米国の裁判官審理関与排除制度瞥見（上）・（下）」判例時報 1178 号 3 頁，1179 号 3 頁がある。これらの紹介後に著された興味深い理論的研究として，J. Leubsdorf, Theories of Judging and Judge Disqualification, 62 N. Y. Univ. L. Rev. 237 (1987).

う。その一因は，この分野の判例がきわめて偏った姿でしか存在しないことにある。すなわち，一方では，忌避が問題となりそうなケースでは裁判官が先回りして回避（しかも，いわゆる事実上の回避）[10]をしてしまう傾向が強いために忌避申立ての数自体が多いとはいえないし[11]，他方で，忌避申立てのあったケースのほとんどは裁判官の訴訟指揮のやり方をその理由としており[12]，しかも訴訟指揮ないし訴訟上の措置は，それだけでは忌避事由となりえない[13]とされているために，現実に忌避申立てが認容された例は皆無に近い[14]。むしろ，濫用的な忌避申立てをいかに簡易迅速に斥けるかという角度から忌避制度が論じられることが多かった[15]。そこでは，迅速・円滑な訴訟運営をいかに確保・維持するかという，それ自体としては訴訟法理論のめざすべき理念の一つが追求されてきた。しかし，反面，そのことに急なあまり，(a)忌避権ないしは公平な裁判所で裁判を受ける権利の実質的保障という観点からの検討や，(b)忌避事由の範囲の合理的な画定[16],[17]がややなおざりにされてきた感がある。そして，近

---

10) 畔上英治「忌避試論(2)」法曹時報13巻1号16頁，18頁，佐々木吉男「担当裁判機関の公正の担保」『講座民事訴訟第2巻』71頁（弘文堂，1984年）。

11) 佐々木・前掲（注10）72-73頁。

12) 畔上「忌避試論(1)」法曹時報12巻11号10頁。

13) 最一小決昭和48年10月8日刑集27巻9号1415頁，札幌高決昭和51年5月20日判時820号78頁，東京高決昭和53年7月25日判時898号36頁。

14) 斎藤秀夫編著『注解民事訴訟法(1)』210頁（第一法規，1977），佐々木・前掲（注10）74頁，菊井維大＝村松俊夫『全訂民事訴訟法Ⅰ』180頁（日本評論社，1978），松浦馨「裁判官の除斥・忌避」『民事訴訟法演習Ⅰ（旧版）』29頁（有斐閣，1974）。

15) 刑訴法24条に準ずるいわゆる簡易却下を認める立場が判例・通説となっている。刑訴における簡易却下制度につき，桜田勝義「忌避権の濫用とその対策」民事訴訟雑誌16巻34頁。

16) たとえば，前審関与（35条6号）に類する忌避事由などは再検討されてもよいだろう。畔上・前掲（注10）18頁。大正15年改正の過程においては，仲裁関与のみならず，調停関与や和解関与も除斥原因に加える案があった（民事訴訟法改正調査委員会速記録〔後編〕14頁）。菊井＝村松・前掲（注14）147頁はこれらの場合には公平の見地から裁判に関与しないほうがよいとするが，忌避理由とな

時，(a)の観点から二つの注目すべき提唱[18]がなされたことは，周知のところであろう。本稿は，これら先達の理論に啓発されて，従来の通説の問題点の検討と新しい理論の評価をわたくしなりに試みるものである。

ところで，公平な裁判所で裁判を受ける権利は，最近の手続的正義の思想に照らして，その意義が再認識される必要がある。仮に偏頗の原因たる事由があっても，有能な裁判官であれば個人的な利害などを捨象して公平な裁判をなしうるであろうし，それが当然の要請でもある。しかし，たとえそれができたとしても，手続が偏頗の原因ある裁判官によって——とりわけ，そのことについての当事者の了解なしに——主宰されたのであれば，訴訟制度利用者・国民の疑惑を払拭しがたい。いいかえれば，手続的正義の観点を看過することができないのであって，近時，手続による正統化ないし手続的正義の重要性が承認されつつあり，双方審尋主義等に代表的に表現される関係人の手続参加がその中心的内容とされるが，この手続参加を意義あらしめるためには参加の場としての裁判所の公平が重要な前提となる[19]。すなわち，裁判官に偏頗の原因がある

　　りうるかには触れていない。また，再審の場合，主張される再審事由によっては（たとえば420条1項4号）忌避理由になりうるというべきであろう。Stein-Jonas-Leipold, ZPO 20. Aufl., §42 II Rdnr. 10.

17) 染野義信＝森勇「裁判官の忌避」小山ほか編『演習民事訴訟法（新版）』171頁（青林書院，1987）は，簡易却下否定説の立場から，忌避事由の類型化こそが急務と指摘する。ただ，裁判官が特定の信条や法的見解を公表することを「第一に類型化されるべき忌避事由」とするのは問題のあるところである。Vgl. Wassermann, ZPO, §42 Rdnr. 9-13. 小島武司「裁判の本質的特性としての公平（中）」法学セミナー1978年10月号122頁。なお，中村治朗・前掲（注9）（上）5頁以下。

18) 小島武司「忌避制度再考」吉川博士追悼論集『手続法の理論と実践下巻』1頁（法律文化社，1981年），および，佐々木・前掲（注10）。

19) 谷口安平「手続的正義」芦部ほか編『岩波講座基本法学8巻』49頁（岩波書店，1983年），Lon L. Fuller, The Forms and Limits of Adjudication, 92 Harvard L. Rev. 353, 365 (1978). 田中成明「法哲学・法律学・法実務——法的議論と裁判手続の理解をめぐって」『現代法哲学3 実定法の基礎理論』25頁，31頁（東京大学出版会，1983）など。

ようでは，結論のいかんにかかわらず，手続による正統化の基礎が侵食されてしまうのである。除斥・忌避・回避はこのような事態を防止するためのシステムの一つであるといえる[20]。

手続による正統化の基礎の確保を除斥・忌避・回避の目的とみた場合，現実の公平だけでなく，公平の「外観」の重要性がより明らかとなる[21]。手続による正統化は利用者・国民に向けてのものであるから，利用者・国民の立場からみて不公平な裁判がなされるのではないかという疑惑を抱くのがもっともである場合に，これを取り除くための制度として除斥・忌避・回避がその機能を発揮しなければならない——この三者がどのように機能分担すべきかは，次節以下で論ずるところと関連する。

なお，除斥・忌避・回避による参加の場の公平の外観の確保は，絶対的な要請としていかなる場合にも貫かれなければならないというわけではない。そのようなことをすると，参加の場そのものの喪失をもたらすことが稀にありうるからである[22]。従って，参加の場の公平の外観確保の要求も，有限の裁判制度

---

20) 第一次的には，あらかじめ定められた客観的な基準によって機械的に事件の配分をすることにより，第二次的には，個別具体的な特殊事情に即して除斥・忌避・回避によりこれを修正することによって，参加の場の公平が図られることになる。

21) 谷口・前掲（注19）50頁，中村治朗・裁判の客観性をめぐって210頁。公平の「外観」がそれ自体価値あるものと認められていることは，除斥の場合に端的に表われている。すなわち，（稀なことではあろうが）もし裁判官が除斥原因の存在を認識していなければ不公平な裁判をするおそれはないにもかかわらず，除斥の効果は除斥原因が客観的に存在することによって当然に生じ，裁判官の知・不知を問わない。斉藤・前掲（注14）195頁，兼子＝松浦＝新堂＝竹下『条解民事訴訟法（旧版）』89頁（弘文堂，1986年），ほか。

22) 小島・前掲（注18）9頁，東京地判昭和33年6月30日（前掲注6）1283頁。アメリカでは，インフレによる俸給の大幅な目減りが憲法条項に反するとして140名の連邦判事の提起した訴訟がある。これを審理する連邦判事全員が事件に金銭上の利害関係を有することになるが，司法機能の停止は許されない故にdisqualification の適用はないとされた（ルール・オブ・ネセシティ）。山城・前掲（注9）129頁，164頁以下による。日本およびアメリカのその他の類似事例につ

の枠内で可及的に追求さるべきものであることを承認しなければならない。また，民事訴訟制度の中でこれのみが突出して優先さるべき理念ではなく，他の理想や原理との調和的均衡が損われてはならないことも当然であり[23]，このことは忌避事由への該当性の判断に際してとりわけ問題となるであろう。

III 除斥と忌避の相対的把握

従来，除斥と忌避の両制度の間にどの程度の隔りがあるものなのかを論じた文献は少ないが，両者を厳しく峻別されたのは畔上英治判事である[24]。畔上説は，除斥と忌避の間には質的相違があるとする。すなわち，裁判の基本型態には両当事者および独立の判断機関という三角型が要求され，これは裁判という観念そのものが成立する論理的前提である。判断者が一方当事者と同一または同一視さるべき関係にあったり，判断の対象もしくは資料そのものまたはそれらの作成者であったりすることは，論理的な矛盾である。除斥（の裁判）の効果が確認的であるとされるのは，除斥原因があると「裁判の論理的構造」を具備しないからである。これに対し，忌避は，法によってフィクショナイズされている信頼が具体的な事件において成立しない場合の手当であり，従って，当事者の意思（不信頼の念）の表明を待って形成的に処理するのである。公正という抽象概念からすれば除斥と忌避の事由の差は程度の差にすぎないようにみえるが，分界点に近いところで両者の事由が程度の差にすぎないようにみえても，その分界点を定めた制度的理念には質的相違があるのである，という[25]。

き，中村・前掲（注9）1178号8頁。
23) たとえば，ドイツ等の労働裁判所における名誉職裁判官（素人裁判官）の採用は—労働者側・使用者側各同数採用という形で中和の配慮をしてはいるが—偏頗の外観を絶対視せずに他の理想を優先させる柔軟な思考の表われとも評価できる。
24) 畔上・前掲（注10，注12）および「忌避試論（3・完）」法曹時報13巻2号33頁。
25) 畔上・前掲（注12）25-26頁，28頁注4。

これは，除斥と忌避の手続および効果の区別を前提とし，そこから極限にまでさかのぼって両制度の本質的相違を見出そうとした場合の一つのありうべき構成と思われ，それなりの説得力をもっているが，角度を変えてみると疑問が湧いてくる。

　まず，除斥原因ある裁判官のした裁判ではそもそも裁判という観念や「裁判の基本形態を論理的に成立せしめない」のであれば，これを再審事由（420条1項2号）ではなく，裁判の無効（内容的無効）の原因とするのが筋であるようにも思われる[26]。

　また，この点はおくとしても，除斥原因ある場合には裁判としての論理的構造を満たさないというリジッドな捉え方では，除斥原因があっても極限状況においては司法機能の遂行を優先せざるを得ない[27]という柔軟な対処が生まれる余地がない。

　さらに，除斥制度は必ずしも三角型構造（二当事者対立構造）をとらない非訟事件手続にも準用されているし[28]（非訟5条），調停委員（民調22条・非訟5条）などについても準用され，執行官についても規定されている（執官3条）。これらをも視野に収めて考えると，除斥を三角型構造における判断（裁判）作用にのみ直結させて，これと論理上不可分のものと捉えることが正しいかどうか疑問である。（これが司法制度の中核に位置する手続であることから最も強く意識されてきたという側面はあろうが）。むしろ，こういった除斥は，紛争処理の諸制度が

---

26) 判決の無効の根拠はさまざまであるが，たとえば，一方当事者が死亡などによってもともと実在しない場合は，判決の名宛人が欠けているからであろう。見方を変えれば，これこそ「裁判の基本形態」たる「三角型」が「論理的に成立しない」場合の典型といえる。

27) 前掲注22参照。

28) ちなみに，西ドイツでは，忌避制度でさえ，これを非訟事件手続に適用しない定めが違憲とされた。BVerfGE 21, 139, 146。カペレッティ・前掲（注1）102頁。わが国でも忌避の規定を準用すべきものとされている。菊井＝村松・前掲（注14）184頁，飯塚重男「非訟事件の当事者」『実務民事訴訟講座7巻』73-74頁（日本評論社，1969年）。

憲法理念に裏打ちされたそれぞれの手続的正義の要請を満たすように機能するための制度的条件として，合目的的に理解すべきものではないかと考える。そして，その点においては忌避の制度もまったく同様といえよう。

たしかに，除斥と忌避は手続および特に効果の点で明瞭に区別されているが，それは，畔上説の説くような意味での本質論に基づくというよりも，除斥原因として定められた事由がその他の事由に比べて裁判の公正さを妨げる度合において定型的に顕著であると立法者が想定したことに由来する，政策的な枠組とみるべきであろう。旧法制定当時の考え方は詳らかにしないが，大正15年改正時の説明はこのことを物語っている。たとえば，「除斥も即ち裁判の公正を妨げる事情でありますけれども，是はもう顕著なるもので，……外間から見まして，如何にも裁判の信用を維持する上に於ては構成に加はらしめざる方が宜いと云ふことの明瞭なる者に付ては，特に法律で除斥と云ふことにしたのであります」[29]。つまり，除斥と忌避の区別は立法政策的なもので（後掲の池田政府委員の発言参照），裁判官の公平（の外観）を確保するための合理的な規律を考えた結果，第一に，一定の顕著な事由については，具体的事件においてそれらが裁判の公正を疑わせるに足るものと評価できるか否かを問うことなく（あるいは，足りるものとみなして），当然に裁判官排除の効果を付与し，第二に，それ以外の事由については，理性的な人間の目を基準とした具体的な評価を忌避の裁判機関に留保したものと，一応理解される[30]。

ところで，では上の第一グループからもれた事由は裁判の公正を害するおそ

---

29) 第51回帝国議会民事訴訟法改正法律案委員会速記録（法曹会昭和4年）185-186頁の池田寅二郎政府委員発言。なお，同書180頁で同委員は，除斥原因の存在を理由とする場合でも当事者の申立てはすべて忌避の申立てとしていた旧々民訴33条1項（§42 I ZPOに相当）を現行法36条のように改める理由として，両者は「自から其性質を異にして居りますので」と述べているが，これとて法律上の効果の違いを手続面にも徹底させようとの趣旨であって，畔上説のいうような意味での本質論のレベルの説明とは解されない。

30) 中務俊昌・最二小昭和30年1月28日判決評釈・民商法雑誌32巻6号98頁も，ここまでは同旨である。

れが顕著でないと考えるべきか。一概にそうとはいい切れない。この点については，近時，「除斥原因と忌避事由を比較すると，……偏頗な裁判のおそれという実質においては必ずしも除斥原因がより深刻であるとはいいきれない」[31]という意見が現われ，さらに，佐々木吉男教授によって次のような指摘がなされた。すなわち，除斥原因や忌避事由が裁判の公正を妨げる程度は決して不変固定的ではなく，社会的経済的基盤の変動や人びとの生活態様・意識の変化によって影響を受けざるを得ないことから，「忌避事由が裁判の公正を妨げる程度において除斥原因に匹敵し，あるいはこれを凌駕する場合がありうる」[32]。これは立法（ないし法改正）後の社会の変化（家制度の廃止や核家族化等）に着目されたものであり，きわめて至当な指摘であるが，法改正時における次のような説明をみると，そもそも立法の当初から，除斥と忌避の事由の間に画然たる落差があるわけではないことを，立法関係者自身認めていたことがわかる。すなわち，「35条（現行23条）の2号に於きまして……，どう云ふ親族の範囲に之を限るかと云ふことに付きまして，実は立法の範囲の裁量の問題でありまして，確乎たる理由がある訳ではありませぬけれども，先づ此位の程度のものが然るべきであろう，……と云ふことを見ましただけの話であります」[33]。このような経緯は常識的にもある程度推測できるところである。

このように除斥と忌避の事由の線引きにさほど確たる基準があるわけではないとすると，さらに次のような説明も注目に値する。すなわち，「除斥の理由を拡張して忌避制度を全廃するようにはならないのですか」との山口委員の質問に対し，長島政府委員は，「具体的の事実がありますれば，それを掲げることが出来ますが，今申す通り予断を懐くやうな虞があるとか云ふ事情[34]になり

---

31) 小島・前掲（注18）14頁。
32) 佐々木・前掲（注10）79頁。一例として，裁判官が当事者たる6親等の血族とごく短期間同居したことがある場合と，裁判官が訴訟代理人の配偶者や娘婿である場合をあげられる（同書同頁）。
33) 速記録・前掲（注29）187-188頁の池田政府委員発言。
34) この答弁の直前に，「判事が予断を懐いて居ると云ふやうな事実」が明らかになれば忌避の理由になる旨の答弁をしている。速記録・前掲（注29）745頁。

ますと，どうも除斥と云ふことは書き悪くなりはしないかと思ひます」[35]と答えている（傍点は引用者）。これは，除斥原因として選別する際の一つのポイントとして定型化・具体化のしやすさが考慮されており，立法者が偏頗な裁判のおそれの度合いだけを基準に選別をしたとは限らないことを推測させるのである。職務執行からの当然排除という効果を付与するためには，概念の不明確な事由を掲げるわけにはいかないと立法者が考えるのは，むしろ自然の成行きであろう。

さて，以上に述べたところから考えると，除斥と忌避という二グループの規律を採る場合，立法者としては，その当時の社会通念を前提として，裁判の公正を疑われるおそれが一応顕著とみられる事由のうち，職務執行からの当然排除の効力を与えても混乱を招かない——つまり容易に判断がつく——であろうと思われる具体的・定型的な事由を除斥原因としてピックアップしたのであり，それ以外の事由については，——中にはある種の除斥原因より公正阻害のおそれの強いものが存在しうるし，将来新しく発生することもありえようけれども，それらも含めて——固定的な枠をはめずに，申立権をもつ当事者と忌避裁判機関の具体的な判断に留保することにした，と理解されるのである。除斥原因と忌避事由の区別の趣旨をこのように捉えるならば，忌避事由については当事者の意思決定や忌避裁判機関の判断の機会をできるかぎり保障することが必要であるし，忌避制度を軽視したり忌避事由をいたずらに狭く解釈する態度も，除斥と忌避の二グループに区別した立法趣旨にかえってそぐわないことが認識されよう[36]。ただ，立法政策として除斥と忌避という二種の制度的枠組を法が採用しているということ自体は，解釈論の範囲内で議論するかぎりは，無視することはできないと思われる。

---

35) 速記録・前掲（注29）746頁。
36) 除斥と忌避の「両制度の間に形式的不連続を超えて実質的連続性を見出すならば，両者の相違は技術面に限定すべきであって，本質面においてはできるかぎり同等の扱いをするのが望ましい」。小島・前掲（注18）14頁。本質面における同等の扱いとは抽象的であるが，具体的に表現すれば本文に述べたのと同趣旨と推測される。

Ⅳ 忌避事由開示義務と回避義務

1．判例・通説とその検討

　前節の考察によって得られた除斥と忌避との内容的相対性もしくは実質的連続性という理解からして特に興味が持たれるのは，最二小判昭和30年1月28日（民集9巻1号83頁）のケース[37]である。本件では原審の裁判長は被上告人の訴訟代理人の女婿であったが，上告人の主張によれば，上告人はそのことを知らなかった。そして，上告理由の第五点として，「本件の如き場合には当初より此の父子関係〔一親等の姻族関係〕あることを明示し，審理についても当事者の納得の上で之に当るべきであるにも拘わらず，終始上告人の目をおおい，一方に於てその忌避権を不当に蹂躙し，一方に於て回避すべき義務に違背して本件判決をなすに至った」[38]違法があると主張した。ここには，裁判官と訴訟代理人との一親等の姻族関係が忌避事由にあたること，裁判官がこの事由を黙秘したために原審での忌避申立ての機会が実質的に保障されなかったこと，除斥や忌避の事由があるときには裁判官に回避すべき訴訟法上の義務があること，が主張されている。これに対し，最高裁は，裁判官が相手方の訴訟代理人の女婿であっても「これがため直ちに民訴37条（現行24条）にいわゆる裁判官につき裁判の公正を妨ぐべき事情があるものとはいえないから，所論は理由がない」[39]と判示した。

　この事件に対する通説の対応は明快である。中務教授によると，本件のような事由は「むしろ上告人主張のように通常忌避の原因としての裁判の公正を妨ぐべき事情に該当すると考えるのが客観的に妥当な社会良識」[40]である。しか

---

37)　本件の評釈として，中務・前掲（注30），佐々木吉男・続民事訴訟法判例百選16頁，西迪雄・民事訴訟法判例百選第2版38頁。
38)　民集9巻1号109頁。
39)　同前84頁。
40)　中務・前掲（注30）101頁。

し，「忌避の制度は，当事者の発意により爾後その裁判官の裁判を受けない目的で，抑々事件の審理に入るに当り乃至は忌避の事由が発生し若しくはその存在を知ったら直ちに，その裁判官に職務をとらしめないようにする途を講じたものであるから，忌避の申立は当該裁判官の関与している審級における審理裁判の終了する迄においてのみ可能であり，第37条（現行24条）第2項但書もその範囲内のことであるといわなければならない。即ち忌避申立のないままに当該裁判官の関与の下に終局判決が言い渡されてしまえば，その裁判官を爾後手続から排除することを目的とする忌避の申立はその目的を失って其後はなすことが出来ず，従って又，前述のように裁判官の訴訟関与が忌避申立を理由ありとする裁判が確定して始めて違法となるとすれば，右の場合には……忌避の問題に関する限り何等の瑕疵は存しない……。……忌避の原因となる事由があったということ自体は，たとえその存在を終局判決後に始めて知った場合であっても，上訴で原判決に対する不服申立として主張出来ないし，……適法な上告理由とならない」[41]。また，(旧) 43条は忌避の原因ある裁判官に回避すべき訴訟法上の義務を課した規定とは解されず[42]，「忌避原因ある裁判官が回避しなかったからということだけでは，原判決に法令違背は存しない」[43]。そこで，通説の立場からすると，最高裁は，忌避事由にあたるか否かという具体的な問題について判断するまでもなく，そもそも回避義務なるものは現行法上認められないという一般的法律論で（さらにまた，忌避権の問題は当該審級かぎりの形式的保障で終了し，不服申立ての理由になりえない，という論法で）処置すべきであった[44]ということになる。しかし，最高裁は回避義務に言及することなく（また忌避権の実質的保障の要否にも言及することなく）前述のように処理したために，

---

41) 中務・前掲（注30）99頁。

42) 中務・前掲（注30）99-100頁。回避が司法行政上の監督権ある裁判所の許可にかからしめられていること（旧43条）は，これを訴訟法上の義務と解することを妨げるという。

43) 中務・前掲（注30）100頁。

44) 中務・同前，佐々木・前掲（注37）17頁（しかし，佐々木・前掲〔注10〕で改説された），西・前掲（注37）39頁。

最高裁が回避義務（または忌避権の実質的保障）の必要を前提としているようにも受け取れ，「些か諒解に苦しむ」[45]と評されている。あるいは，最高裁は回避義務等についての見解表明を意識的に留保したものとみる余地もないではない。

　ところで，では通説の見解には問題はないのであろうか。前節での考察の結論に照らし合わせてみると，疑問なしとしない。なぜなら，忌避事由は，除斥原因とともに，訴訟手続の展開される土俵としての裁判所の公平に関わる公益的性質をもつ事項である。しかも，忌避事由は裁判官の内部事情または裁判官と一方の当事者（代理人）との間の関係であることが多く，他方の当事者には認識されにくい。また，忌避事由存在の頻度は非常に低いであろうから，当初からその存在を予想して訴訟にあたることを当事者に期待することも無理である。このような事項を裁判官が黙秘しておきながら，その審級が終了するともはや忌避申立てないしは裁判官の公平を争う方法はまったくないというのでは，なんともアンフェアであり，忌避権の保障は最初から単なる名目的なものにすぎないことになる。かつて忌避事由として主張されたもののほとんどが訴訟指揮に関わる事項で，忌避事由として検討に値するものが主張されたことがほとんどなかったといわれるのは，――当事者側の感情的・濫用的申立て傾向に主因があるとはいえ――情報へのアクセスの閉塞もなにがしかの関係があるのではなかろうか（前掲最判のケースはその一例であろう）。

　通説は，除斥・忌避の枠組の形式論から前述の結論を導いているようにみえるが，その背景にある実質的な根拠を推測してみると，たとえ忌避事由があるとしてもその裁判官が必ず不公平な裁判をするわけではなく，もし不公平な裁判をして本来勝つべきものが全面的あるいは部分的に負けるような事態が生じたとしても，上訴によって事実認定と法適用が正しいか否かをチェックできるのであるから，上訴審に至った段階ではもはや裁判官の公平自体は問題とする必要がないということかも知れない。つまり，裁判官の公平確保はその審級か

---

45) 中務・前掲（注30）97頁，100頁。

ぎりのことであって、上級審に至れば下級審での結論＝判決の適正の観点からチェックすれば足り、その点で問題がなければ下級審での忌避事由は実害がなかったのだから、もはや不問に付してよい、という考え方かも知れない。これは結果志向のフィロソフィといってよい。しかし、下級審の法廷に臨場しない上訴審裁判官、特に上告審裁判官に偏頗事由からの微妙な実害発生をもれなくチェックできるか必ずしも疑問なしとしない[46]。また、この点は別としても、そもそも結果の適正からのチェックだけで、手続自体のもつ価値——手続による正統化——を常に切り捨ててしまってよいのであろうか。除斥の場合を考えてみると、除斥原因ある裁判官のした訴訟行為は無効であり、これに基づいて終局判決がなされたときは上訴の理由となり、判決自体に関与した場合は絶対的上告理由（312条2項2号）になる[47]。そこでは手続が公平な（公平の外観を備えた）土俵で行われること自体に重要な価値を認めている。通説によると、忌避事由があるときは、これと極端な落差があることになる。もちろん、忌避の裁判がなされたときは除斥と同じ効果が認められている。しかし、問題は、忌避の申立ての機会の保障がきわめて形式的であって、除斥と同等の効果を求めるルートの入口が事実上暗闇に置かれている点にある。しかも、前節で述べたように、除斥原因と忌避事由の区別が相対的なもので、本質的な断絶があるわけではないことを重視する立場に立てば、忌避権の保障を名目的な保障で十分であるとするわけにはいかない。

---

[46] 自由心証主義は決して裁判官の恣意的な事実認定を許すものではないが、事実認定は裁判官の全人格的判断であり、経験則から逸脱していないかぎり事実審裁判官の認定に拘束されるのが上告審の建前であるからである。しかも、経験則の性質や違背の態様の点から、さらに上告理由となりうる範囲に絞りをかける説が有力である。学説の状況については、本間義信「訴訟における経験則の機能」講座民事訴訟第5巻82頁以下。いずれにしても、上記は事実審裁判官に偏頗の事由などない場合を前提にしていると思われる。かかる事由がある場合にもまったく同じ建前が妥当するかどうか。少なくとも理念上は、手続参加の場の公平が前提となろう。

[47] 兼子＝松浦＝新堂＝竹下・前掲（注21）89頁。

従来の通説の立場に疑問を提起し，忌避事由ある場合に公平な裁判所の裁判を受ける権利を実質的に保障するための方策として，以下の二つの見解が提唱されている。

2．二つの新説とその評価

(1) 忌避事由開示義務

小島武司教授は，回避（事実上の回避）に頼る実務の傾向に再考を促し，「公平保障のための諸制度を回避制度による運用の妙からよりヴィジブルな手続へと形象化して司法運営の透明化を促進しようとする意図」[48]の下に，忌避事由開示義務を提唱された[49]。すなわち，忌避申立権をデュー・プロセスの要請に基づく中枢的な当事者権の一つと捉える立場から，「裁判官は忌避制度の本旨にかなった措置を講ずべき責務を負って」いるはずであり，除斥原因がある場合にその旨を開示すべきはもちろん，忌避事由が問題になる場合にも，「裁判官はその存在が明らかであると単にその疑いがあるとを問わず，その旨を開示して，当事者に忌避申立の機会を与える〔べきである〕。この場合に忌避申立がないときは，忌避権の黙示的放棄があったものと構成すべきであり」[50]，逆に，この訴訟法上の開示「義務を裁判官が果たさないため，不利益を受ける当事者が忌避を申し立てる機会を奪われたと客観的に判断されたときは，その当事者としては訴訟法規違背を理由に上訴を提起することができる場合がある」[51]とされる。

---

48) 小島・前掲（注 18）18 頁。
49) 忌避事由開示義務という構成は，disqualification の事由の十分な開示を条件として異議権の放棄（喪失）を認めるアメリカ法の構成（前掲注 9 参照）が一つのヒントになっている。小島・同前 15 頁。
50) 小島・同前 17 頁。
51) 小島・同前 18 頁。なお，小島「裁判の本質的特性としての公平（下）」法学セミナー 1978 年 11 月号 97 頁。

(2) 回避義務

　佐々木吉男教授は，社会的基盤の変化に伴って，忌避事由が除斥原因に匹敵し，あるいはこれを凌駕することもありうるという認識に立ち，小島教授の除斥・忌避両事由の実質的連続性の把握に賛同されるが，忌避事由開示義務構成には反対される。その主たる理由は，①「回避（事実上の回避を含む）制度が存置されているかぎり，忌避事由の存在を自認する裁判官は開示義務に強制されてそれを開示するよりも，むしろ心理的に自然な回避の道を選択するものと考えられ，したがって開示義務を導入するメリットとされることは現実には殆ど期待し得ない」，また，②「裁判の公正を妨げる程度において除斥原因に匹敵し，あるいはこれを凌駕するような忌避事由が開示されても，当事者が忌避しなかった場合は，訴訟法上なんらの違法はないことになるが，立論の前提とされていることとの関連において果たしてそれでよいのか，疑問が残る」という点にある[52]。そして，みずからは裁判官の訴訟法上の回避義務を提唱される。その根拠は，除斥原因ある場合には回避義務を認めないと不条理であること，旧43条（現行の規則12条）が「監督権アル裁判所ノ許可」を要件としたのは，全く自由に回避して司法運営に支障を生ぜしめることのないようにとの配慮にすぎないとも考えられ，「回避スルコトヲ得」という表現も，回避の必要性を前提としていて義務ではないと解すべき論理的必然性はないこと，刑訴規則13条1項ではむしろ，「忌避されるべき原因[53]があると思料するときは，回避しなければならない」と規定されていること，に求められているが，おそらくは最初の根拠が最も重要であり，これを基にして，忌避事由が裁判の公正を妨げる程度において除斥原因に匹敵する場合にはこれと同様に回避義務を肯定してもよいではないかと主張されるのであろう。回避義務の違背に対する訴訟法上の取扱いとしては，「忌避権の喪失とは関係なく，法令違背として控訴およ

---

52) 佐々木・前掲（注10）83-84頁。
53) 刑訴法では，旧々民訴法と同様，除斥原因の場合もそれ以外の偏頗事由の場合も当事者が申立てをするときは忌避申立てとして一括されているので（刑訴法21条1項），この文言には除斥原因も含むことになろう。

び（旧）394 条の上告による不服の申立は認められてよい」とされる[54]。

(3) 両説の検討

いずれの説も，実定法規にのっとった伝統的な通説の枠組に挑戦するものであるから，実定法規制との表面的な整合性はもともと困難かも知れないが，しかし解釈論として考える以上は，実定法規制との実質的な整合性を無視するわけにはいかない。

除斥・忌避の申立権を公平な裁判所で裁判を受ける権利の発現として重視するならば，このような申立権の保障を充実させる方向がまず考えられる。小島説は，この点では従来消極的な姿勢を保つのが当然であるかのように暗黙のうちにみなされてきた裁判官の側に忌避事由の積極的開示を要求し，これを通じて忌避申立ての機会を実質的に確保しようとする。その根底には，デュー・プロセスの要請に基礎をおく重要な当事者権を名実共に保障すべきであるという基本姿勢があると同時に，民主国家における司法運営はできるかぎり透明化さるべきであるという理念が存する。忌避事由開示義務は，これを定めた明文の根拠はもちろん存しないけれども，忌避制度についての現行法の構成から理論上比較的無理なく導き出せるように思われる。なぜなら，忌避事由すなわち裁判官の偏頗事由は訴訟制度に対する利用者・国民の信頼確保という公益に関わる問題であるから，本案の攻撃防御のように基本的には当事者支配に委ねておけば足りるという問題ではないこと，そのような性質の問題について法が明らかに当事者の申立権を認めている以上，その行使の機会を事実上奪うことになるような司法運営を法が許しているとは考えられないこと，そして，自己についての偏頗事由が問われる本案裁判官こそが忌避申立権の実質化を最もよく促進しうべき立場にあるからである。

これに対し，回避義務構成には，解釈論としてはかなり無理な面があるよう

---

54) 佐々木・前掲（注10）84-85頁。なお，佐々木「裁判官の除斥・忌避・回避」『民事訴訟法の争点〔新版〕』83頁（有斐閣，1988年）。

に思われる。一定の忌避事由が除斥原因に匹敵するからという理由で除斥原因ある場合と同様に回避義務を肯定すべきだというのは，現行の実定法規制からかなり逸脱することになるのではなかろうか。たしかに，除斥原因ある場合には裁判官に訴訟法上の回避義務があると解する余地もないわけではないと思われる[55]。除斥原因ある場合には当該裁判官の訴訟関与は当然に違法になるというのが現行法の基本的立場であるので，当該裁判官はその事件に関与してはならないという訴訟法上の要求があるといえるからである。ただ，そこでの回避は，訴訟関与が当然に違法になるという効果が決まっていて，その帰結として，違法の結果をもたらさないように行動することが要求されることによる。これに対し，忌避事由ある場合には，その裁判官の訴訟関与は当然に違法とはならないというのが現行法の建前であるから，ここで回避義務を認めるためには，法がさらに別途それを命ずることが前提となる。しかし，そのような法の命令を現行法規制の構造の中に解釈論として読みとることは著しく困難であると思われる[56]。除斥原因に匹敵するから除斥原因の場合と同様に回避義務を認めるべきだというのは，もはや立法論に属するのではなかろうか[57]。

---

55) 除斥原因ある場合の裁判官の訴訟関与は当然違法となり，それ自体が上訴理由ないしは絶対的上告理由となるのであるから，回避義務を論ずることに実益はないといわれている。中務・前掲（注30）98頁。ただ，それは回避義務を理論上否定すべき理由にはならないだろう。違法な関与による手続の無駄を避けるべきことをより明確にする意味では，この場合に回避義務を強調することにはそれなりの実益がないわけではないと思われる。

56) 佐々木教授は刑訴規則13条1項の文言を援用されるが，民訴と同様，刑訴においても回避は「裁判所の内部作用」つまり司法行政上の措置とされており（青柳ほか『註釈刑事訴訟法第1巻〔増補版〕』89頁〔立花書房，1978年〕），そのような規定の文言を訴訟法上の回避義務の根拠として援用してもあまり意味がない。

なお，ドイツでも回避（回避についての裁判）は裁判所の内部的事務とされており，ただ，裁判官には自分の知っている除斥原因または忌避事由を裁判所に届け出る職務上の義務があるが，これは訴訟法上の義務ではないと解されている。Stein-Jonas-Leipold, ZPO 20. Aufl., §48 Rdnr. 3, 4.

では次に，佐々木教授から小島説に対して二つの批判が提出されているので（前掲引用参照），これを検討してみよう。まず，批判の②についてみると，その趣旨は理解できないではないが，忌避事由ある場合にはその裁判官を忌避するか否かの権利を当事者に認めた現行法の基本構造の下で考えるならば，この申立権を実質的に保障し，当該裁判官の排除を求める機会を当事者に現実に保障することによって，手続的正義の要請は満たされるとみてよいと思う。むしろ，当事者が忌避事由の存在を十分知りながら忌避申立てをしないという道を選んで弁論をした（忌避権喪失）以上，上訴審になってから，裁判官が回避すべきであったという主張をその当事者に許すのは，まさに「訴訟状態や結果の有利不利をみて」[58]回避義務違反の主張をすることを許すことになり，忌避権喪失（24条2項）に関する佐々木教授の考え方と実質的には矛盾する疑いがある。忌避権と回避義務とが結局同じ目的を追求するための手段である以上，前者は結果の有利不利をみて行使することは許されないが，後者はこれをみてから主張できるというのは，整合性に欠けるのではないだろうか。

次に批判の①を考えると，これは開示義務の果たす機能に関する疑問であるが，かなりの説得力をもっている。小島説は，忌避事由またはその疑いある事由の開示を裁判官に要求することによって当事者に忌避申立ての機会を確保し，それによって，利用者・国民の目に触れない回避で従来処理されてきたものをなるべく陽のあたる所に移し，「公平保障のメカニズムをできるかぎり開放的なものにする」[59]ことを一つの理想としている。それ自体は正当な方向であると考えるが，しかし，筆者は，第一次的目標は重要な当事者権の実質的保障によって手続的正義を確保することにあり，右の点はどちらかといえばバイプロダクトとして位置づけられるものと考える。たしかに，開示を奨励して公平保障メカニズムを透明化することは信頼確保の点からみて望ましいが，冷静

---

57) 立法論としてならば，アメリカ法のように，一定の偏頗事由ある場合に回避義務を中心として構成することも十分考えられる。
58) 佐々木・前掲（注10）81頁。
59) 小島・前掲（注18）21頁。

な目でみると，開示義務構成は，実際問題として裁判官に開示を期待しにくい事由についてはそのような機能を果たさないことが予想される。忌避事由（あるいはその疑いある事由）の中でも，親族関係や経済的利害関係などは，忌避制度の意義についての啓蒙によって比較的ドライに開示されることを期待できよう。しかし，公けにすることをはばかるような事由，たとえば，一方当事者またはその訴訟代理人に対する怨恨や敵意[60]，一方から饗応を受けたこと[61]，などは開示を期待できないであろうし，一方当事者等との内縁関係[62]さらには婚約・恋愛関係[63]なども，心理的に開示しにくいであろう。これらの場合には，裁判官はむしろ回避の手段を選ぶことが予想される。回避の手段を選んだ以上は忌避事由開示を要求する必要はなくなるから，開示義務はもはや問題にならない。当事者の忌避申立権を一方で肯定しつつも，他方で裁判官のイニシアティヴによる回避という方法を現行法が認めている以上，それはやむを得ない。また，忌避事由開示の方向で処理しなければならないとすることが心理的にみて，あるいは手続経済からみて[64]必ずしも適当ではない場合もあるのであるから，「回避制度の廃止」[65]は論外であり，回避制度には独自の正当な役割があることを認めなければならない。しかし，それでも，忌避事由開示義務構成をとることには，以下に述べる通り，十分な理由があると考える。

　第一に，公平な裁判所の保障のために事件の配分をあらかじめ客観的に定められた形式的基準に従って行う建前をとっている以上，微々たる事情がある場合に安易にこれを変更すること（特に事実上の回避）は，それが国民の目に触れないところで行われるだけに，かえって不信の念を引き起こすおそれがあり，

---

60)　斉藤・前掲（注14）211頁。
61)　斉藤・同前210頁脚注，Rosenberg-Schwab, ZPR 14. Aufl., S. 138。
62)　菊井＝村松・前掲（注14）180頁。
63)　兼子＝松浦＝新堂＝竹下・前掲（注21）90頁。
64)　先例に照らして明らかに忌避事由にあたると考えられる場合にまで，忌避事由開示—忌避申立て—忌避の裁判というルートで処理しなければならないというのでは迂遠である。
65)　佐々木・前掲（注10）83頁。

好ましくない[66]。軽微な事由であって公平の外観を損うおそれはないと裁判官が考えるならば、堂々と開示することこそ、公平な裁判官であるとの信頼を当事者から得る道ではなかろうか。開示義務は裁判官のそのような毅然たる態度を促す方向に精神的に作用するであろう。回避義務構成ではこのような余地を最初から封じてしまうことになる。

　第二に、訴訟における当事者の主体的地位の確立を重視する立場に立つならば、訴訟における攻撃防御が展開される場としての裁判所の構成の公平に関しても、これを求める当事者権の保障がまず要請されるのであり、忌避申立権の実質化を可及的に追及すべきであると考える。これをないがしろにしたまま、裁判官の回避義務で処理するのでは、このような努力を最初から放棄することになる。

　第三に、開示しにくい事由が存するために裁判官が回避という方法を選択した場合であっても、——その場合公平保障メカニズムの透明化というバイプロダクトは得られなかったにしても——少なくともそれによって偏頗のおそれある裁判官は排除されたのであるから、当事者の忌避権はそれを現実に行使する前に実質上目的を遂げたのであって、開示義務構成が無意味に終わったわけではない（開示義務があるからこそ、裁判官は開示か回避かの二者択一を余儀なくされる）。従って、回避義務というかなり無理な構成をとらなくても、開示義務構

---

66) それゆえ、佐々木・前掲（注10）85-86頁の事実上の回避に関する叙述には賛成しがたい。なお、畔上・前掲（注10）18頁注8は、事実上の回避は「非合法であるとはいえない」が「問題がないわけではない」という。

　ドイツでは、法定の裁判官の（憲法的）保障ということから、除斥原因の存在が明白な場合以外は、事実上の回避を認めないようである。Stein-Jones-Leipold, ZPO 20. Aufl., §48 Rdnr. 2, 3 ; Wassermann, ZPO, §48 Rdnr. 1, 2. なお、ヴァッサーマンは、正式の回避についてさえ、これを司法行政上の手続とする通説・判例を批判し、裁判手続として扱う立場から、当事者の法的審尋や回避の裁判の通知をすべしという。Wassermann, a. a. O., §48 Rdnr. 3-5. しかし、訴訟法上の回避義務というものは主張しておらず、除斥・忌避事由の届出の職務上の義務があるとする点では通説と同じである。

成をとることによって，当事者の忌避権が形を変えて上訴審理の対象になることにより，裁判官が開示もせず，かといって回避もしないという前掲昭和30年最判のような事例がなんら瑕疵なきものとして容認されてしまうことを防止できるのである。

以上に述べたところにより，筆者は開示義務構成をより妥当な解釈として支持する。

なお，最後に，開示義務の範囲について一言しておく。本案裁判官は本来の忌避裁判機関ではないのであるから，本案裁判官によるあてはめの結果をもって忌避申立権の実質的保障の範囲を決めるわけにはいかないといえるので，開示義務の範囲は忌避事由に該当するものだけでなく，これに該当する疑いあるものまで含まなければならないようにもみえる。しかし，忌避申立権の実質的保障は客観的には忌避事由の存する場合にかぎって要求されるのであり，上訴審は原審での不開示の結果当事者が正当な忌避申立権を行使する機会を奪われたと判断する場合にのみ開示義務違反を理由に原判決を取り消せば足りるのであるから，開示義務は客観的に忌避理由が存在する場合にのみ肯定すれば足りると考える[67]。ただ，これは上訴審の立場からみた場合であって，原審の時点で裁判官が忌避事由の存否を考える場合，もしその判断を誤り，忌避事由に該当するものを該当しないと考えて開示しなければ開示義務違反と判定されることになるのであるから，原審の裁判官としては開示の対象を広くとっておいた方が無難ということになる。従って，開示義務の範囲自体は忌避事由の範囲と一致し，ただそれが行為規範として機能するときは，より広い範囲の事由についての開示を裁判官に要請することになる[68]。

---

67) これは前述の通説のような結果志向の思想とは異なる。そもそも忌避事由がなかったのであれば，過程自体に問題がなかったのであるから，手続的正義の要請に背馳しないといえる。

68) 小島・前掲（注18）17-18頁の叙述からはこの点は必ずしも明らかとはいえないが，おそらく本文に述べたところと同趣旨と思われる。

2 当事者変更に関する基礎的研究
——アメリカ民事訴訟の場合——

I 本稿の目的

　本稿は，アメリカ合衆国の連邦民事訴訟規則における〔任意的〕[1]当事者変更の制度を素描しようとするものである。従来，わが国の任意的当事者変更・法定当事者変更はもっぱらドイツ法の視点からのみ研究され[2]，前者については，ドイツ法の下で生まれた理論がほぼそのままわが国の解釈論に導入されるという経緯を辿ってきたといっても過言ではない。両国の民事訴訟法の親近構造からして，ドイツ法理論が日本法でも直ちに役立つという関係にあり，その効用は大である。しかし，別異の法系において同様の問題がどのように処理されているかをみることは，一般に解釈論には直結しないけれども，基本的な姿

---

[1]　わが法では，行政訴訟に関する行政事件訴訟法15条を別とすれば，任意的当事者変更を許容する実定法的根拠は存しない。これに対してアメリカ法では，訴答書面修正という一般的な軌道修正制度に関する条文の中に任意的当事者変更の実定的根拠がある（連邦でも州でも同じ）。従って，実定法的根拠のない場合の当事者変更を，法定当事者変更に対比して任意的当事者変更と呼ぶのであれば，アメリカ法のそれは任意的当事者変更とはいえない。本文でカッコを付したのはそれだけの趣旨である。

[2]　たとえば，兼子一「訴訟承継論」『民事法研究第1巻』1頁，11頁以下（酒井書店，1950年），高島義郎「当事者の変更」関大法学論集8巻6号20頁，鈴木重勝「任意的当事者変更理論の系譜」早稲田法学35巻3・4冊559頁，同「任意的当事者変更の許容根拠」早稲田法学36巻3・4冊165頁，飯塚重男「任意的当事者変更」上智法学論集5巻2号195頁など。

勢の確認や新たな視点の開拓などに資することもあろう。

任意的当事者変更とは，当事者——原告にせよ被告にせよ——とすべき者を誤った場合に，当事者の交替または加入によってこれを補正する方策である。当事者とすべき者を誤ったというのは，ほとんどの場合，当事者適格を有する者を当事者にしなかったということである（場合によっては当事者能力についても同じことが生じえよう）。そこで，アメリカ法に関しても，まず適格の問題をみるのが有益であろう。これは当事者概念にも関連する。そして，当事者変更について述べたのち，関連する問題として，当事者の表示の訂正についても若干触れることにしたい。ただ，当初予定していた訴訟承継[3]については，種々の都合で割愛せざるを得なかった。これについては将来，できれば別稿で補いたいと思う。

II　適格当事者原則

1．沿革——債権譲渡との関連

まず，言葉の由来を明らかにしておこう。適格当事者（real party in interest）という用語は19世紀の初め頃から，エクィティ訴訟において用いられ始めたものである[4]。これがニューヨーク州のいわゆるフィールド法典（1848年）の

---

3) 後に触れる機会がないので，ここで簡単に説明しておくと，アメリカの訴訟承継制度は，日本の訴訟承継主義，ドイツの当事者恒定主義（もっとも一定の場合には訴訟承継が認められているが）の中間的，あるいは併用的立場に立っている（連邦民訴規則25条(c)項。ただし，当事者死亡の場合は別である。同条(a)項）。従って，ある訴訟が係属中に請求に関して「利害の移転」があった場合，訴訟の承継もありうるし，従前の当事者による続行—承継人（privyの一種）への判決効拡張という成行きもありうる。いずれの途に進むかを決するのは裁判所の裁量である（もちろん，訴訟承継の申立てがなければ自動的に後者の途に進むことになる）。

4) Kennedy, Federal Rule 17(a): Will the Real Party in Interest Plese Stand?, 51 Minnesota Law Review 675 (1967); Atkinson, The Real Party in Interest Rule: A Plea for its Abolition, 32 New York University Law Review 926, 927 (1957). および

制定の際,同法典第91条に採用されたのを皮切りに,アメリカのほとんどの州の訴訟法典に明記されるにいたり[5],連邦民事訴訟規則（以下,連邦規則ともいう）にも受け継がれて現在にいたっている。もっとも,その間にあって,ニューヨーク州では1963年にこの適格当事者条項は削除されてしまっており,ここにその問題性が端的に示されているのであるが,この点については後に触れる。

　エクィティ訴訟において適格当事者という言葉が用いられだしたのは,特に債権（chose in action）[6]の譲受人が提訴資格を有することを説明するためであった[7]。ニューヨーク州の起草委員会がフィールド法典にこの用語を採り入れるに際しても,具体的な説明として挙げたのは債権の譲受人のみであった。これらのことから,適格当事者という言葉は債権の譲渡と密接な関係があったことがわかる。そこで,提訴資格との関連において英米法上の債権譲渡の歴史を簡略にでも振り返ってみる必要があろう。

　かつて,ローマ法においては,債権は特定の債権者と特定の債務者をつなぐ法鎖と観念され,そのいずれが他者と入れ替わっても債権の同一性が失われる故に,債権の内容を変じることなくこれを移転するという意味での債権譲渡は認められなかった[8]。ローマ法の影響をあまり受けずにゲルマン法の基盤のう

　　　そこに引用されている諸判例参照。
5)　3 A Moore's Federal Practice, §17.07, n. 13〔以後,単にMooreとして引用する〕には,40の州における適格当事者に関する条項が転載されている。そのうち36州はフィールド法典とほとんど同じ,もしくはそれに近い定め方をしているが,イリノイなど2つの州はreal party in interestという言葉を使わず,債権譲受人や代位者が自己の名で提訴できることを個別的に規定している。なお,ニューヨーク州については後述参照。
6)　chose in actionの概念については,田中和夫『英米契約法〔新版〕』246頁（有斐閣,1982年),堀部靖雄「英法に於ける債権譲渡の沿革」長崎高商研究館年報商業と経済第7年第1冊156頁などを参照。ここでは一応,債権と訳すことにする。
7)　Kennedy, supra, at 675 ; Atkinson, supra, at 927.
8)　我妻榮『民法講義Ⅳ』509頁（岩波書店,1972年)。もっとも,「社会の経済的

えに独自の法秩序を形成したイギリスにおいても，状況は近似していた。すなわち，コモン・ローにおいても債権（chose in action）の譲渡は許されていなかった。クックが引用しているエイムズの表現によれば，「（債権は譲渡しえないという）原則は……普遍的な法原則と考えられている。ある者が提訴権（right of action）を有するということは，それに対応して，他の者が契約を履行したり不法行為の損害を賠償したりする義務を負っているということを意味する。換言すれば，債権は常に個人と個人の間の人的関係を前提とする。しかし，人的関係は，これを譲渡することはできないのが物事の道理である」[9]。そこで，債権の譲受人はコモン・ロー上の権利を有せず，コモン・ロー手続のもとでは提訴の資格を認められなかった。これが，original common law ruleであった[10]。しかし，経済取引の発達は債権譲渡を必要とする。たとえば，今日の有価証券の先駆的なものは中世イギリスにおいても既に存在していた[11]。このような証券的債権は，その特殊性の故に，コモン・ローにおいても例外的に譲渡が認められていた[12]。しかし，その他の一般的な債権については前述の原則が

　　　必要は債権者を変更することを要請したので，まず債権者の交替による更改，訴権の譲渡，取立を目的とする自己のための委任などの制度がこのために利用されるようになり，ついで次第に債権を法鎖とする観念に動揺を生じて，債権譲渡が認められるようになった」（同所）。より詳細には，堀部・前掲（注6）152-54頁。これら三種の方法は債権譲渡の実を挙げようとする方策であって，純然たる債権譲渡ではない（同・154頁）。

9) Cook, The Alienability of Chose in Action, 29 Harvard Law Review 816-17 (1916). クックは，エイムズが債権の不可譲渡性をもって「普遍的な法原則」であると述べている意味は定かでないが，それがローマ法においてもコモン・ローにおいても採られていた原初的な考え方（original view）であるという意味なら正しい，と述べている。Id. at 818. なお，田中・前掲（注6）246頁，239頁。

10) このような姿勢の裏には，訴訟幇助（maintenance）の抑止という古来の政策もからんでいた。Atkinson, supra, at 934 ; Cook, supra, at 822. 訴訟幇助については，堀部・前掲（注6）67頁。

11) 佐々木亮二「中世イギリスにおける債券譲渡の素描」千葉商大論叢第15号-B（商経篇）140頁。

12) 堀部・前掲（注6）175頁。

適用されていたので，エクィティは，譲受人を救済するため，早くから（少なくとも17世紀頃から）債権譲受人に提訴の資格を認めた[13],[14],[15]。このようなエクィティの態度に影響を受け，また現実の必要に迫られて，コモン・ロー手続においても不可譲渡の原則に反省が加えられ，債権の譲受人は，委任状（power of attorney）という手段によって，譲渡人の名でコモン・ロー訴訟を提起することが許されるようになった[16]。この委任は当初明示のものが要求されたが，

---

13)「エクィティにおける原告は，エクィティ上のまたは受益的な権利だけを有する者でよく，コモン・ロー上の権原（legaltitle）は他者にあっても差し支えなかった。」「エクィティは，原告がその争訟に実質的な利益（material interest）を有することだけを要求した。」3A Moore§17.08, at 80-81.

14) Cook, supra, at 821 およびその注6の諸判例。その根拠として，堀部・前掲（注6）によれば，次のような説明がなされていた。「何人と雖も実行する事を能ふ範囲に於てあらゆる種類の給付を為す可き事を約するを得可く，従て其人は其給付を実行す可き法律上の拘束を受く，となす原則之にして衡平法は斯くの如き契約の履行につき債権者を担保せんと欲したるなり。換言すれば，結局履行する事を得可き事項を契約したる当事者は普通法が商取引に対して認めたると同様に衡平法に於ても責任を有す可きものとす」（同・179頁）。しかし，これは形式的な理由づけで，本当のところは，同・180頁にもあるように，取引の発達からして譲受人の権利を法制度が保護しないわけにはいかなくなったからであろう（債権の財産化）。

15) エクィティはいきなり譲受人に債務者に対する提訴権を認めたのではなく，当初，債務者に対する提訴を拒む譲渡人に提訴を強制させるためのエクィティ上の訴えを譲受人にさせていたのであるが，この手続から発展して，譲受人に直接債務者を被告とする提訴を許すようになったのであった。Louisell & Hazard, Cases on Pleading and Procedure, 650 (4th ed. 1979).

16) Cook, supra, at 822 ; Clark, Code Pleading, 157 (2nd ed. 1947).〔なお，この本の第3章 Parties to a Code Action の前半部分は，Clark and Hutchins, The Real Party in Interest, 34 Yale Law Jourual 259 (1925) をほぼそのまま転載したものである。以下，引用するときは書物の方で引用する。〕この委任状（power of attorney）という手段による訴訟法上の代理は，17世紀に至るまでは，不当に訴訟を誘発するものと考えられ，訴訟幇助（maintenance）として扱われ，許されなかった。Cook, Id. 堀部・前掲（注6）168頁。しかし，債権譲渡等を直ちに訴訟幇助に結びつけるのは，この観念の不当拡大であった。堀部・前掲（注6）168頁，180頁。

そのうち，債権譲渡にともなって当然に暗黙の委任があったと扱われるようになった[17]。ここにおいて，債権の譲受人は，「A（譲渡人）to the use of B（譲受人）」[18]という表示で，実質上の原告としてコモン・ロー訴訟を追行することができるようになったのである。しかし，このような名義借用訴訟（use action or name suit）という形式が用いられたことからもわかるように，コモン・ローは正面切って債権譲渡の効果を認めたのではなかった。形式的なものであれ，譲受人に代わって訴訟するのだという建前が，アメリカにおいては諸州の法典編さん期まで，イギリスにおいては1873年のJudicature Actの制定にいたるまで[19]，維持されたのであった。

とはいうものの，use actionにより，コモン・ローにおいて譲受人の権利が実質上承認されたことは確かである。たとえば，債務者への譲渡通知後は，譲受人への弁済や譲渡人による債務免除は譲受人の権利に影響を与えないとされたし，債務者は譲渡人に対して相殺することは許されなかった[20]。弁済提供ももちろん譲受人に対してしなければならなかった[21]。実際の訴訟追行も譲受人によって行われ，費用も譲受人が負担した[22]。譲渡人は訴えを取り下げる権限や債務者との和解によって訴訟を左右する権限を有しないとされた[23]。さらには，このような状況を踏まえて，1882年には，合衆国最高裁により譲受人は譲渡人の名で自己の訴訟を提起することによってコモン・ローで適切な救済を受けることができるので，エクィティでの提訴権（right to sue）をもはや有しない，とまで判示されるに至った[24]。かくして，use actionはまったくの形骸

---

17) 3A Moore, §17.08, at 80；Cook, supra, at 822. Cf. Cook Id., note 8.
18) James & Hazard, Civil Procedure, §9.2, at 395 (2nd ed. 1977).
19) 堀部・前掲（注6）184頁。
20) Atkinson, supra, at 935.
21) Atkinson, id.
22) Atkinson, id.
23) James & Hazard, op. cit., §9.1.
24) Hayward v. Andrews, 106 U. S. 672 (1882)；Atkinson, supra, at 936. もっとも，エクィティは譲受人の保護を全面的に放棄したのではなく，「譲渡人が譲受人の譲

であることが一般の認識となり,債権の譲渡可能性はコモン・ローにおいても事実上承認されていたといえる[25),26)]。

2. 制定法への継受

適格当事者という言葉は,前述のように,債権の譲受人の提訴資格を認めていたエクィティが,その説明として,譲渡人ではなく譲受人が real party in interest であるというふうに用いることが多かった。かつてコモン・ローは,債権譲受人の権利を,建前としては,エクィティ上のもので,コモン・ロー上のものではないとしていたわけであるが,同じくエクィティ上の利益とされていたものに,代位者 (subrogee) や種々の信託の受益者 (beneficiary) などの利益がある[27)]。

渡人の名に於て訴求する事を妨げたる場合,譲渡人が譲受人の訴訟提起を不可能ならしめ,又は譲渡に就きてなす債務者との合意を困難ならしめたるが如き場合に於ては譲受人に保護を与へんとし,譲受人が普通法上の手段を講じたるも徒労に終りたる場合に於ては譲受人は衡平法の裁判所に訴を提起する事をえ,裁判所は之に対し保護を与えたり。」堀部・前掲 (注6) 182頁。

25) Cook, supra は多数の判例を検討した結果,コモン・ローにおいても債権は真に譲渡可能なものであるという結果に到達したこと,したがって,譲受人に——譲渡人の名でなく——自己の名で提訴することを公認した諸法典は,訴訟のラベルを変更しただけで実体法を何ら変更したものでないこと,を力説している。なお,このように債権譲受人の権利をエクィティ上のものでなくコモン・ロー上の権利であると立言することに消極的な姿勢を示すものとして,Williston, Is the Right of an Assignee of a chose in Action Legal or Equitable?, 30 Harvard Law Review 97 (1916).

26) もちろん,あらゆる種類の債権が譲渡可能というわけではない。契約上の債権は一般に譲渡可能だが,純粋に人的 (一身専属的) な債権はそうでないし,不法行為債権でも身体,精神または名誉に対する侵害についての賠償請求権は譲渡できなかった。なお,こういう実体法上の問題は,適格当事者原則が成文化される前と後で,何ら変わりはない。James & Hazard, op. cit., §9.3.

27) James & Hazard, op. cit., §9.1. コモン・ロー上は,代位者 (たとえば,損失を塡補して被保険者の権利に代位した保険会社) も,被代位者 (被保険者) の名で提訴しなければならなかった。Field, Kaplan & Clermont, Materials for a Basic

さて，コモン・ローとエクィティの統合が進められる過程で，ニューヨーク州のフィールド法典が最初にこの適格当事者という言葉を採用した。州法典のなかの代表として，これを取り上げる。その条文は次のようなものであった。

　　91条「訴訟はすべて，適格当事者の名でこれを追行しなければならない。ただし，別に93条で定めたものはこの限りでない。」

　　93条「遺言執行者もしくは遺産管理人，明示信託の受託者または法律の明文をもって権限を与えられている者は，利益の帰属者 (the person for whose benefit the suit is procecuted) を自己の側に併加せずとも，訴えを提起することができる。」

起草者は，その説明として，債権譲渡の場合を挙げ，「譲受人がコモン・ローで提訴することは許されず，また譲渡人がエクィティで提訴することは許されない」「正しい原則は，疑いもなく，エクィティ裁判所で採られている方，すなわち，権利を有する者が救済を求める者であるという原則である。我々はこれを採用した」と述べている[28]。起草者が譲受人を適格当事者であるとし，従って譲渡人によってまたは譲渡人の名で訴えが提起されてはならないとしたことははっきりしている。しかし，それ以外に，適格当事者の意味，91条・93条のその他の用語法，両条の関係などについては，とり立てて説明はなかった[29]。

その後の法典上の推移を大ざっぱに述べると[30]，1876年の Code of Remedial Justice（後に Code of Civil Procedure と改称）では，旧91条に相当する規定は完全に削除され，他方，旧93条に相当する規定だけが――第三者のためにする契約を締結した者もそこにいう明示信託の受託者にあたる，という一文を加えられて――存置された（449条）。しかし，この削除はほんの短期間で，翌1877年には，この449条の冒頭に適格当事者条項が復活し，後続の文章と

　　　Course in Civil Procedure 964 (4th ed. 1978).
28)　Clark, op. cit., at 155 ; Atkinson, supra, at 934.
29)　Atkinson, supra, at 936.
30)　詳細については，Atkinson, supra, at 928-932.

の間はexcept that（ただし）で結ばれた。その後若干の修正を経て、結局，1963年には適格当事者条項はまたもや削除されてしまい，現在ではフィールド法典93条の系譜を引く部分だけが，利益帰属者を併加しなくともよい場合——つまり共同訴訟とする必要がない場合——を示す規定として、独自に存続している[31]。

連邦法に目を転ずると，1872年の準拠法（Conformity Act）を通じて各州の適格当事者条項が連邦裁判所でも適用されたのを初め、1912年の連邦エクィティ規則37条を経て、1938年の連邦民事訴訟規則にも受け継がれている。これは1966年に若干の改正を受けたが[32]，現在の同規則17条(a)項は次のように定めている。

> 17条 「(a)項 訴訟はすべて，適格当事者の名でこれを追行しなければならない。遺言執行者，遺産管理人，後見人，受寄者，明示信託の受託者，第三者のためにする契約を締結した当事者または法律により権限を与えられている者は，自己の名において訴えを提起することができ，利益の帰属者を自己の側に併加する必要はない。また，合衆国の法律に定めがある場合には，他者のための訴訟は合衆国の名でこれを提起しなければならない。……」[33]

1937年の諮問委員会注釈は，適格当事者条項は連邦エクィティ規則からほとんど逐語的に継承したものであること，州法典やイギリスの規則[34]にも同様の規定がみられることを簡単に述べているにとどまる[35]。

---

31) New York Civil Practice Law and Rules §1004. なお，その他の州法典で，適格当事者条項を削除したものはまだない。

32) 当初第1文と第2文をつなぐ接続詞として「ただし（but）」が入っていたのを削除し，第2文に「受寄者」を追加した。第4文第5文の追加もこの時に行われたものだが，これについては次節で扱う。

33) 訳出したのは17条(a)項の第1文から第3文までである。なお，第3文はかなり特殊なケースであり，本稿ではこれ以上触れない。3A Moore, §17.01〔2〕.

34) English Rules under the Judicature Act (The Annual Practice, 1937) O 16, r 8.

ムーアによれば，この条項は多くの州法典にも共通のものでよく知られており，しかもその解釈もおおむね一致しているので，これを別の表現で表わすことは新たな問題を招きかねない，と考えられたゆえにそのまま維持されたのである，と説明されている[36]。

3．適格当事者条項の意味

　real party in interest という言葉は，社会一般的な基準からすると，訴訟の結果として利益を得，または失う者を意味する[37]。つまり，自己の権利ないし利益が訴訟に上呈されており，勝訴または敗訴によってそれを得るか失うかする者，と言い換えてもよいであろう。このような通常の用語理解によるなら，これはまさに「利益という点からみた真の当事者」ないし「利益当事者」とでも訳されよう。そして，このような訳し方は，前述の債権譲受人や，あるいは，被保険者に補償金を支払ってこの者の権利に代位した保険会社などには，ごく自然にあてはまる。コモン・ロー上は権利者と認められないが実質的には真の権利者である者をとらえてエクィティが real party in interest と呼んでいたのであるから，これはあたりまえのことである。では，諸法典や連邦規則上の real party in interest とは，このような受益的地位にある者（a person who has a beneficial interest）に限定されるのであろうか。このことは，諸法典や連邦規則が except や but という接続詞を用いていたため，そのうしろに挙げられている遺産管理人や受託者はここでいう受益的地位にない故に real party in interest ではないという考え方も，文言解釈としては自然に成り立ちうるので，ますます問題となってくるのである。このような考え方に立てば，real party in interest にあたるか否かは受益的地位にあるか否かによって決まり，ただ例

---

35)　3A Moore, § 17.01〔2〕.

36)　Moore, Federal Rules of Civil Procedure : Some Problems Raised by the Preliminary Draft, 25 Georgetown Law Journal 551, 565 and note 47 therein (1937); 3A　Moore, § 17.02, at 14-16, 23.

37)　Atkinson, supra, at 936.

外条項に列挙されている者だけはそのような地位にないにもかかわらず例外的に提訴権が認められているということになる（限定列挙）。

しかし，このような狭い解釈は判例・学説を支配するものにはならなかった。なぜなら，一方で，受益的地位にある者はあらゆる場合にまで提訴する必要はないし，また実際にもそれは許されない（信託の受益者，相続人など）[38]。他方で，受益的地位を有しない者で従来（コモン・ロー上）提訴資格を認められていた者が例外条項に列挙されていない（たとえば，取立てのための譲受人）[39]。したがって，前述の考え方を採れば，手続法の改革によって実体法上の問題を変更してしまうことになるという批判が成り立つ。諸州の民事訴訟法典の意図したところはコモン・ローとエクィティの統合であったが，それは実体法の変更を意図するものではない[40]。改革前にコモン・ローまたはエクィティで提訴権を認められていた者は改革後もしかりであり，改革前に提訴権を有しなかった者は改革後もこれを有しない[41]。誰が提訴権を有するかは実体法によって決まるが，実体法は諸州の民事訴訟法典や連邦規則の制定の前後で変わりはない。

かくして，real party in interest とは受益的地位にある（ないしエクィティ上の利益を有する）者に限定されないと解さねばならない。したがって，受託者，遺産管理人，取立てのための債権譲受人等も real party in interest である。そこで，要するに，判例や注釈書の定義するように，real party in interest とは実体法上提訴権を与えられている者をさし[42]，したがって，連邦規則 17 条(a)等の規定は，適用される実体法によって当該権利（the right）を強行〔実現〕する権原（title）を与えられている者の名で訴訟が追行されねばならないとい

---

38) Atkinson, id.

39) Atkinson, id.

40) Clark, op. cit., at 160-161 ; 3A Moore, § 17.09, at 82.

41) 債権の譲渡人等は，かつてコモン・ロー上，形式的には原告に名を連ねていたが，これは単なる飾りであって，自身は提訴権を有しなかった。実質的には譲受人等が原告であった。したがって，この場合，みかけ（名義）上は変化があるようにみえるが，実質においてはやはり変更はない。Clark, op. cit., at 161.

42) Clark, op. cit., 160 and note 21 therin.

うことになる[43]（なお，訴訟で実現を求められている権利を実体法上有する者の名で訴訟が追行されねばならない，というふうに表現されることもある[44]が，前者の方が正確であろう）。そうすると，法典起草者の採用した real party in interest rule とは，エクィティでの特殊性を帯びたままの概念ではなく，コモン・ローとエクィティとの統合を踏まえたより広い概念であり，前に引用した，「権利を有する者が救済を求める〔ことのできる〕者である」というフィールド法典起草者の説明は，利益帰属者の有するような「権利」に限らず，提訴権を基礎づけるような「権利を有する者が……」という意味に解すべきことになろう。このように広い概念であるので，本稿では，real party in interest に対して──受益的当事者だけを連想させるような「利益当事者」等の言葉でなく──適格当事者という訳語を付してきた[45]次第であるが，厳密には法典化の前と後で訳し分けてもよかろう。

　もっとも，疑問は残る。コモン・ロー上の権利を有する者も適格当事者として提訴できるのであれば，なぜ起草者は，わざわざ例外条項（連邦規則でいえば第2文）を加えたのであろうか。クラークは次のように推測している。すなわち，例外条項は，適格当事者の概念について──受益的地位にある者に限るというような──制限的な見解を示すものではなく，(i)エクィティ原則を採用したことはコモン・ロー上の権原の保有者の提訴を認めない趣旨ではないことを明らかにし，かつ，(ii)そこに列挙されたようなケースにおいて共同訴訟を強制する趣旨ではないことをはっきりさせるために，用心に用心を重ねたのであろ

---

43)　6 Wright & Miller, Federal Pracctice and Procedure, §1543, at 643 (1971)〔以後，単に Wright & Miller として引用する〕；James & Hazard, op. cit., §9.2 at 396.

44)　3A Moore, §17.02, at 13；Moore, supra (Georgetown L. J.) at 565；Kennedy, supra, at 678. このような表現は，わが法でいう訴訟担当の場合を除いた，訴訟物たる権利ないし法律関係の主体が当事者となる，原則的なケースを念頭において述べているものと解することができよう。

45)　それはまた，わが国におけるように当事者概念（いわゆる形式的当事者概念）と当事者適格が分離しているものと把握されているのではなく，当事者概念の中に適格の問題も含まれているという事情を示すための訳語でもある。

う、と[46]。前述した1966年連邦民事訴訟規則改正で17条(a)第1文と第2文を結んでいたbutを削除したのは、このような理解に基づいて、第2文は第1文の例外を成すものではなく、問題が生じそうなケースにつき、適格当事者を具体的に例示列挙した規定にすぎないことを明らかにすることが目的であった[47]とされている。

4．批判と現代的評価の試み

　以上が適格当事者条項についての現在までの一般的な捉え方であるが、このような理解のしかた自体にはおおむね異論はないものの、このような条項そのものの存在価値に懐疑的な立場をとる者が少数ながら存する。その先鋒はアトキンスンであった。彼の論文は、その当時まだ存在していたニューヨーク州の適格当事者条項を批判したもので、条文の文言の不適切ゆえに若干の裁判例において誤った結論が導かれていたことを論証している。彼によれば、「the real party in interest」という表現はやはり受益的な当事者を連想させやすいし、real party in interestがそれぞれの事件に一人しかありえないような印象を与える。「適格当事者によって (by)」ではなく「適格当事者の名で (in the name of)」という規定のしかたも新たに名義借用訴訟を誘発しかねないし、「ただし (except)」という表現も文言上はむしろ例外の趣旨としかとれない。のみならず、適格当事者条項の唯一の成果は譲渡や代位の場合の名義借用訴訟 (name suit) を廃止したことであるが、いくつかの州では直截に債権譲受人や代位者が自己の名で提訴できることを定めており、名義借用訴訟の排除の方策としては、伝統的な適格当事者ルールよりもこちらの方がベターである。さらには、コモン・ローとエクィティを統合した近代的な訴訟制度のもとでは、特別の規定がなくとも、コモン・ロー独自の伝統的なしがらみに基づく奇習（名義借用訴訟）がのさばる余地はない。ムーアは、適格当事者条項をより正確に言い換

---

46)　Clark, op. cit., at 186-187.
47)　諮問委員会注釈 39 F. R. D. 69, 84.

えれば,「訴訟で実現を求められる権利を実体法上有する者の名で訴訟が追行されるべきである」ということである,と述べているが,それは自明のことである。そこで,結局,適格当事者条項はミスリーディングであるばかりか,不必要なものであって,削除さるべきである[48],と。このようなアトキンスンの主張に基づいて,前述のように,ニューヨーク州では適格当事者の規定(連邦規則の第 1 文に相当する部分)は 1963 年に削除されたのであった。ケネディもアトキンスンの考え方に賛成し,連邦規則 17 条(a)の第 1 文の削除を主張している[49],[50]。

　これらの批判におそらくは触発されて,近時,適格当事者条項に新たな意義を見出そうとする動きがある。たとえば,1966 年改正の際の諮問委員会注釈は,債権譲受人に自己の名で提訴することを許すという当初の目的が既に達成された現在,この条項の消極的側面における現代的機能は,真の利益帰属者 (the party actually entitled to recover) の後訴から,前訴の既判力によって被告を保護することを保障することにあるとしている[51]。これは,利益帰属者への既判力拡張の前提として,前訴の原告が信託の受託者や遺産管理人といった(訴

---

48) 以上については,Atkinson, supra, at 957-960. もちろん,削除によって,従来適格当事者という言葉のもとに考えられていた実質的内容に変更が生ずるわけではない。

49) Kennedy, supra, at 724. なお,ケネディは特に州籍相違裁判権と適格当事者条項との関連を検討したうえで削除論を唱えているのであるが,残念ながら本稿では,導入部分でさらに新たな問題に寄り道する余裕がない。さしあたり,3A Moore, § 17.02, at 23 note 16 のごく手短かな要約を参照されたい。

50) Kaplan, Continuing Work of the Civil Committee : 1966 Amendments of the Federal Rules of Civil Procedure (I), 81 Harvard Law Review 356, 412 (1967) も適格当事者条項(第 1 文)の不適切さを指摘し,適格当事者とは実体法によって提訴権を与えられている者であるというだけでは,remission of the inquiry にすぎないと述べている。

51) 1966 年諮問委員会注釈 39 F. R. D. 69, 85. 同旨,6 Wright & Miller, § 1541 at 635 ; Pacific Coast Agricultural Export Ass'n v. Sunkist Growers, Inc., 526 F. 2d 1196 (C. A. 9th, 1975) など。

訟担当資格を有する）適格当事者であったことが必要であるところから，当然導かれる観察である。しかし，このことは既判力論におけるプリヴィ[52]（privy）の理論にいわば包含される関係にあり，いわずもがなのことであって，少なくとも，適格当事者条項が法文として存在しなければ基礎づけができないという問題ではない[53]。そもそも，適格当事者というのは，これらのケース（訴訟担当）も含めた，より広範な概念であったはずである。

ところで，これとは別に，ジェイムズ＆ハザードは，適格当事者条項の意味について興味深い説を述べている。（ジェイムズではなく，おそらく）ハザードの説くところによれば，当該請求（claim）を強行〔実現〕する資格を〔実体法上〕与えられている「その」当事者こそ原告と表示さるべきである，というのが適格当事者条項の趣旨であるとの考え方を裁判所は採っているが，これでいくと，今日の公共問題訴訟において"standing to sue"の概念に関して生じたのと同じ困難な諸問題に行きあたる。このことは，係争問題につき訴訟を通じて強行〔実現〕できる権利を有するのは誰か，といった実体的概念とは別個独立の，適切な原告（proper party plaintiff）という手続的概念が存することを示唆している。ここから，ハザードは，適格当事者条項のより正確な意味は，「訴訟で主張されている権利の強行〔実現〕を求めている者が，原告となるべきである」ということであり，この者がその主張する権利を本当に有するかどうかは実体法に照らして決せられることである，とする[54]。ハザードがstanding[55]に

---

52) 吉村徳重「判決効の拡張とデュー・プロセス（一）―アメリカ法の視点から」法政研究44巻1号16頁。

53) 従って，委員会も，適格当事者条項の前述のような機能を重要なものと考えているわけではなく，そのような機能しか果たさなくなったという表現をしている。キャプランはさらに，そのような機能しか果たさないのなら，問題の多いこの条項をあえて存置するほどの必要性はないことを示唆している。Kaplan, supra, at 412.

54) 以上については，James & Hazard, op. cit., §9.2, at 396.

55) Standing の概念については，伊藤眞「米国における当事者適格理論発展の一側面（一），（二）」民商法雑誌81巻6号1頁，82巻1号1頁，藤田泰弘「アメリカ

ついてどのような考え方を採っているのかはともかくとして，適格当事者原則に関する従来の定説が実体法による提訴資格の具備を当事者概念のなかに取り込んで，いわば実体的な当事者概念をとっていると思われる[56]のに対し，ハザ

合衆国における行政訴訟原告適格の法理」訟務月報 19 巻 5 号 59 頁など参照。適格当事者も standing も，本案審理を求める資格を基礎づけるに足る十分な利益を有する原告を選別するために用いられる。6 Wright & Miller, §1542, at 641. しかし，両者は別個の概念であり，たとえば次のような相違点をあげることができよう。

(a)適格当事者概念が理念型としては私人間の伝統的な二当事者訴訟を念頭においていると思われるのに対して，standing は，主として，政府またはその機関を被告とする行政訴訟（伊藤・前掲（一）762 頁注 7）によれば，現代型訴訟，競争的利益の侵害を主張する訴訟，納税者訴訟，jus tertii に関連する訴訟）において，連邦裁判所の判例によって形成されてきた概念である。Wright & Miller, Federal Rules and Practice, Jurisdiction and Related Matters (1975) §3531 ; Louisell & Hazard, op. cit., at 631.

係争利益という点からみれば，前者は伝統的な「市民の個別的利益」，後者は「不特定多数の市民の利益」（現代型訴訟では）に関係する，という大まかな位置づけも可能であろう。伊藤・前掲（一）754 頁参照。

(b) standing は「事件または争訟（case or controversy）」という憲法上の要件の一要素をなすとされており，連邦裁判所の事物裁判権に対するひとつの制約として機能する。そこで，standing に対する異議は，適格当事者でないという異議と異なり，放棄ないし喪失（waiver）に服さず，裁判所が職権でこれをとりあげることができる。6 Wright & Miller, §1542, at 642-643. なお，この両者の概念を混同した判例も多い（6 Wright & Miller, §1542, at 641）が，両者の区別を具体的に示すものとして，たとえば，Kent v. Northern Cal. Reg. Off. of Amer. Friends Serv. Com., 497 F. 2d 1325, 1329 (C.A. 9th, 1974)；Apter v. Richardson, 510 F. 2d 351, 353 (C.A. 7th, 1975). さらに，6 Wright & Miller, §1552, at 694. 参照。

しかし，一般に，standig という言葉は上記のようなテクニカルな意味でのみ用いられるとは限らないように思われる。一例として，17 条(a)項の 66 年諮問委員会注釈 39 F. R. D. 69, 84 の下から 10 行め。

56) いわゆる実体的当事者概念とは訴訟物たる実体的権利関係の主体が当事者であるとする考え方であるが，これは訴訟担当などの場合を統一的に把握できないのが難点とされ，今日ではほとんど顧られない。アメリカの適格当事者概念は訴訟担当者を含むものであるから，実体的当事者概念とはもちろん異なるとみなけれ

ードは，おそらく形式的当事者概念を前提として，単に「権利の強行〔実現〕を求める（seek）」ことをもって当事者適格具備の要件としているようであり，この意味において，日本法の——給付訴訟における——当事者適格の概念と共通の思考方法を採っているといえそうである[57]（ドイツ等における訴訟法理論の影響か）。

さて，以上で適格当事者条項の意味の変遷を素描してきたわけであるが，当事者概念や当事者適格の指標としては，この用語は適切なものとはいえないようである（元来，債権の譲受人や代位者の提訴権に，訴訟法の観点からも正統性を与えんための用語であったものを，普遍的な用語としてその意味を拡張しようとするところに無理がある）[58]。しかし，その現在の解釈はおおむね一致しているので，本稿でも，以下，この用語とその定説的概念を前提として，当事者変更の制度を概観してゆく。

なお，適格当事者条項は，表現の上では原告のみを対象としているが，被告

　　ばならない。これに対し，「紛争財産」の管理権を有する者を当事者とみる説（機能的当事者概念）などには親近性を有するようにみえるが，無理にあてはめをすることは適切ではなかろう。伊東乾「訴訟当事者の概念と確定」中田淳一先生還暦記念『民事訴訟の理論（上）』62頁（有斐閣，1969年），福永有利「民事訴訟における『正当な当事者』に関する研究（三）」関大法学論集17巻5号50頁，上野泰男「法定当事者変更総論（上，下）」判例タイムズ313号26頁，314号46頁など参照。

57) もっとも，日本法では，給付請求権を被告に対して主張することだけで原告適格が基礎づけられるのは，その請求権を自分が有すると主張する場合だけであって，訴訟担当の場合は，担当者の当事者適格を基礎づける関係（管理処分権など）についてはこれを主張するだけでは足りず，証明に成功しなければ当事者適格を欠くものとして訴えは却下されることになろう。このように，日本法では，利益帰属主体自身が当事者になる場合と訴訟担当の場合とは当然区別して考えられていると思われるが，アメリカ法における適格当事者という概念には，定説によれば，利益帰属者も訴訟担当者も含まれるので，ハザードが本文のようにいうのはこの両者についてなのか，利益帰属者についてだけなのかという疑問が生ずるが，おそらく日本法と同様の立場ではなかろうか。

58) Louisell & Hazard, op. cit., at 650-651.

側についてもこれと裏返しの同様の概念が想定できるはずであり，判例にもその例が現われている[59]。そして，当事者とすべき者を誤った場合の当事者変更（規則15条，17条(a)項第4，5文）や，訴訟係属中の死亡や利害の移転に基づく当事者変更（規則25条）においては，実体的法律関係に合わせて訴訟当事者の変更が行われるわけであるから，誰が適格当事者である（と考えられる）かは，いうまでもなく，これらの制度においては重要な前提問題をなしている。

III 当事者とすべき者を誤った場合の当事者変更

1. 総　　説

(1) ここで扱うのは，甲が原告となるべきところ乙が原告として提訴した場合や，原告がAを被告とすべきところ誤ってBを被告とした場合を典型とする当事者変更である。

連邦民事訴訟規則では，原告側の変更と被告側の変更とは，文言上は別個の条文で定められており，前者は適格当事者に関する規定（17条(a)項第4，5文）に，後者は訴答修正に関する規定（15条）の中に盛り込まれている[60]。この両

---

[59]　3A Moore, §17.07, at 76-77. "defendant-real party in interest" という表現も一部にみられる。Id. note 8. もっとも，proper party defendant という表現の方がふつうである。原告についても proper party plaintiff という言い方がよく用いられる。

　なお，アトキンスンは，適格当事者条項削除論の立場から，やはり，原告と被告とで当事者概念（ないし適格概念）に本質的な違いはないことを承認している。「〔被告側についても〕立場が逆になるだけで，事情は同じである。実体法の諸原則が，誰が訴えられるべきかを示すに十分であるならば，それらは誰が訴えるべきかを決するにもまた十分である。いずれの側についても公式は不要である。」Atkinson, supra, at 960.

[60]　規則21条も，共同訴訟に関連して当事者の変更を定めている。21条は当事者の追加および排除について定め，15条は当事者に関する場合だけでなくその他に関する変更をも訴答修正という形で定めている。このことから15条を一般規定，21条を特別規定とみて，後者を優先させた判決もあるが，それでは後述のように当然の権利としての訴答修正が当事者変更の場合には許されなくなってしまうと

者には，表面上は相互の連絡はないが，前述のように，適格当事者という概念は被告についても暗黙のうちに想定されているし，他方，訴答書面の修正そのものは原告側変更の場合にも当然必要であり，現に，規則17条(a)項に第4，5文が追加されるまでは，被告側のみならず原告側の変更ももっぱら規則15条（訴答修正）の問題として扱われていた[61]（現在でも主に15条のもとで扱われている）。また，1966年改正時の諮問委員会注釈は，15条(c)項の基本的なポリシーが原告側の変更にも類推されるべきことを明言している[62]。そこで，まず初めに，双方の条文を一カ所に並べて掲げておく。

　17条　「(a)項……（第1文〜第3文は略。前節参照）……訴訟が適格当事者の名で追行されていないときでも，〔裁判所は，〕その旨の異議が述べられたのち，訴え提起に対する適格当事者の追認またはその加入もしくは交替のために相当の期間を許与し，それが満了するまでは，訴えを却下してはならない。かような追認，加入または交替があったときは，訴訟は適格当事者の名で提起されたと同一の効力を有するものとする。」〔1966年追加〕
　15条　「(a)項　訴答書面の修正　　当事者は，応答訴答書面が送達されるまでならいつでも，1回は当然に，自己の訴答書面を修正することがで

いう不都合がある。また，15条全般と比較することがそもそも疑問であり，15条の中に体現されている当事者変更に関する法規範と21条とを比較してみれば，むしろ15条の方が特別規定的地位にある。6 Wright & Miller, §1479, at 400-402. 本稿では，21条に関してはとりたてて触れないことにする。
　なお，規則4条(h)項も15条に関連がある。これは呼出状およびその送達証書の修正について定めるもので，当事者の変更（および表示の訂正）はこれにも関係してくるが，同条項での修正は15条での修正に準じて考えれば足りるようである（少なくとも出訴期限との関係では，15条(c)項が準用ないし類推適用される）。Id. at 402 ; 4 Wright & Miller, §1131 ; 2 Moore, §4.44.

61)　たとえば，17条(a)項第4，5文追加の動機として諮問委員会が掲げた判例（Levinson v. Deupree, 345 U. S. 648 (1953) ; Link Aviation, Inc. v. Downs, 325 F. 2d 613 (C. A. D. C., 1963)）参照。
62)　39 F. R. D. 69, 84.

き，また，その訴答書面が応答訴答書面の許されないものであって，当該事件がまだトライアル事件簿に登載されていないときは，自己の訴答書面が送達されてから20日以内ならば，同様に，いつでもこれを修正することができる。その他の場合には，当事者は，裁判所の許可または相手方当事者の書面による同意があるときに限り，自己の訴答書面を修正することができる。裁判所は，正義の要請するところに従い，寛大にこの許可を与えなければならない。〔相手方〕当事者は，裁判所が別段の命令を下さない限り，当初の〔＝旧〕訴答書面に対する残余の応答期間内または修正〔＝新〕訴答書面の送達後10日以内のうちいずれか長い方の期間内に，修正訴答書面に応答する訴答書面を提出しなければならない。」

「(b)項 証拠に一致させるための訴答修正 訴答書面において提示されていない争点が当事者の明示または黙示の同意のもとにトライアルで争われたときは，これらの争点はいかなる関係においても訴答書面において提示されていたものとみなされる。訴答を証拠に一致させてこれらの争点を提示するために必要な訴答書面修正は，当事者の申立てに基づき，いつでも，判決が下された後でも，することができる。もっとも，かかる修正をしなくとも，これらの争点の審理の結果に何ら影響はない。ある証拠が訴答によって明らかにされた争点に関連性がないとの理由で，トライアルにおいて異議が述べられたときは，裁判所は訴答書面の修正を許すことができ，また修正によって事件の実相がより明らかになるときは，異議者の側においてかかる証拠の許容により本案の攻撃または防御に関して自己が不当な不利益を蒙る旨を証しない限り，裁判所は修正を寛大に許さなければならない。裁判所は，異議者がかかる証拠に対処できるようにするため，期日の続行を許すことができる。」

「(c)項 訴答書面修正の遡及 修正訴答書面において主張されている請求または防御が，当初の訴答書面において提示されたもしくはされようとしていた行為，事件または出来事から生じたものであるときは，その修正の効果は常に当初の訴答書面の日付にまで遡及する。請求の向けられて

いる当事者〔＝被告〕を変更する修正は，右〔第１文〕の要件が満たきれ，かつ，修正によって訴訟に引き込まれるべき当事者が，自己に対する訴え提起の法定期間内に，(1)　本案に関する防御を行うに際して自己が不当な不利益を蒙らないですむような訴訟提起の通知を受けており，さらに，(2)　誰が正当な当事者であるかについての〔原告の〕誤解さえなければ当該訴訟が自己に対して提起されたであろうことを知っていた，もしくは知るべきであった場合には，遡及効を有する。

　　合衆国またはその機関もしくは官吏が被告として訴訟に引き込まれる場合は，合衆国検事，検事が指名した者，合衆国司法長官，または，〔訴状等に〕表示されていれば正当な被告となっていたであろう政府機関もしくは官吏に対して令状が交付または郵送されていれば，本項の(1)および(2)の要件は満たされる。」〔第２文，第３文は1966年追加〕

　「(d)項　補充訴答書面[63]（略）」

　(2)　いうまでもなく，訴答書面の修正（および補充）を定める15条は，当事者の変更だけに関する規定ではない[64]。たとえば，15条(a)項のもとで認められている訴答修正の主な類型として，管轄権を基礎づける主張の瑕疵の是正，請求または防御に関する主張の不十分の是正（当事者の名称誤記の訂正を含む），

---

63)　訴答書面の補充（supplement）と修正（amendment）との違いは，その原因となる事実等が，前者の場合は「補充を求められている訴答書面の日付以後に生じた」（d項）ことを要し，後者の場合は修正される訴答書面の日付以前に既に生じていたことを要する点にある。6 Wright & Miller, §1473, at 375. 訴訟当事者はまず訴状に表示されるのであるから（規則10条(a)項），本節で問題としている当事者変更は訴状の日付以前（提訴以前）にその原因が生じていた場合，つまり修正（amendment）の方に該当する。

64)　当事者を変更する訴答修正がここに含まれること自体は，州法典中のこれに相当する規定をみても明らかである。たとえば，カリフォルニア州やアーカンソー州の規定には，「当事者の名を追加もしくは削除し，または当事者の名称その他の誤りを訂正する」訴答修正が明記されている。Clark, Code Pleading, 710, 711.

請求の法的性質ないし法的視点の変更，当事者の資格の変更，新たな請求や防御（方法）の追加，請求額の拡張や別種の救済への転換[65]，そして，当事者の追加・交替・排除（drop）などが挙げられている[66]。この分類から，15条の中には，いわば，訴訟の客体に関する修正と訴訟主体に関する修正[67]とが同居していることがわかる。本稿は前者を直接の対象とするものではない[68]。しかし，たいていの文献は，修正の許否を論ずるに際して両者を明確に区別せずに論述していることが多く，さらにいえば，客体面での修正を中心に据えて考え，そこでの考慮を主体面での修正にも及ぼすという態度をとっている。従って，以下では，15条全体にかかわる基本的なポリシーはもとより，客体面の

---

65) これらに関しては，54条(c)項が存在する故に，必ずしも訴答の修正をする必要はないといえる。しかし，当初申し立てたものとはまったく異なる救済を得たい場合に裁判所の注意を喚起する意味もあるし，何よりも，欠席判決が下される場合は当初の請求の趣旨に拘束されるという不都合もあるので，これらの点に関する訴答修正の意義が失われるわけではない。6 Wright & Miller, § 1474, at 386. なお，谷口安平「アメリカ民訴における判決の申立と裁判」法学論叢88巻1・2・3号106頁参照。

66) 6 Wright & Miller, § 1474; 3 Moore, § 15.08〔3〕.

67) 訴訟主体に関する訴答修正としては，当事者の名称誤記の訂正，当事者の資格の変更，および当事者の追加・交替・排除がある。

　名称誤記（misnomer）は，単なる表示の訂正と同視することもできるが，原告が当初から意図していた被告，しかも正当な被告が出廷しているのであれば表示の訂正だけですむが，誤記によって原告の意図せざる者に訴状が送達され，しかもそれが正当な被告でないならば当事者の交替が必要になる，というように分けて考えることもできよう。

　資格の変更は当事者の同一性を損わないとされている（3 Moore, § 15.08〔5〕, at 115. など）。たとえば，死者の唯一の相続人が州法に基づいて自分個人の資格で提訴し，後に連邦法に依拠して死者の人格代表者の資格に変更する訴答修正をする場合（Missouri, Kansas & Texas Railway Co. v. Wulf, 226 U. S. 570 (1913)），法的にみれば原告は相続人から人格代表者に変更されているわけであるが，ただ人物そのものに変更はないという意味で，原告は同一である。このような場合の資格の変更は，訴訟の客体に関する変更（法的視点の変更）を伴う。

68) これ（特に，我国でいう訴えの変更）については，吉村徳重「アメリカにおける訴訟物論の展開」民事訴訟雑誌11号30頁，65頁以下を参照。

修正の許否に関する議論にも，随時，ある程度言及する必要がある。

(3)　連邦規則の重要なポリシーのうち，15条に関連するものとして，次の点が挙げられる。すなわち，規則は，訴答段階における手続的技術的な争いを排除して，事件の実質 (merits) が判断される機会を最大限に保障しようとしている。そして，そのために，規則は，過去の経験から，事実の顕示や争点形式の役割はこれを別の方策に委ね，訴答には，訴答者の請求または防御の性質および問題とされている事件につき，相手方に notice を与えるという，限定された役割を付与しているのである[69]。訴答はそれ自体が目的なのではなく，事件を適切に提示するための手段にすぎない。それは常に，事件の核心 (merits) についての審判を促進するものであるべきで，これを妨げるものであってはならない[70]。そこで，15条はかなり寛大に訴答修正の余地を認めており，ヴェアリアンス（訴答における主張とトライアルで提出される証拠との不一致）も，訴答がもはや一般的ノウティス機能しか果たさないので，もはやかつてのような致命的な意味を持たない[71](15条(b)項)。このようなリベラルな方針は当事者を変更する訴答修正についても妥当する。

次に，15条の構造を概観しておこう（前掲条文参照）。総則的地位を占める15条(a)項は，手続の進行段階で二大別し，当然の権利としての訴答修正と，裁判所の許可または相手方の同意を要する訴答修正を定めている。まず当然の

---

[69]　6 Wright & Miller, § 1471, at 359, 360. なお，issue pleading, fact pleading から notice pleading への変遷につき，吉村・前掲（注68）37頁以下。

[70]　3 Moore, § 15.02 〔1〕, at 13. なお，Conley v. Gibson, 355 U. S. 41, 48, 78 S. Ct. 99, 103（「連邦規則は，訴答というものは弁護士がひとつミスを犯すと訴訟の結果に決定的な影響を及ぼすような技倆のゲームであるという考えを斥け，訴答の目的は本案についての適正な判断を容易にすることにあるという主義を採用している」）。

[71]　James & Hazard, Civil Procedure, 152 ; 3 Moore, § 15.02 〔1〕, at 14. なお，規則1条，8条(f)項，61条もこのような基本方針を支える精神的基盤を提供している。3 Moore, Id.

権利としての修正[72]は，手続のきわめて早い段階に限って[73]，しかも1回だけ許される。相手方は，応答訴答書面（答弁書等）を送達する前であり，しかも修正訴答書面が送達されてのち10日間は応答書面提出の機会が保障されているので，不利益はまずない[74],[75]という。当然の権利としての訴答修正が認められる期間が満了したか，またはこの期間内にひとたび修正をしたときは，それ以後は裁判所の許可または相手方の同意を得なければ訴答修正はできない。相手方の同意[76]のある場合は問題ないが，同意が得られる場合は少ないであろ

---

[72] 当然の権利としての訴答修正によって当事者の変更が行われる場合，規則21条の制約（裁判所の命令，つまりは裁判所の許可）を受けないことについては，6 Wright & Miller, §1479, at 400-402.

[73] 応答訴答書面が許される場合には，これは相手の訴答書面が送達されてから原則として20日以内に送達しなければならない（12条(a)項）ので，結局，修正は，もとの訴答書面を送達してから原則として20日以内にしなければならないことになる。6 Wright & Miller, §1480, at 406.

[74] Id. at 405.

[75] 「当然の権利としての訴答修正」に一脈相通ずるような考え方が我国でも提唱されていることは興味深い。すなわち納谷教授は，当事者の同一性を損わずにその表示を訂正する場合のほかに，「相手方の不誠実な言動によって紛争主体を見誤った場合」や「法的主体に関する法的構成の点に錯誤があったり又は見解が対立していた場合など」においても，第1回口頭弁論期日の終了前までは，「表示の訂正」として自由に訂正又は補正しうると解すべきである，と主張されている。納谷廣美「当事者確定の理論と実務」『新・実務民事訴訟講座Ⅰ』250頁（日本評論社，1981），251頁。なお，教授は，「表示の訂正」という言葉は当事者の同一性が認められる場合にのみ使用すべきであると述べておられるので（同261頁注52），第1回口頭弁論期日終了まで（教授によれば，この時までが当事者確定理論の機能領域である）は，表示の訂正は必ずしも「本来的な意味における」そればかりとは限らないことになろうか。

[76] 規則は「書面による同意」と規定しているが，その方式などは特に定めていないために，判例はかなり柔軟にこれを解釈している。たとえば，法廷での口頭の同意が調書に記載されておればそれでも足りるし，また，被告が反訴を主張するために裁判所の許可なくその答弁書を修正したのに対し，原告が異議なくreplyを提出すれば，これも「書面による同意」になる。より詳細には，6 Wright & Miller, §1940.

うから,多くの場合は裁判所の許可を求めることになろう。許可するか否かは裁判所の裁量に委ねられている。修正の許可を求める申立てをしうる時期については特に制限はない[77]が,上訴審では原則としてなしえない[78]（第一審に差し戻された後には,もちろんなしうる）。しかし,一般に,時が経てば経つほど,許可は認められにくい（裁判所の裁量のなかで考慮さるべき最大のファクターであるところの相手方の不利益——証拠の散逸や迅速な裁判を受ける権利の侵害——が増大するからである[79]）。なお,訴答書面で示されていなかった争点が当事者の明示または黙示の同意をもとにトライアルで争われたときは,かかる争点は訴答書面において提示されていたものとみなされる（15条(b)項第1文[80]）。ところで,訴答修正に出訴期限の問題がからんでくることがある。たとえば,当初主張していた請求を別の請求に変える場合や,当事者の交替や追加によって新たな請求が導入される場合,その新たな請求については既に出訴期限が経過していたというとき,常に出訴期限法を機械的に適用すると,原告に酷な場合がある。このようなケースを規律するために設けられたのが(c)項である。(c)項は,もとの訴答書面に示されていた事件ないし事実関係という枠の中で出訴期間の進行の停

---

77) 6 Wright & Miller, §1488, at 436-437.

78) 訴えの変更や当事者変更の場合に関しては,2審制のもとで事実審（第1審）を奪ってしまうことはできない,というような根拠づけも可能であろうが,訴答修正自体にはその他様々な場合がありうるのであって,訴答修正一般に関しては,上訴が提起された後は地裁はその事件に対する裁判権をもはや有しないので訴答修正はできないのである,と説かれる。6 Wright & Miller, §1484, at 420, §1489, at 448. もっとも,地裁で訴答修正の申立てが却下され,上訴のなかでこれが争われた場合,上訴裁判所は,この却下を地裁の裁量権の濫用と認めるときは,訴答修正を許すように指示をつけて事件を差し戻すことができる。Id. §1489, at 449. なお,例外的に上訴審で訴答修正をなしうる2つの場合につき,Id. §1489, at 449, 450.

79) Id. §1488, at 439-441.

80) (b)項第1文は,54条(c)項の精神とあいまって,「一定の場合,主張はされていないが証拠に顕われた事実を認定することを許」すものであり,「これは職権証拠調を含まない職権探知主義にほかならない。」谷口・前掲（注65）127頁。

止を認め（訴答修正の遡及効という形で），さらに当事者の変更の場合には，これに加えて，新被告が訴訟係属のノウティスを受けていたことなどの要件を設けて妥当な解決を図ろうとしている。我国では，任意的当事者変更に関して，時効の中断や出訴期限遵守の効果は当初の提訴時を基準にするのか当事者変更の時に生ずるのかという問題はさほど論じられていないが[81]，アメリカではむしろ出訴期限との関連が中心問題をなしている感がある。この(c)項（遡及条項）は，出訴期限が問題になる限りは，(a)項，(b)項（ただし第1文の場合を除く）および(d)項のすべての場合にかぶさってくる[82]。

(4) ところで，原告側の変更については15条と17条(a)項（第4，5文）の双方が適用可能なので，両者の関係が問題となる。正当な原告への変更を寛大に認めようという基本的な方針においては，両者は共通の基盤に立っている。しかも，1966年に追加された部分（15条(c)項第2文以下，17条(a)項，第4，5文）はいずれも，出訴期限の経過による失権（提訴権の消滅）から正当な当事者を保護することを眼目としている[83]。しかし，それぞれの条文をみると，かなり規定のしかたが異なっている。15条(c)項では事件の同一性や通知などの要件が明示されているのに対し，17条(a)項では相当の期間の許与や適格当事者による追認という方法が規定されている。けれども，相当の期間の許与というのは訴えを却下するときの前提要件であり，また，追認はむしろ当事者変更の代替

---

81) 当初の提訴時を基準にしてよいとする説（裁判上の権利行使の意思が明確になった時点をとらえる）として，新堂幸司『民事訴訟法（初版）』526頁（筑摩書房，1974年），納谷・前掲（注75）253頁注32，佐上善和「当事者確定理論再編の試み――紛争主体特定責任に関連して」立命館法学150-154号543頁，当事者変更の時を基準にする説（正当な相手方に対する権利行使であるか否かを重視する）として，中野・松浦・鈴木編『民事訴訟法講義』563頁（松浦）（有斐閣，1976年），右田堯雄『民事訴訟法』455頁（嵯峨野書院，1978年）。

82) 6 Wright & Miller, §1496, at 483-484. なお，(c)項の訴答修正に対しても，総則的地位にある(a)項において考慮されるファクターが少なくとも間接的には及んでくるという。Note: Federal Rule of Civil Procedure 15 (c): Relation Back of Amendments, Minnesota Law Review 83, 88 (1972).

83) 諮問委員会注釈 39 F. R. D. 69, 85.

的手段といえる[84]から，当事者変更の具体的な要件は15条によって規律される，といえよう[85]。なお，後述参照。

(5) 我国における任意的当事者変更に関する議論では，従前の訴訟追行の結果を新当事者や相手方がどの程度まで利用できるかが大きな注目を集めており，しかも，近時は，これをかなり広く認めようとする傾向にある[86]。

これに対し，アメリカ法では，この点はあまり論じられていない。ただ，そもそも訴答修正という制度は訴えの当初の目的を完遂するために従前の手続に修正を加えるものといえるから，当事者変更のケースでも，ここに含まれる以上は，従前の手続で形成されたものが一挙に無に帰して一からやり直さなければならなくなるとは考えられない。当事者の変更によって訴訟関係の同一性が失われるかというような観念的な議論がみられない，プラグマティックな思考風土の国であるからにはなおさらである。当事者を変更する訴答修正が寛大に許されるからには，トライアルの開かれる順位の確保もさることながら，従前の訴訟資料をある程度流用できるというメリットも存するからであろうと推測される。

ある注釈書によると，当初の〔＝旧〕訴答書面は修正〔＝新〕訴答書面に代置されることによりその効力を失うが，修正訴答書面には，10条(c)項の引用規定に準拠して，旧訴答書面の中の主張のいくつかまたはすべてを引用するこ

---

84) 追認という方法が利用されることは稀である。3A Moore, §17.15-1, at 184（追認が認められた例として，Southern National Bank of Houston v. Tri Financial Corporation, 317 F. Supp. 1173 (1970)）。この場合は，わが国でいう任意的訴訟担当の形になろう。

85) 前述のように，諮問委員会注釈によれば，直接には被告の変更を定めている15条(c)項は，原告側へも類推適用される。

86) いわゆる特殊行為説は，従来の訴訟追行の結果を可能な限りそのまま利用することをむしろ主眼とするものであるし，通説たる複合行為説でも，近時は，援用によって従来の訴訟結果をかなり広範囲に利用できるとする説が有力である（福永有利「任意的当事者変更」『実務民事訴訟講座Ⅰ』108頁以下〔日本評論社，1969年〕など）。

とができる。ただし，引用される個々の主張の表示（identification）は直截明瞭でなければならない。ここでは相手方や裁判所（おそらくは，特に陪審）にとっての理解しやすさが唯一の関心であり，混乱を招かないように留意されている。従ってまた，そのためには，より安全な方法として，引用したい部分を新たな訴答書面にすべて書き写し，それのみで完結するひとつの訴答書面にすることが推奨されている[87]。これによると，従来の主張を援用することと修正訴答書面の中で再度同じ内容の主張を繰り返すこととの間には，本質的な違いはないと考えられていることになる。しかし，我国での関心からすれば，引用（援用）できるということの方に注目することになろう。なお，訴答修正後に，旧訴答書面の中の主張が，自白としての意味を持つにいたることがありうるが，これは正規の自白とは認められず，ただ証拠のひとつとしてのみ斟酌されうる。また，訴状が修正されると被告はこれに対応して答弁書を修正する権利を原則として与えられるべきであるが，旧答弁書でしていた自白はその効力を失うという[88]。

　以上のことは訴答修正全般について述べられていることで，任意的当事者変更だけに限ってみた場合どうなるかは今ひとつ明らかでないが，基本線は維持されるであろう。いずれにせよ，従前の訴訟追行の結果の利用がアメリカでどのように行われているかについての詳細は，ここでは残念ながら留保せざるを得ない。

　(6)　従来，訴答修正は訴訟原因（cause of action）に変更をきたさない限りで許されるとされていた。そこで，訴訟原因と訴答修正との関係について，ここで若干触れておく必要があろう[89]。コモン・ロー上の訴訟方式の区別は諸州の

---

87)　6 Wright & Miller, §1476, at 392.

88)　6 Wright & Miller, §1476, at 390, 391. アメリカでは当事者変更が訴答書面の修正という項目で扱われるせいか，トライアルでの証拠調べの結果の流用の可否・程度については，残念ながら不明である。

89)　詳しい紹介として，吉村・前掲（注68）65頁以下。また，アメリカ法における訴訟物理論の発展の詳細については，吉村徳重「アメリカにおける訴訟物をめぐる学説の展開」中村宗雄先生古稀祝賀『民事訴訟の法理』317頁（敬文堂，1965年）。

法典によって廃止されたが，これに代わってリーガル・セオリーの原則が形成され，法的視点 (legal theory) が訴訟原因の同一性を画する基準となった。平たくいえば，実体法上の権利によって訴訟原因が区別されたのであり，訴答修正はこの枠の中でのみ許されていた[90]。しかし，20世紀に入ると，訴訟原因とはひとつまたは複数の権利を根拠づける主要事実の集合体であり，その範囲は，具体的な事件についての審理上の便宜に基づき裁判所によってプラグマティックに決せられるとする見解が有力となった[91]。連邦規則は訴訟原因という言葉を用いず，claim ないし claim for relief という表現を用いているが，この用語の下に，この有力説——事実的訴訟原因 (factual cause) 概念，以下広義の訴訟原因概念という——を採用したものといわれる[92]。そして，15条(c)項にいう「行為，事件または出来事 (conduct, transaction, or occurrence)」もまた，広義の訴訟原因の概念に相当するといって差し支えなかろう[93]。ただ，連邦規則がこの言葉を用いずに請求や事件という表現をしていることから，広義の訴訟原因の概念は不要であると考えてか（あるいは，プラグマティックな訴訟原因概念を不明確なものとして排斥する立場に立ってか），この言葉を狭義で（つまり法的視点によって画されるものとして）のみ用いる者もありうる。従って，各文献や判

---

90) 詳細については，吉村・前掲（注68）56頁以下，同・前掲（注89）321頁。
91) Clark, op. cit., at 137 and passim ; James & Hazard, op. cit., at 75 ; 吉村・前掲（注68）36頁注6。「法律家でない者が自然に行うであろうごとく，諸事実を素人的または非法律的にひとつの単位に分類するやり方が最も実際的であるということである。」Clark, op. cit., at 137.
92) Clark, op. cit., at 147-148.
93) Clark, op. cit., at 731. クラークは，訴訟原因を事実の集合体とみる考え方は歴史の古いもので，自分は，裁判所は現実には何を行うのかというリーガル・リアリズムの観点からこれに色付けしようとしているにすぎないこと，そして，審判の単位をさすものとしては，transaction, event, occurrence といった月並みな抽象的概念に依るべきこと，換言すれば，諸々の出来事の時間，因果的連鎖および一体性によって枠づけられる事実的単位を採用すべきこと，ただ，事件云々の概念はそれ自体では明確なものでないから，究極的には法廷で司法的なものさしをあてられて具体化されねばならないこと，などを強調している。Id. 143.

例においてこれがどちらの意味で用いられているかについては、注意を要する[94]。

それはともかく、15条(c)項第1文は、前述のように、広義の訴訟原因を前提として、それと実質的に等範囲である事件の同一性を基準に、遡及的訴答修正の許否を決することとしている[95]。換言すれば、同一事件の範囲内では、出訴期間の進行が当初の提訴によって停止されるということである。ここでは、訴訟原因の概念ないし範囲をどのように構成すべきかという問題に、出訴期限の考慮がからんでくる。出訴期限法の目的はいくつかある。第1に、古びた (stale) 請求から被告を保護することが挙げられる。記憶が薄れ、証拠が散逸したのちに応訴を強いることは、被告に防御上不利益を課すことになる。第2に、被告は一定の時の経過によって自己の義務がもはや清算されたという合理的な期待を抱いてしかるべき場合がある。従って、一定の時の経過とともに、訴訟の心理的不安から被告を解放する必要がある。第3に、事実関係が不明瞭になった古びた請求を審理することは、裁判所にとっても困難であり、負担増大によって効率的な裁判運営に支障をきたす恐れがある。さらには、古い債権を突如訴求することが取引に及ぼす悪影響をも見逃すことはできない[96]。このような理由から、法は一定の期間内に提訴権を行使することを原告に要求しているのである。これを被告の側からみると、出訴期限法は、被告となる者

---

94) たとえば、Wright & Miller は狭義で用いる傾向があるように思われる。なお、Id. § 1506, at 549.

95) これは、全く別の事実関係を提示することになるような重要な主要事実の大幅な変更がない限りは、遡及的訴答修正が許されるということである。法的視点のみの変更は、もちろん妨げられない。Clark, op. cit., at 731. なお、6 Wright & Miller, § 1497, at 489-490, 501. ちなみに従来のリーガル・セオリーの原則およびロー・ツー・ロー変更禁止の原則の下では、原告が当初の訴状で請求の法的根拠を誤ったとき、出訴期限の経過後は、たとえ同じ事件について救済を求めているのであっても、もはや訴答修正によってはこの誤りを是正することは許されなかった。James & Hazard, op. cit., § 5.7, at 165.

96) James & Hazard, op. cit., § 5.7, at 165-166 ; Note, supra, at 84. なお、『注釈民法(5)』(有斐閣、1967) 274 頁 (早川武夫)。

に，自分に対してある請求が定立されているという正式の，かつ適時の通知を保障するためのものといえる[97]。そして，出訴期間内に既に訴えが提起されている場合には，出訴期限法の前述の政策目的（第1と第3）は，訴答修正を同一の法的視点の範囲内に制限せずとも，同一の事件の範囲内としておけば——通常は——達せられる。なぜなら，当事者はその事件に関連するあらゆる証拠を収集し，保存しようとするものであり，たったひとつの法的視点のみを根拠づける，または斥けるのに役立つ証拠に限定することはないであろうからである[98]。そこで，要するに，15条(c)項第1文は，一定の事件ないし出来事に関する訴訟の通知を既に受けた者は，強行〔実現〕を求められている権利の正確な法律的説明を受けている者以上に出訴期限の点で手厚い保護を受ける資格はない，という考えに立脚しているといえる[99]。ただ，事件の同一性という要件は，それ自体に意義があるのではなく，被告に対するノウティスの保障という実質的考慮に裏打ちされていることに留意しなければならない[100]。

---

97) 3 Moore, § 15.15 〔2〕, at 190.

98) James & Hazard, op. cit., § 5.7, at 166. なお，第2の目的については，出訴期間内にある事件に関して既に訴えが提起されているのであるから，被告がその同じ事件から生ずる別の法的視点に基づいては訴えられないだろうという期待を抱くのは，合理的とはいえない。Id.

99) 3 Moore, § 15.15 〔2〕, at 190.

100) 6 Wright & Miller, § 1497, at 495-98 は，事件の同一性という要件の裏には，修正訴答書面で提示される事項について被告に notice を保障しなければならないという考えがあることを力説し，次の諸判決を引用している。Tiller v. Atlantic Coast Line Railroad Co., 232 U. S. 574, 581 (1945) (「訴訟原因は……同一であり，本件は被害者の死亡に基づく損害賠償を求める訴訟である。本件におけるように，被告会社の操車場内における被害者の死亡を惹起した出来事に基づいて原告がある請求を強行〔実現〕しようとしている，という点について被告が当初からノウティスを得ていた場合には，出訴期間法を適用する理由はない」); Zagurski v. American Tobacco Co., 44 F. R. D. 440, 442-443 (1967) (「問題は，原告が追加しようとしている事実を被告が当初の訴状から知るべきであったかどうかである。……被告は，原告が被告の製造販売したタバコを喫ったことから蒙った損害の賠償を求めていることについて当初からノウティスを得ていた。〔従って，〕損害賠

当事者を変更する訴答修正の場合にも，上記と同様の考え方が妥当する。1966年に追加された(c)項第2文は，まず，事件の同一性という枠をここでも設定し，次に，その事件に関する訴訟が提起されたことの新被告への出訴期間内のノウティスがあったこと，および，原告の誤解さえなければその訴訟が本来自分に対して提起さるべきものであることを新被告が知っていたことまたは知るべきであったことを条件として，新被告に対する請求の出訴期間の進行の停止を認めたものである。この場合には，同一事件という枠による限定をしても，それだけでは当初から被告でなかった者に対するノウティスの推定は成り立たないから，さらに特別な要件が必要になる。このような通知ないし予知が新被告に対する手続的デュー・プロセスの要請に基づくものであることは明らかである[101]。原告側の変更の場合にも，この第2文の要件が類推適用されるという[102]。

　以上は出訴期限経過後の遡及的訴答修正（(c)項）の場合であるが，では，出訴期限経過前の訴答修正（(a)項）の場合はどうか。前に触れたように，かつては，法的視点で区切る狭い訴訟原因概念を前提として，訴答修正は訴訟原因の枠内でのみ許されるというルールが存在していたのであるが，訴訟原因の概念をプラグマティックな広義のそれに置き換えるだけでこのルールは現在も(a)項の下で通用するのであろうか——換言すれば，(c)項における事件の同一性とい

　　償のあらゆる法的根拠を予期し，それに対する防御の準備をすることを被告に要求するのは，不合理なことではない」）。
　　そこで，当初の陳述の変更の程度がきわめて重大で，被告が請求または防御の根拠をなす行為，事件ないし出来事につき適切なノウティスを与えられていたとはいえない場合には，その訴答修正は出訴期限により阻止されることになる。6 Wright & Miller, §1497, at 491-92 and note 43. なお，前掲注36参照。

101）　6 Wright & Miller, §1498, at 507.
102）　より詳しくは後述。なお，新・旧原告それぞれが有する特許権に対する被告の侵害行為が事件の同一性を欠くとして，出訴期限経過後に新原告を追加する遡及的訴答修正が許されなかった例として，Higgins v. Kiekhaefer, 246 F. Supp. 610 (1965).

う枠は(a)項にもあてはまるのであろうか。この点を詳述する文献は少ないが，若干の典拠によれば，訴訟の客体面での修正（訴えの変更）に関する限り答は否のようである。すなわち，ライトによれば，「〔(a)項における裁判所の許可に基づく〕訴答修正が正当か否かのテストは，概念的なものではなく，機能本位なものである。申し立てられている訴答修正が当該事件における訴訟原因ないし〔法的〕視点 (theory) の変更を伴うものか，当初提示された事件 (transaction) とは異なる事件から生じた請求を主張するものか，あるいは当事者の変更をもたらすものか，などはまったく関係がない。訴答修正の申立ては，通常，相手方当事者に現実の不利益をもたらすときにのみ却下される。」[103] また，ムーアも次のようにコメントしている。すなわち，「……の判決では同一の事件から生じたのでない新たな請求を訴答修正によって導入することはできないと判示されているが，この判示は正しくない。」[104] 出訴期限の抗弁が問題になる以前の段階では，訴答修正申立ての時点で初めて新事項についてのノウティスが得られた（それまではそれが訴訟に上呈されることを予想しえなかった）としても，期日の延期や続行などによって準備の機会を与えることにより相手方の不利益を回避できるならば，異なる事件から生じた請求を導入する訴答修正をあえて禁圧するまでもないという趣旨にも受け取れる。しかし，異なる事件についてまで初めから証拠収集をしておくことを期待することはおそらく無理であり，準備の時間的余裕を与えても，証拠の散逸などがあれば，相手方に防御上の不利益を課すことになる。また，事件ないし事実関係が異なれば争点も異なり，そのような請求の導入を許せば審理が複雑になることが予想される。従って，異なる事件にわたる訴答修正は許されないという建前が15条(a)項においては排されているとしても，後述のように，裁判所の裁量の中で相手方の不利益や審

---

103) Wright, Law of Federal Courts, 311 (3rd ed. 1976).
104) 3 Moore, §15.08〔2〕, at 69, n. 10. なお，Farrell v. Hollingsworth, 43 F. R. D. 362, 363 (1968) が，「とりわけそれらが同一の事件から生じたものであるときは」新たな訴訟原因〔ここでは法的視点と同義〕の追加も許されると述べているのは，同一の事件から生じたのでない場合にも許される余地があるという趣旨か。

理の複雑化，混乱，遅延といった要素が考慮される結果，実際問題としては，まったく異なる事件から生じた請求を導入する訴答修正はおそらく認められないと思われる。現に，判例に現われた事例をみても，すべて同一事件内と評価できるものばかりのようである[105]。ただ，結論的にはほとんど変わりはないとしても，考え方としては，ライトのいうように，15条(a)項においては，事件の同一性という概念的な要件ではなく，不利益，複雑化，遅延といった実質的，機能的なファクターによって決せられるとする方が，「正義の要請するところに従い，寛大に許可しなければならない」と定める(a)項の明文や連邦規則の精神に合致するのかも知れない[106]。以上は当事者に変更がない場合を念頭に置いた議論であるが，当事者を変更する訴答修正が事件の同一性の枠を超えても許されるか否かについてはライトもムーアも明言していないので否定的に解すべきかも知れないけれども，上にみた訴え変更の場合の議論がそのまま妥当することも考えられる。

2．出訴期限経過前の訴答修正

どのような場合に訴答修正——特に当事者を変更するそれ——が許されるかという問題につき，出訴期限の問題が生じない場合とこれがからんでくる場合

---

105) たとえば，6 Wright & Miller, §1474, at 383, n. 1 および 1981 Pocket Part, at 87, n. 1 に挙げられている諸判例参照。

106) たとえば，Jenn-Air Products Co., Inc. v. Penn Ventilator, Inc., 283 F. Supp. 591 (1968) は特許権侵害を主張する訴訟で，関連性はあるが別個の特許権に関する侵害，不正競争および文書誹毀という各法的視点を追加する訴答修正が許可された。裁判所は，これらはすべて，a continuing commercial battle を反映するものであり，the same basic set of circumstances に関連するものであるからひとつの訴訟で処理するのが望ましいと述べているが (Id. 596)，少なくとも特許権侵害と文書誹毀は，商品製造と印刷物（bulletins）の刊行という異質な面をもつ点を重視すれば，別個の事件という要素もなくはない。しかし，確かにこの判決のいうように同一の訴訟で処理するのが望ましいと思われるので，概念的な要件から生ずる疑問を防止するためにライトのように説くことの実益を例証する事案といえるかも知れない。

とに一応分けて概観してみたい。前者の場合，当事者を変更する訴答修正については，これを論じた文献や判例が少ないために，判例法理はあまり明確ではなく，本稿でも，むしろ出訴期限経過後の訴答修正に議論の比重が置かれることになる。一般に，訴えの変更だけでなく〔任意的〕当事者変更も本来的に原告側がイニシアティブを有するものであるから，これを許してよいかどうかの判断に際しては，被告側にとってのデュー・プロセスないし防御権の保障という視点が重要になることは当然予想される。しかし，出訴期限経過前の当事者変更ならば，この修正申立てが斥けられてもどうせ新訴の提起が可能なわけであるから，被告（新被告）の置かれる立場はいずれにしてもほとんど同じであり，このような修正申立ては比較的寛大に許可されるものと思われる。

(1) 出訴期限経過前には，訴答修正の許否は，前述のように事実審裁判所の裁量に委ねられている（裁判所の許可に基づく訴答修正）。裁量権の濫用があれば上訴の理由になるが，このことと関連して，事実審裁判所が考慮すべきファクターが判例によってある程度明らかにされてきている。著名なのは，Foman v. Davis, 371 U.S. 178, 83 S. Ct. 227 (1962) である。これは訴えの変更の事例であるが，15条(a)項に関して次のような一般的基準を宣言している。

「訴えの拠って立つ事実関係が救済の正当な対象でありうるならば，原告には，その本案の当否につき審判を受ける機会が与えられるべきである。〔そこで，〕訴答修正申立人の側に不当な遅滞，悪意もしくは引き延ばし目的があること，前に幾度か訴答修正の機会が与えられたにもかかわらずその訂正を懈怠したこと，訴答修正を許すことによって相手方当事者が不当な不利益を蒙ること，または訴答修正を許しても無益であること，などの明白な理由がない限りは，訴答修正の許可は，規則の定めるとおり，『寛大に与え』られるべきである。」[107]

15条(a)項は訴答修正の申立てをなすべき期間を定めてはおらず，前述のように第一審裁判所に係属している限りは可能とされているが，だからといっ

---

107) 371 U.S. 178, 182, 183 S. Ct. 227, 230.

て，それが常に許容されるわけでないことはもちろんである。一般に，訴答修正の許否の判断に際しては，裁判所は両当事者の立場を比較衡量しなければならない。そのためには，個々の具体的な事件に即して，従前の訴答書面でその事項を主張しなかった理由や修正が許された場合に相手方の蒙る不利益などを吟味する必要がある[108]。

当初の訴答書面で主張しなかった事項に関しては，やむを得ない事情があった場合やその請求ないし争点を見落としていたという場合には，一般に，これは申立て認容の方向に作用するが，その請求ないし争点を当初から知っており，主張するのに障害もなかった，あるいは戦術的にわざと留保していたと認められれば，否定の方向に作用する[109]。

しかし，より重要なのは，相手方の蒙る（本案防御上の）不当な不利益である[110]。相手方の不利益は，当初の訴答書面よりも後れて新しい主張が提出されるということから生じ，後れが甚だしければそれだけ不利益の可能性も増大するのが普通である[111]。第一に，トライアルの直前またはトライアルにおいて訴答修正が申し立てられたときは，相手方は，トライアルの延期または続行を得られない限り，十分な準備をする機会を奪われるおそれがあるし，トライアル後に申し立てられたときも，トライアルが再開されなければ同様である。しかし，期日の延期または続行により，相手方に準備の時間が与えられれば（裁判所はそのような措置をとる裁量権を有する），この不利益は緩和される。もっとも，他方，それによって，訴訟遅延[112]，出費の増大[113]，裁判所の審理予定

---

108) 6 Wright & Miller, §1487, at 429.

109) 6 Wright & Miller, §1488, at 442-444 ; James & Hazard, op. cit., §5.3, at 156.

110) 6 Wright & Miller, §1487, at 428. たとえば，修正の申立てが正当な理由なく遅滞した場合でも，もし相手方に不利益を及ぼさないならば，訴訟修正を禁ずるまでもない，というのが近時の判例のすう勢である。3 Moore, §15.08〔4〕, at 102 ; James & Hazard, op. cit., §5.3, at 156.

111) 以下の諸点については，James & Hazard, op. cit., §5.2-§5.6 ; 6 Wright & Miller, §1488, at 440-441.

112) 訴答修正を許せば，それがさほど重大な修正でない限りは相手方に準備の時間

の阻害といった別の弊害が生ずることも考慮しなければならない。第二に，後れが甚だしければ，証人の死亡や記憶の薄れ，記録の消失といった弊害も生じうる。この点は延期や続行によってはカヴァーしきれない不利益である。もっとも，同一事件の範囲内での訴え変更であれば，主要な争点も共通であり，訴訟開始時に当該事件に関連するあらゆる証拠を収集し，その保全措置をとるのが通常の成行きであろうから，さほどこの点の不利益はないと考えられる。また，第三に，新しい請求ないし争点が提出されることによって事件そのものが複雑化する場合があることも見逃せない[114]。もちろん，新たな請求の追加によって，訴訟の結果被告が負うことになるかも知れない責任の範囲が広くなるとしても，そのこと自体は何ら訴答修正の妨げにはならないことはいうまでもない。

(2) 当事者に関する訴答修正についても，原則的に上と同様の要素が考慮されるという[115]。すなわち，当事者の同一性を害さずに，その資格や表示を変更するときは，特に問題を生じない[116]が，当事者の変更をきたす訴答修正に

を与えることが必要になり，遅延は不可避であるが，訴訟の結着が若干遅れる程度では，訴答修正を斥ける理由にはならない旨を判示するものとして，Standard Ins. Co. of New York v. Pittsburgh Elec. Insulation, Inc., 29 F. R. D. 185 (1961).

113) 相手方の出費の増大については，裁判所は，訴答修正を許可するにしても，その結果増大する出費はこれを申立人の負担とするという条件を付することができる。訴答修正の許可の際，裁判所が適当と考える条件をその裁量で付することができることにつき，6 Wright & Miller, §1486；3 Moore, §15.08〔6〕.

114) 6 Wright & Miller, §1487, at 430. たとえば，次のように判示して修正申立てを斥け，別訴を要求した例がある。「本件は，単に契約違反の訴訟に反訴がつけ加わったものにすぎず，争点は比較的単純であり，トライアルも比較的短くてすむはずである。ここに今，独禁法上の請求を追加すると，不可避的に詳細広範なディスカヴァリ手続が必要であり，争点は不当に複雑化し，不必要な混乱を招き，被告の反訴についての審理を不当に遅延させることになる。」Suehle v. Markem Mach. Co., 38 F. R. D. 69. 71 (1965).

115) 3 Moore, §15.08〔5〕, at 113.

116) ただ，当事者の資格を変更すると請求の法律構成（法的視点）に変更をきたすことがある。しかしその基礎となる事実関係が同一である限りは，相手方にそれ

ついては相手方の不利益などを検討する必要がある。不当な不利益を及ぼさないかどうかの判断の基準として，新・旧被告の関係の密接さ，新被告は当該訴訟のノウティスを得ていたか，などの点が特に顧慮されてきており，その他に，原告の当初の意図（誰を被告にしようとしていたか）や，正当な被告を捕捉できなかったことに十分な理由があるか否か，などもしばしば考慮されてきた[117]という。

　しかし，出訴期限の問題がからんでいない当事者変更の裁判例は非常に少なく，とりわけ被告交替の事例はそうである。従ってまた，ここに引用するのに適した判決も少ないのであるが，たとえば，Gardner v. White, Weld & Co., 183 F. Supp. 605, 606 (1960) では，Marvin Neben がある破産者の破産管財人に選任され，Marvin L. Gardner が Neben の代理人に選任された。ところが，彼らはその資格をとり違え，破産者の債務者である被告と交渉するにもまったく逆の地位で事にあたっており，訴訟においてもまた Gardner が管財人と称して原告になっていた，という事案で，原告交替の訴答修正が許された。これは，事案としてはまず問題のないケースであろうが，当事者変更の基準として，ⓐ訴訟原因に変更がないこと，および，ⓑ新・旧原告間に一定の利害関係 (some relation of interest) が存すること，という2点を明言していることが注目される[118]。まずⓐについてであるが，この判決が訴訟原因の概念につき，実体法上の権利で区切る狭い説に立っているのか，プラグマティックな事実的概念を採用しているのかは，判旨からは明らかでない。もし前説であれば，判例の本

なりの準備の余裕を与えれば，さほど不利益は生じないであろう。このような訴答修正は一般に許されている。たとえば，M. K. & T. Railway Co. v. Wulf 226 U. S. 570 (1913)；Longbottom v. Swaby 397 F. 2d 45 (1968) (いずれも出訴期間経過後のケース)。

117)　3 Moore, §15.08〔5〕, at 119, 121, 123.
118)　なお，同判決は，同じ基準を掲げた New York Evening Post Co. v. Chaloner, 265 F. 204, 213 (C. A. 2nd, 1920) を引用している。事案は，原告が提訴以前に実は無能力の宣告を受けており，その管財人との交替が問題となったもので，法的視点にはやはり変更はない。

流から取り残された古い立場といわざるをえない(もちろん、この事案そのものはこの説でも妥当に処理できる)。また、もし後説を採っているのだとしても、——実際にはそれで事足りるし、妥当な範囲画定方法だと思われるが——先に述べた諸説の見地からは、無用な限定と評されるかも知れない。次に、ⓑの新・旧原告間の一定の利害関係の存在というファクターは、被告側の変更の場合に用いられるという新・旧被告の緊密な関係ないし利害の同一性というファクターと同様、被告に対するノゥティスの保障という働きをするものと考えられる。しかし、適格を有しない原告を正当な適格者に変更する修正は一般に比較的容易に認められる傾向にあるようで[119]あり、そのような事例では、新・旧原告間の緊密な関係ないし利害の共通性を厳格に問うことの妥当性は疑わしいように思われる。なぜなら、このファクターはそもそもノゥティスの保障(不意打ちの防止)を通じて相手方に防御上の不利益を免れしむるためのものであろうが、基礎にある事件ないし事実関係はもちろんのこと、特定の実体法的視点に基づく請求に変更を加えず、その請求を維持するのにふさわしくない者を排除し、ふさわしい者を原告にするだけの訴答修正であれば、訴状等によって被告に通知されている情報の重要な部分には何ら変更はないので、被告に防御上の不利益はさほど生じないと考えられるからである。従って、このような事例では、新・旧原告という法主体間の密接な関係よりも、新原告の請求が旧原告の請求と密接な関係にある(端的にいえば、それを主張する主体の違いさえ除けば同一視できる)という点の方が重視さるべきであろう[120]。以上のような立場を示している判決として、たとえば、Health Research Group v. Kennedy, 82 F.R.D. 21 (1979) がある。原告は市販薬の消費者の保護を目的とする公共利益団体で、食品医薬品局の局長を相手どって宣言的判決と差止命令を求めたが、

---

119) 3 Moore, §15.08 [5], at 115-116.

120) 新・旧原告間の利害の共通性を吟味するにあたって、意識してかせずにか、このような両者の請求の間の密接さに言及したものとして、Garr v. Clayville, 71 F. R. D. 553, 556 (1976) がある(ただし、これは出訴期限経過後の訴答修正のケースである)。

その適格 (standing) が争われた。そこで，市販薬の消費者でもあるところの原告団体の単なる支持者および寄付者計3名を原告として追加する訴答修正が申し立てられた。裁判所は次のように判示した。すなわち，この修正は適格当事者を追加するだけのものであり，これを斥けても新原告達が新訴を提起すれば同じことである。他方，遅延や（防御上の）不利益の点をみてみると，若干の前提問題的な争点が訴答修正によって加わるが，請求の根本的な部分はまったく同じであり，被告には実質上不利益は生じない。故にこの訴答修正は許される[121],[122]と。なお，Goldenberg v. World Wide Shippers and Movers, Inc., 236 F. 2d 198 (C. A. 7th, 1956) では，家具のせり売りを業とする組合 (partnership) の組合員が，海上運送中に梱包の不十分から家具に生じた損害の賠償を求めた訴訟で，いまひとりの組合員を追加する訴答修正が許された。この新・旧原告は緊密な関係にあるけれども上訴裁判所は，むしろ，追加によって争点に変更が生じないことを強調している[123]。

そして，このような考え方は被告の変更の場合にもある程度は共通に妥当するのではなかろうか。新被告は係属中の訴訟に引き込まれなくとも所詮訴えを提起される運命にあるといえる。他方，原告や裁判所にとっては被告の追加によって争点を共通にする請求を同一の手続内で処理する方が便宜であるし，被告交替の場合も裁判所にとってはなじみのある争点を審理するのだからやりやすいといえる（従前の訴訟資料の利用については前述）。前述のように被告側の不利益という視点が強調されているが，出訴期限経過前で，しかも裁判所の裁量により期日の延期等の措置が採られるならば，新被告は，新訴を提起される場合以上に防御上不利益を受けることは稀ではあるまいか。被告追加の場合の従前の被告については迅速な裁判を受ける権利を保障する必要があるが，争点が

---

[121] 82 F. R. D. 21, 30.
[122] 類似の事例だが，形式論理にとらわれ，15条(a)項を骨抜きにするような判断を下したものとして，Summit Office Park v. U. S. Steel Corporation, 639 F. 2d 1278 (C. A. 5th, 1981) がある。さすがに，詳細な反対意見が付されている。
[123] 236 F. 2d 198, 200.

ほとんど共通であれば大きな遅延は生じないであろう。もっとも，以上述べたところはまだ筆者の推測の域を出ない[124]。

3．出訴期限経過後の訴答修正

(1) 訴答修正が形式的なないし軽微な事項の修正[125]にとどまるときは，当初の訴答書面提出の時点まで遡及する扱いを許しても特に問題を生じないが，訴答修正によって実質的に新たな請求が導入されるときは，これは実質上新訴の提起に相当し，新請求に関する出訴期間が満了しておれば，それは出訴期限法により阻止されることになる。そこで，問題は，その訴答修正が当初の枠内で変更をもたらすものか，それとも新たな別個の請求を持ち込むものか，という点である。連邦規則では，その基準は，前述のように，事件の同一性に求められている。これが出訴期限の政策目的を考慮に入れた基準であることは，前述のとおりである。

(2) 当事者を変更する訴答修正（(c)項第2文）においても，規則は，事件の同一性という枠を設け，さらに一定内容のノウティスを要件として訴答修正の遡及を許している。この(c)項第2文は1966年に追加されたもので，それ以前は，第1文の下で，おおむね妥当と評価される判例法理が形成されていた。

すなわち，出訴期限経過後に当事者の交替または追加を求める訴答修正は，原則としては許されなかった。その理由は，新たな当事者を訴訟に引き入れることは新たな請求の導入に帰着し，このような場合に遡及を許すならば，出訴期限法の趣旨が没却されてしまうというにあった[126]。しかし，これはあくま

---

124) 訴答修正は，出訴期限の抗弁が問題となる場合に当事者の利害対立が尖鋭化するので，出訴期間満了後の場合を中心に考察されてきた。出訴期間満了前の訴答修正の問題は，この場合の議論に影響されすぎたのではないかという気がする。
125) 出廷している当事者の単なる表示の訂正や資格の変更はこの種の修正である。3 Moore, §15.15〔4-1〕, at 212, 213.
126) 3 Moore, §15.15〔4-1〕, at 208, 211 ; Note, supra, at 91. たとえば，新被告が出訴期間満了後に訴訟に引き込まれる場合，彼にとっては当初からの訴状に記載されているものは初めて接する請求であるから，出訴期限の抗弁を主張できるはずである。

で一般原則であって，比較的多くの裁判所は，衡平の考慮と新被告の適時の了知に依拠して，一定の場合には例外を認めてきた。第一に考慮されたのは，利害の同一性 (identity of interest) というファクターである。すなわち，新・旧被告が経済活動などのうえで非常に緊密な関係にある場合には，一方に対して訴訟が提起されればその訴訟についてのノウティスが他方（正当な被告）にも届き，従って，遡及的訴答修正を許しても，訴訟の準備の点で不当な不利益を及ぼさないといえる（場合によっては，正当な被告が誤って被告とされた者を通じて非公式にその訴訟に関与していることさえある）。このようなケースの典型例として，①親会社とその全面的所有に属する子会社 (parent-subsidiary)，②取締役や株主の大多数が共通で類似の商号をもつかまたは事務所を共通にする姉妹会社 (brother-sister Companies)，③合併や解散によって過去と現在で形式は異なっているが実質においては同一の継続性ある会社 (successor organizations) が挙げられる[127]。第二は，エストッペルである。すなわち，誤って被告と表示された者が，原告の誤解を知りながら，自分が正当な被告であると装って訴訟追行し，あるいは正確な陳述をせずにおいて，出訴期間が満了してから自分は正当な被告でないと主張するような場合には，この被告と正当な被告との間に強い経済的または人的関係があれば，正当な被告は初めからノウティスを得ていて彼にも共謀などの帰責事由があることが推測できる。このような場合，裁判所はエストッペルに訴えて，新被告による出訴期限の抗弁を斥けてきた。第三に顧慮されたのは，原告の誤解が無理もないものであったかどうかである。もちろん，原告側に落度がなかったとしても，遡及的修正を許すためには，裁判所は新被告に不当な不利益が生じないことを確認しなければならない[128]。

---

127) 6 Wright & Miller, §1499, at 518-519. また，id. n. 17-19 および 1981 Pocket Part at 169-70 に引用の諸判例参照。なお，これらの類型と法人格否認法理の要件との近似性につき，Haworth, Changing Defendants in Private Civil Actions under Federal Rule 15 (c), 1975 Wisconsin L. Rev. 552, 587-594.

128) 以上につき，Note, supra, at 91, 92 ; 3 Moore, §15.15 [4-1], at 215-22 ; 6 Wright & Miller, §1499, §1500.

このように，1966年以前においても好ましい結果に到達するための健全なルールがかなり発達していたが，それは全米に浸透していたわけではなく，裁判所によってはそのようなルール（例外）を認めず，あるいはその適用を誤り，苛酷な結果を招く例も多かった。とりわけ，連邦政府の一定の機関に対して訴えを提起するケースでは，きわめて短期の出訴期間が定められていた関係もあって，前述の一般原則に固執し，規則の柔軟性を承認するのに消極的な一連の裁判例は，市民に不正義を強いることとなった[129]。そこで，1966年改正で当事者変更（直接には被告変更）の訴答修正の遡及の要件を定める明文が追加され

---

[129] 改正の一番の動機となったのは，この一連の行政訴訟の裁判例の苛酷さであった。これらは，保健・教育・福祉省（Department of Health, Education and Welfare）の社会保障局（Social Security Administration）により，社会保障給付の申請を却下された市民が司法審査を求めた事件であるが，法律は，このような訴えについては，HEW省長官を被告として，申請却下の通知のときから60日以内に地裁に提起すべき旨を定めていた。これらの事件の原告達は60日以内に提起をしたものの，被告の表示を誤って，あるいは合衆国とし，あるいは（訴状提出の19日前に退職した）前長官の名を記載し，あるいはHEW省とし，あるいはまたFederl Security Administration（かつては存在していた機関）と記載していた。60日経過後に原告が申し立てた訴答修正を，ニョーヨーク，テキサス，テネシー，モンタナの地裁は許さなかった。その理由は，このような被告の名称の変更は新訴の提起に相当し，これの遡及を許すことは60日という短い出訴期間を定めた法の趣旨を潜脱することになる，というにある。しかし，これを新訴の提起というのはあまりにも機械的な見方であり，また，令状の送達の瑕疵は主張されず，適時のノウティスが担当官吏に届いたと推測できるので，申請人が行政機関の決定の取消しを求めていることをその機関に早く知らしめるという60日条項の目的も既に達せられたと考えられる。

この種の事件は社会保障に関する法律の改正によっても救済できるが，複雑な機構を有する政府やその機関を訴える場合に共通の問題を含んでおり，また私人たる被告を訴える場合にも誤記や選択の誤りのケースがかなりあったので，これらをも解決するために連邦規則の改正（(c)項第2文，第3文追加）で対処するのが適当と判断されたのである。諮問委員会注釈 39 F. R. D. 69, 82-83；Kaplan, supra, at 407-09. なお，Byse, Suing the "Wrong" Defendant in Judicial Review of Federal Administrative Action: Proposals for Reform, 77 Harvard Law Review 40 (1963).

たのであるが，これは，かなり多くの裁判所が形成してきた従来の健全な基準を狭くしたのでも広くしたのでもなく，それを敷衍し，出訴期限法の趣旨に沿ってリファインしたものである[130]。しかし，規則に明示されてはいないが，従来の判例法上の諸テスト，とりわけ利害の同一性は，不当な不利益を測定するのに役立つものとして，解釈上維持されているという[131]。

そこで次に，被告側の変更を中心として，(c)項第2文における諸要件を鳥瞰してみよう。

(3) まず，明文があると否とを問わず，(c)項における諸ファクターを機械的に列挙してみる（事件の同一性はここでは除外する）。

㋐ 新被告に対する出訴期間内に，新被告が，本案の防御に関して不当な不利益を蒙らないですむような，訴訟開始のノウティスを受けていること，

㋑ 新被告に対する出訴期間内に，原告の誤解さえなければその訴訟が自分に対して提起されたであろうことを新被告が知っていた，もしくは知るべきであったこと，

㋒ 新・旧被告の利害の同一性ないし緊密な関係（多くの場合，経済的なそれ）

㋓ エストッペル

㋔ 原告の誤解が無理もないものであること

(a)項におけると同様，(c)項でも，核心にあるのは相手方に不当な不利益を及ぼさないという思想であろう。ただ，ここでは出訴期限との関連で考えられねばならない。従って，「訴訟開始のノウティス」は出訴期間内に新被告に届かなければならない（㋐）。ただ，このノウティスは，諮問委員会みずからが，インフォーマルなものでもよいと注釈している。㋑の要件は，一面では被告の表示の誤りの場合に関してエストッペル類似の考慮を含み，他面では，新被告に対する出訴期間内の正式な提訴の効果的なオールターナティブとなりうる非

---

130) 諮問委員会注釈 39 F. R. D. 69, 83 ; Note, supra, at 95, 96 ; 3 Moore, §15.15〔4-2〕, at 225 ; 6 Wright & Miller, §1499, at 517-18.

131) 3 Moore, §15.15〔4-2〕, at 230-31 ; Note, supra, at 102, n. 71.

公式なノウティスの類型に限定を加えるものである[132]。すなわち，まず，原告が被告の名称を誤ったとしても，真に訴えようとした正当な被告が送達を受けて出廷しているならば，被告は原告の誤りを当初から「知っていた」わけであり，㋐のノウティスも得ているから，正しい表示に直す遡及的訴答修正は許されることになる。次に，新被告が訴状の送達によって直接にノウティスを得たのではなく（インフォーマルなノウティス），従って原告の誤りと自分が本来被告とさるべきであったことを知っていたことが明らかといえない場合には，「知るべきであった」かどうかが吟味される[133]。㋑の利害の同一性ないし緊密な関係は，不当な不利益を及ぼすか否かと直結してよく用いられてきたが，論理的には両者を媒介するものとしてノウティスが考えられるであろう[134]。そして，66年改正はノウティスの有無自体を要件としたので，㋑のファクターはこの要件の充足を調べる際に考慮さるべきものといえよう[135]。㋓は改正後もしばしば適用されており，その場合，㋐や㋑の要件も当然充足されていることになろう。㋔は補助的に考慮されるものといえよう。

(4) さて，諮問委員会は66年改正によって，当事者を変更する訴答修正がどのような場合に遡及的に許されるのかをより明らかにしようとしたのであったが，(c)項第2文の解釈について判例・学説は必ずしも一致をみてはいない。ここでは，とりわけ前記㋐の要件に関連して重要と思われる2，3の問題点をとり上げてみよう。第一に，(c)項第2文(1)の「訴訟提起の通知（notice of the institution of the action）」は必ずしもフォーマルなものでなくともよいと諮問委員会注釈はいう。フォーマルな通知というのは，本来被告とさるべき者に対し

---

132) 3 Moore, §15.15〔4-2〕, at 229-30.
133) 6 Wright & Miller, §1498, at 515 ; Note, supra, at 117-18. なお，その際には reasonable man test 類似のテストが用いられる。6 Wright & Miller. id.
134) もっとも，新被告が緊密な関係にある旧被告と弁護士を共通にし，従ってその弁護士が旧被告のためにした調査活動の結果をそのまま新被告のために活用できるような場合を考えれば，わざわざノウティスを介在させずとも，直ちに防御上の不利益なしということも可能ではある。
135) Cf. Unilever (Raw Materials) Ltd. v. M/T Stolt Boel, et al., 77 F. R. D. 384 (1977).

て正規の呼出状が送達された場合——要するに表示を誤っただけの場合——であろう。これに対し，インフォーマルな通知に関しては，三つの側面が区別できる。すなわち，①通知の主体，②通知の手段，③通知の内容である。①については原告以外の者でもよい（たとえば，送達を受けた適格を有しない被告が正当な適格者に知らせる場合）。②については口頭でも手紙でもよい。判例で若干問題になったのは，③，つまり，ここでいうノウティスは何についてのノウティスなのかという点であり，これをめぐって，インフォーマルなノウティスの解釈が分かれている。興味深い例は Meredith v. United Air Lines, 41 F.R.D. 34 (1966) である。原告は，自分の乗っていた民間航空機が軍用機との衝突を避けるため急旋回した際にケガをしたので，1年の出訴期間満了の2週間前に損害賠償の訴えを提起した。ところが，このニアミス後直ちに行われた民間航空機委員会の調査で，当事その地域を飛行していた空軍機は存在せず，ただ，ロッキード社が空軍のために開発した戦闘機のテスト飛行を行っていたことが判明した。委員会は行政的聴聞会を開いてロッキードにそのパイロットの行動の弁明を求め，ロッキード側も調査をしたので，同社はニアミスの発生と乗客のケガの可能性を知るに至った。ところが，原告は，出訴期限経過後に初めて正しい事実を知り，ロッキード社を被告に追加する遡及的訴答修正を申し立てた。地裁は次のように述べてこれを容認した。すなわち，行政的聴聞によってロッキード社は請求権発生の可能性についてノウティスを得ており，しかもみずから事実関係の調査をしたので，同社には本案防御上不当な不利益はまったく生じない[136]，と。この判決は，(c)項(1)のノウティスとしては事件（ニアミスによる人身侵害の発生）についてのノウティスで足りるとした例として引用されている[137]。これに対し，Meredith 判決を下した地裁が属する第9巡回区の上

---

136) 41 F. R. D. 34, 38.
137) 6 Wright & Miller, §1489 ; Note, supra, at 97. もっとも，後述のように，同判決は，ロッキードが本件訴訟の提起を提訴の時点またはその後まもなくに知っていたとみなしており（41 F. R. D. 34, 38.)，単に事件のノウティスだけで足りるとしたものか，筆者には疑問と思われるが，ここでは，一応，事件のノウティスで足

訴裁判所は，その後，Craig v. United States, 413 F. 2d 854 (C.A. 9th, 1969), cert. denied, 396 U.S. 987 (1969) において，より厳格な見解を採用した。原告の夫はその操縦する戦闘機を航空母艦に着陸させる際，機体を停止させる制動装置〔鉤引装置〕の欠陥により，死亡した。原告は当初，合衆国およびいくつかの製造会社を相手どって訴えを提起したが，2年の出訴期間満了後，Litton Systems, Inc. を被告に加える遡及的訴答修正を申し立てた。これを斥けた地裁の判断を支持して，上訴裁判所は次のように判示している。まず，15条(c)項にいう "notice of the institution of the action" の "action" とは明らかに訴訟 (lawsuit) を指すのであって，原告のいうような，訴訟の原因たる事件 (incident) を指すのではない[138]。リットン社は事件については知っていたが，原告の提起した訴訟の存在を出訴期間内に知っていたことを示す証拠はない。次に，仮に事件のノウティスで足りると解しても，そのノウティスはリットンが「本案の防御を行うに際して不当な不利益を蒙らないような」ノウティスでなければならない。しかし，リットンは，確かに原告のいうように，同じ事故で負傷した空母乗組員から提起されている別の訴訟に関連して出訴期限経過前に既に調査を行っていたが，主として本件にのみ関する別の争点についても調査済みであるかは明らかにされてない。従って，上の要件を満たさない[139]，と。

Craig 判決は Meredith 判決の見解を否定したようにみえるが，両者は事実関係において区別でき，両立しうるという見方もできる。第一に，Meredith 事件では，ロッキードは，委員会の聴聞と，負傷した乗客が提起するかも知れない民事訴訟とを念頭において，調査を行った。従って，本案の防御において不利益を受けないであろうと地裁が判断したのは，当然のことであった。ところが，Craig 事件では，リットン社の行った調査は，負傷した乗組員の訴訟のみを念頭においていた。実際，原告の請求に関してリットンが保存する必要のある事実資料は，審理の筋としては，上の訴訟のそれとかなり異なるものであ

りるという考え方を示した例であるとしておく。
138) 同旨，Longbottom v. Swaby, 397 F. 2d 45 (C. A. 5th, 1968) など。
139) 413 F. 2d 854, 857-57.

った。リットンは必要な証拠を収集していなかったので，追加により防御上不利益を受けることが十分予想された[140]。第二は，(c)項(2)の，被告選択に関する原告の誤解を新被告が適時に知っていたもしくは知るべきであった，という要件についてであるが，Meredith 事件では原告の誤解は明白であり，かつ諸般の状況からして無理もないことであって，ロッキードにとって原告の誤解は明瞭であったに違いないのである。これに対し，Craig 事件では，ある負傷者が既に別の訴訟でリットンを被告にしていたのに，原告はリットンを被告に含めなかったのであるから，この原告はリットンを相手にはしない途を選んだものと考えることはリットンにとって不合理なことではなかったといえる[141]。さらに，Craig 事件では，リットンはこの訴訟の存在について出訴期間内に知っていたとはいえないのに対し，Meredith 事件では，裁判所がロッキードに対し，本件訴えが提起されたことをいつ知るにいたったかを明らかにする宣誓供述書の提出を求めたのに，ロッキードがこれを提出しなかったことなどから，裁判所はロッキードが出訴期間内にこれを知っていたと推定している[142]。

　これらのことから，論者によっては，Meredith 判決の見解はまだ覆されていないと考え，訴訟のノウティスという文言通りの解釈にとどまらず，事件のノウティスでもよいという解釈に好意を示し[143]，あるいは，いま少し限定し

---

140) もっとも，新被告が複数の被害者による複数の請求権を生み出しえた事故について知っており，そのうちの一人によって自己の行為が真剣に争われたのであれば，後日，同じ行為について別の者により応訴を強いられるかも知れないということは，予見すべきである。常識，分別，能率といった点から考えると，一般に resonable man なら，その事件から生じる予想しうるすべての訴訟に関する証拠を収集し保存すべきであろう。とはいうものの，後者の請求が相当異なる，かつ，よりやっかいな事実調査を要求するものである場合，または，最初の訴訟が十分な調査を保障するほど重大なものでない場合には，原告が適時に新被告に対して請求を定立しなければ，新被告は出訴期限の利益を享受できるべきであるといえる。6 Wright & Miller, § 1498, at 509-10.
141) 6 Wright & Miller, § 1498, at 510 ; Note, supra, at 98.
142) Note, supra, at 98-99.
143) 6 Wright & Miller, § 1498, at 509.

て，その事件から生じた特定の請求権に関して訴訟が提起される蓋然性があることのノウティスで足りるという解釈を提唱している[144]。しかし，これには反論もあり[145]，その後の判例の大勢は，このノウティスの対象は事件あるいは訴訟の蓋然性ではなく訴訟の提起そのものでなければならないという立場を採っている[146]。

(5) 第二に，(c)項は，訴訟開始のノウティスは新被告に対する「訴え提起 (commencing the action) の法定期間内に」与えられねばならないと定めている。しかし，出訴期間の進行は，訴状の提出によって停止するとされていることが多い[147]。そこで，訴状は出訴期間満了直前に提出されたが，被告に送達された時には出訴期間が既に満了していたというケースでは，この被告に対する関係では提訴は出訴期間内になされたといえるが，遡及的訴答修正は難しい問題に直面する。すなわち，たとえ被告とされた者と被告とさるべきであった者との間に緊密な関係が存し，そのような関係を通じて，前者に対する送達後に，正当な被告もすみやかにノウティスを得ていたとしても，それは既に出訴期間満了後のことであるので，前記の要件に適合しないのである。まして，両被告間に何らの関係も存しない場合はなおさらである。Martz v. Miller Brothers Company, 244 F. Supp. 246 (1965) では，原告がある店 (Miller Brothers' furniture store) の前の歩道を歩いていたところ，物が落下してきて負傷した。原告の弁護士は出訴期間満了間際になって事件を依頼され，急遽訴状を作成して，出訴

---

144) Note, supra, at 100. 訴訟が提起されそうだ (likely) ということを出訴期間内に知っていたもしくは知るべきであったという基準をとれば，本案についての解決を確保できるとともに，出訴期間法の趣旨にも反しない，と説く。

145) Haworth, supra, at 579-580.

146) 6 Wright & Miller, 1981 Pocket Part, §1498, at 163; 3 Moore, §15.15〔4-2〕, at 228 n. 10 and 1980-81 Supplement at 117 に引用されている諸判例（いずれも地裁判決）や，Archuleta v. Duffy's Inc., 471 F. 2d 33 (C. A. 10th, 1973) など。なお，ムーアもこの立場を採っている。Id. §15.15〔4-2〕, at 228-29.

147) Note, supra, at 103; Martz v. Miller Brothers Co., 224 F. Supp. 246, 254 (1965). Cf. 2 Moore, §3.03; James & Hazard, §1.16.

期間満了の2日前に裁判所に提出した。被告に送達された時には，出訴期間満了後数日経っていた。その後，被告は，問題の店を所有しているのは自分 Miller Brothers Co. ではなく，別の会社 Miller Brothers Co. of Newark であるとして，略式判決の申立てをした。そこで，原告側は，被告を交替させる遡及的訴答修正を申し立てた。本件の両会社には役員や株主の構成に大幅な重複がみられるが，裁判所は，Miller Brothers Co. の代表者として送達をうけた者は他方の会社の役員でも株主でもないので，この者を他方の会社の代理人とみることはできず，また，両会社は法人格否認の要件を満たすほどの結合関係にもない。それゆえ，一方に対する送達をもって他方に対する有効な送達とみなすことはできないと述べた。そうである以上，送達後に他方の会社にノウティスが届いたとしても，所詮出訴期間満了後のことであるから，出訴期間内の訴訟のノウティスという15条(c)項の要件は充足されていないことになる。また，Simmons v. Fenton, 480 F. 2d 133 (C.A. 7th, 1973) では，交通事故の被害者が2年の出訴期間の満了の前日に提訴したが，訴状には加害者の名でなく加害車輛に同乗していたその子の名が記載されていた。この訴状が送達されたのは当然出訴期間満了後であった。後に原告は表示の訂正を申し立てたが，裁判所は被告の変更にあたるとし，訴訟開始のノウティス等の要件が期間内に満たされていないと判示した。前出の Craig v. U.S., 413 F. 2d 854 (C.A. 9th, 1969) 等でも，送達がなされたのはやはり出訴期間満了後であった。

　このように，通常の場合の出訴期間の進行の停止と被告を誤った場合の遡及的訴答修正の要件との間にズレがあるために，原告は思わぬ落とし穴にはまることがある。そこで，これを規則の欠陥とみて，その改正を提唱する動きが現われている。前掲の Martz 判決およびある論者は，立法論として，「この者〔＝新被告〕に対する訴え提起の法定期間内に」という規則の文言を，「この者に対する訴えの提起およびその通知の提供〔＝送達〕のための法定期間内に」というふうに改正することを提案している[148]。これによれば，訴状提出から

---

148) Martz v. Miller Brothers Co., 224 F. Supp. 246, 254 n. 21 (1965)；Note, supra, at 104-105.

その送達完了までの数日間を従来の期間（純然たる出訴期間）に付加し，従って遡及的訴答修正の要件として有効なノウティスの時点を先に延ばせることになる。これが出訴期限法の趣旨を損うことになるかどうかは，新被告に対する本案防御上の不当な不利益を勘案して決すべきであり，そのような観点からは，不利益の危険を排しながら規則の欠陥を是正する妥当な途であると主張されている[149]。

(6) 第三に，(c)項の訴訟開始のノウティスは，新被告が「本案の防御を行うに際して不当な不利益を蒙らないですむような」ノウティスでなければならない。

出訴期限法の目的に沿って考えれば，本案防御上の不利益は，新被告が事実関係が不明瞭にならないうちに証拠を収集する公正な機会を与えられなかったことから生ずる。従って，裁判所は，新被告が事実関係をよく調査し，証拠を収集していたかを吟味しなければ，不利益の有無はわからない。訴訟の提起および原告の誤解に関する新被告のノウティスや一定の場合にそれを基礎づける働きをする緊密な関係といった要件は，このような不利益を簡便に測定するためのファクターであり，これらが充足されているか否かによって不利益の有無が一応は推測できる。従って，従来，多くの裁判例はそれ以上に具体的かつ詳細に事実関係を分析せずに結論を出す傾向があった[150]。しかし，これらのファクターを調べるだけでは必ずしもすべての場合に不利益の有無を確定できるとは限らないので，裁判所は，不利益の有無の問題を前述の諸要件に解消してしまわずに，これを別個独立の要件として，結論を出す前に必ず顧慮すべきである。このような基本姿勢を示した適例として，前掲の Craig 判決がある。そこでは，新被告が訴訟のノウティスを得ていなかったことを理由に訴答修正は

---

[149] Note, supra, at 105. もっとも，ヘイワースはこれを今少し制限的に修正し，本来の出訴期間プラス送達に要する最短期間という新たな立法提案をしている。Haworth, supra, at 563-564.

[150] とりわけ，66 年改正以前の利害の同一性要件につき，6 Wright & Miller, §1499, at 517.

却下されたが,仮に事件のノウティスで足りると解しても,新被告は出訴期限経過前に行ったその調査において原告の請求に焦点を合わせていなかった故に,本案防御上の不利益を蒙る,と判示された[151]。このように,不利益要件をノウティス要件に内在するものとせずに,一応切り離して独立の要件と考えることの実践的意図は,裁判所をして最終的には事実関係の分析を通じて不利益の有無を具体的に判断させることにより,ノウティスの柔軟な解釈に対する安全装置 (backstop) たらしめること,またそのようなバックアップ関係を明瞭に意識させることにあるといえる。この説によれば,裁判所は,出訴期間法のポリシーが害されるのではないかという恐れを懐かずに,ノウティスを広く解釈することができよう[152]。この提案は,前掲の Meredith 判決を正当と評価するための足場を提供しようとするものと考えられる。

(7) これまでは主に被告の変更を念頭に置いて論じてきたのであるが,原告側の変更については若干状況が異なるように思われる。諮問委員会注釈によれば,原告側の変更の場合も主として考慮されるべきは出訴期限法の政策目的であり,(c)項第2文は原告を変更する訴答修正にも類推されるべきである。しかし,同時に,原告の変更について(c)項で規定しなかったのは,被告変更のケースに比べて一般に問題が容易であるからである,と付言されている[153]。そこで同一の事件という枠の中で,新原告に対する関係での被告の本案防御上の不当な不利益を核とし,新原告の請求に関する出訴期限内の被告のノウティス,新・旧原告間の利害の同一性ないし緊密な関係などが検討されるべきである[154]けれども,原告側変更の場合には,被告は当初から訴訟に関与しているのであり,従って,訴答書面やプリトライアル手続を通じて特定の行為ないし

---

151) 414 F. 2d 854, 858.
152) 以上につき,Note, supra, at 114-117. 逆からいえば,ノウティスを厳格に狭く解するならば,不利益要件に言及する必要性は減少する。Id, at 117.
153) 39 F. R. D. 69, 83-84.
154) 3 Moore, §15.15 〔4-2〕, at 232; 6 Wright & Miller, §1501. なお,この3つのファクターに関する判例を分類したものとして,12 American Law Report Fed. 233, 250-54.

事件から生じた請求について被告が十分に了知し，応訴の準備をした限りは，新たな原告の追加または交替があっても，それによって防御上不利益を受けることは少ないといえる。

とりわけ，適格当事者でない者を適格当事者に交替させる遡及的訴答修正は，比較的容易に許される。なぜなら，適格当事者であるか否かは特定の実体法に照らして決まるのであるから（Ⅱ-3参照），この場合，原告の変更の前後を通じて請求の法的根拠（法的視点）は同一であり，従って，被告は，特定の事件のみならず特定の法的視点についても当初からノウティスを得ていることになるからである[155]。それゆえ，17条(a)項第4，5文が適格当事者の追加または交替をきわめて積極的に推進しようとしていることもうなずけるところである。このような事例としてかなり目につくのは，損害の全部または一部を保険会社から補償された被害者が加害者を相手取って提訴し，被害者の権利に代位した保険会社が後に適格当事者として原告に交替または追加されるケースである[156]（損失を全額補償した場合は保険会社のみが適格当事者であり，一部補償〔一部代位〕した場合は被害者も保険会社も適格当事者である）。もっとも，このように訴訟対象に変更のない事案でも，最近の裁判所は進んで不利益，ノウティス，利

---

[155] James & Hazard, op. cit., at 168; 6 Wright & Miller, §1501, at 524 などにおいて，適格当事者に関する誤りをただす訴答修正は一般に許される，といわれるのは，このような趣旨であろう。要するに，ここでは狭義の訴訟原因さえ変動しない。なお，出訴期限法の目的からすれば，特定の事通に関する訴訟のノウティスで足りるとされていることにつき，本稿Ⅲ-1-(6)参照。また，被告にノウティスを与えた者が適格当事者でなくても，出訴期限法の目的は実質的に達せられるから差し支えない。Kaplan, supra, at 411.

[156] 交替例として，Link Aviation v. Downs, 325 F. 2d 613 (D. C. Cir. 1963); Kansas Electric Power Co. v. Janis, 194 F. 2d 942 (10th Cir. 1952); 追加例として，Garr v. Clayville, 71 F. R. D. 553 (1976); Wadsworth v. U. S. Postal Service, 511 F. 2d 64 (7th Cir. 1957). なお，一部代位の場合に被告が他方の適格当事者の併加（追加的共同訴訟）を申し立てることができることを傍論として判示したものとして，U. S. v. Aetna Casnalty, 338 S. S. 366, 70 S. Ct. 207 (1949).

害の同一性といったファクターにも言及している[157]。17条(a)項には触れていないが、やはり原告が適格当事者であるか否かが問題となった事例として、たとえば、Staren v. American National Bank and Trust Co. of Chicago, 529 F. 2d 1257 (C.A. 7th, 1976) がある。この事件では、被告からある会社の社債を買ったのが原告個人なのか、それとも原告が代表者をしている会社なのかが問題となった。上訴裁判所は、次のように述べた。大事なのは、新原告の請求が当初の訴答書面で提示されたもしくはされようとしていたのと同じ行為ないし事件から生じたものかどうかという点であるが、本件ではそれは明らかであり、変更はむしろ形式的なもので、何ら争点を動かすものではない。また、新・旧原告間の利害の同一性は新原告の請求について被告にノウティスを与えるに十分なものであり、当初の請求に対して準備した以上、被告に何ら不利益は生じない[158]、と。

これらは、ある実体法的視点に依拠する請求が原告変更の前後で変わらない例であるが、いま少し広い範囲で原告の変更が許された事例として、たとえば、Brauer v. Republic Steel Corporation, 460 F. 2d 801 (C.A. 10th, 1972) がある。原告および新原告は石油採掘権者で、採掘作業を共同して行う契約をし、原告が代表してその実施にあたることになった。そして、原告が被告からパイプを購入し、それぞれの石油井戸にとりつけて操業していたところ、パイプの瑕疵によって、いずれの井戸でも損害をうけた。そこで、原告は購入契約の保証約款（warranty）違反を理由に本件訴えを提起し、後に、ネグリジェンス（不法行為）を主張する他の採掘権者を新原告として追加する訴答修正を申し立てたが、その時には出訴期限は既に経過していたという事案で、裁判所は次のように判示した。すなわち、原告も追加原告もパイプの瑕疵により石油採掘権に関する

---

157) 前注に掲げた諸判決のうち、1966年改正以前のものは狭義の訴訟原因の同一あるいは事件の同一を説くにとどまるが、それ以後のものは本文に述べた要素をも検討する傾向にある。ちなみに、保険会社と被保険者との間には利害の共通性ありとされている。

158) 529. F. 2d 1257, 1263.

損害を蒙ったもので，利害の同一性が認められ[159]，また，当初の訴状と修正訴状によって示されている争点は，同一の事件から生じたものである。従って，被告が訴答修正の遡及によって不意打ちや不利益を蒙るとはいえない[160]。

4．当事者の表示の訂正

最後に関連問題として，当事者の変更を伴わない単なる表示の誤り (misnomer or misdescription) の訂正が規則15条の下でどのように処理されるかをみてみよう。

わが国の通説的理解によると，訴えの提起があれば訴状全体の記載を総合的に解釈して当事者の確定が行われ (実質的表示説)，爾後当事者の表示を変更することは，それにより，確定された当事者の同一性に変動がもたらされるか否かに応じて，単なる表示の訂正にとどまるか任意的当事者変更にあたるかが決まる[161]。したがって，論理的には，まず当事者の確定が前提となる。アメリカ法においてもこの理は基本的には変わりないようであり，確定された当事者の同一性を損うか否かによって，単なる表示の誤りの訂正か当事者の変更かが区別されるとみてよい。ただし，当事者の確定の基準については，わが国におけるほど活発な議論は行われていない[162]。

さて，1966年に15条(c)項に改正が加えられたことは前述のとおりであるが，

---

159) 共同採掘の契約 (a unit operating agreement) の存在が当然考慮されたと思われる。

160) 460. F. 2d 801, 804.

161) もっとも，通説からみれば当事者の変更にあたるようないくつかのケースを，我国の判例が表示の訂正の名の下に処理してきていることは周知のところである。

162) 筆者の知りえた限りでは，a party already in court の名称の誤りを訂正するにすぎないのが表示の訂正であるとする説 (12 ALR Fed. 233, 240 の諸判例) と，原告の客観的意図を基準とするムーアのテスト (2 Moor, §4. 44; Haworth, supra, at 555, 559) とがある。前説は適格や行動，手続保障などを広範に加味しているが，これに対して後説は (形式的) 表示説に近い面があり，当事者変更の機能領域が広い。

これによって，表示の誤りの訂正は(c)項第2文によって規律されるのか，それとも第1文によるのかという問題が生じた。なぜこのような問題が出てきたかというと，1966年改正までは(c)項には現在の第1文しかなく，出訴期限後の訴答修正（表示の訂正にせよ当事者変更にせよ）の許否の基準はこの第1文の下で判例法理に大幅に依存していた。ところが，1966年改正で第2文以下を追加した際，諮問委員会注釈は，第2文にいう"changing a party"には表示の誤りの訂正も含まれる旨を付記したのである[163]。しかし，単純な表示の訂正もここに含まれるとすると，第2文の要件が満たされないために単なる表示の訂正が許されないという事態が生じうることになる。若干の具体例を挙げてみよう。

まず，Wynne v. U.S. for the use of Mid-states waterproofing Co., 382 2d 699 (C.A. 10th, 1967) は，政府発注の貯水タンクの砂吹きおよび塗装の工事を請け負った被告に対し，その下請負業者たる原告が被告の提供した塗料の瑕疵を理由に損害賠償を求めた事案で，契約者には当事者は the Bering Company と記載されており，原告も訴状にそう記載したが，実際にはそのような会社は実在せず，真の当事者はこの名で営業している個人企業主 Wynne であることが後に明らかになった。そこで，原告は被告の表示の修正を申し立てたが，その時には既に出訴期限が経過していた。上訴裁判所は，当初の訴状の送達は Wynne 本人が架空会社の代表者として受領しており，しかも現に応訴しているのでノウティスの点はまったく問題がなく，15条(c)項第2文の要件を満たしていると判示した。本判決は，本件の問題が単なる表示の訂正か，当事者の変更かを明言せずに，(c)項第2文を適用しているが，少なくとも"changing a party"の中に含めて当事者変更並みの扱いをしたことは確かである[164]。

これに対し，Fricks v. Louisville & Nashville Railroad Co., 46 F.R.D. 31 (1968) では，踏切での交通事故に基づき，原告は当初 L & N Railroad Co. を被告として訴えたが，被告は原告が被告の表示を誤っているとして略式判決を申し立て

---

163) 39 F. R. D. 69, 82.
164) Note, supra, at 109. は，本判決がこの訴答修正を単なる表示の訂正ではなく当事者の変更とみなしたものと考えている。

た。というのは，被告はジョージア州から軌道を借りて営業しており，ジョージア州法によれば，軌道を借りた鉄道会社は Western & Atlantic Railroad という仮名 (alias) を用いることになっていたからである。しかし，同法はそのような会社はこの名称で訴えられることができる，としているだけである。従って，被告のいうようにこの名称でしか訴えられないというわけではないので，これだけで既に被告の申立ては不当である。(なお，被告の略式判決の申立てがもし認容されれば，原告の新訴はもはや出訴期限により阻止される関係にあった。) 裁判所はさらに 15 条(c)項を引用し，そこには単なる表示の訂正は明文で含められておらず，本件のように別名が用いられてもひとつの会社しか存在しない場合には，規則の定めている当事者の「変更」をする必要はない，と述べている[165]。本判決は，本件の問題は単なる表示の訂正だから，原告が修正を申し立てても(c)項第 2 文を適用しないという立場を表明したものと解される。ただ，この説では，諮問委員会注釈を無視することになる。

　以上の判決ではまだ深刻な問題は表面化していないが，次の判決は，第二の判決と類似の事案であり，委員会注釈に従うならば疑問点を生ずる。Washington v. T.G. & Y. Stores Co., d/b/a T.G. & Y. Family Center, 324 F. Supp. 849 (1971) は，黒人女性が，自分を解雇したのは人種差別（公民権法違反）であるとして元の雇主を訴えた事案で，原告は，平等雇用機会委員会に調停を目的とした行政的救済の申立てをしたが不調に終わり，委員会からの 5 月 12 日付けの通知書によって 30 日以内に限って民事訴訟を提起する権利があることを教えられた。そこで，原告は 6 月 10 日に被告を T.G. & Y. Family Center と表示して提訴し，送達は代理人である C.T. Corporation に対して 6 月 19 日になされた。しかし，T.G. & Y. Family Center というのは単なる取引上の名称で，正式名は T.G. & Y. Stores Co. であった。被告は，瑕疵のない訴状なら裁判所への提出だけで出訴期間を停止させるであろうが，訴状が被告の名称を正確に表示していない場合にはさらに出訴期間内に現実の通知（送達）をも要する，と強く主張した（第

---

165)　46 F. R. D. 31, 32.

2文の適用を前提としているようである)。裁判所は,次のように判示した。1966年以前は単なる表示の訂正は(c)項第1文(事件の同一性の要件しか掲げていない)で規律されていた。そして,66年改正(第2文以下追加)は遡及的訴答修正の許容範囲を狭めたものでないことは一般に認められているところである。そこで,名称誤記の訂正は,第2文にいう"changing a party"とは区別して,第1文のみによって律せられるべきである[166],と。第2文を適用すれば出訴期間内に訴訟提起の通知を得ていたことが要求されるが,送達がなされたのは期間満了後であったので,本判決は第2文を適用することを躊躇したのではなかろうか。

　次の判決は,事案は若干異なるが,第三の判決と同様の処理をしている。すなわち,Wentz v. Alberto Culver Co., a Delaware Corporation, 294 F. Supp. 1327 (1969) では,原告はヘアスプレーの使用により蒙った損害の賠償を求めて出訴期限直前に提訴した。ところが,訴状にイリノイ州法人と表示されたスプレー製造販売会社は既に解散しており,デラウェア州法人がその財産を引き継いで同一商号を用いて営業を継続していた。デラウェア州法人は,訴えが提起される以前に調査員を原告のところに派遣して紛争の自主的解決の努力をしていたほどなので,原告が損害の賠償を要求していることはよく知っていたが,訴えが提起されたことを知ったのは提訴の2週間後であり,出訴期限は過ぎていた(呼出状が同社の代理人に送達されたのはもっと後であった)。裁判所は次のように判示した。請求〔権〕の存在のノウティスは訴訟提起のノウティスではないから,(c)項第2文の要件は満たしていない。しかし,1966年改正は第1文に何ら変更を加えておらず,また改正の目的は訴答修正を制限するのではなくむしろより容易にすることにあったのだから,表示の誤りの訂正が第2文の要件に服せしめられることになったとみるのは不当である。本件では,提訴当時 Alberto Culver Company はひとつしか存在しなかったのであり,表示の誤りの訂正として第1文で処理される,と[167]。

---

166)　324 F. Supp. 849, 856.

以上の判決に現われている問題は，表示の訂正が諮問委員会注釈どおり第2文の"changing a party"に含まれると解した場合，そこの要件（とりわけ，「訴え提起の法定期間内」の訴訟のノウティス）が満たされないときには表示の訂正を斥けてよいのか，という疑問である。最初のWynne事件では，判決中に明らかにされてはいないけれども，おそらく送達も出訴期間内に行われたようであるが，Washington事件およびWentz事件では，訴状の提出は期間内だが送達が実施されたのは期間後であった。いずれの事件でも，あるいは委員会による調停の試みを通じ，あるいは任意的な和解交渉を通じ，被告は原告の請求について十分に悉知していたが，出訴期間内に訴訟提起のノウティスは受けていない。従って，第2文を厳格に適用するならば，これらの遡及的訴答修正は許されなくなる。しかし，単なる形式的な表示の訂正が許されないという結論は容認しがたい。そこで，Washington判決やWentz判決が表示の訂正には第2文は適用されないとしたのは，理解できるところである。
　ライト＆ミラーもこのような立場を採っており，単なる表示の訂正は第1文によって規律され，第2文の特別な要件に関係なく許可されるとしている[168]（ただ，Wentz事件に関しては同判決を不当とし，原告はイリノイ州法人を訴えようとしたのであり，そして訴答修正によってまったく別個の法的実在たるデラウェア州法人を訴訟に引き入れようとしたのであるから，これは単なる表示の訂正ではなく，当事者の変更である（本稿注162参照）。従って，あくまで第2文を適用すべきであり，不当な結果はノウティス要件の柔軟な解釈によって阻止できるという。）そして，例の委員会注釈については，外見上表示の誤りの訂正とみえるケースにも実は当事者の変更にあたるものがあり，そのような場合の訴答修正は第2文によって決せられるべきであるとする趣旨であると解している[169]。ヘイワースも第1文・第2文を適用し分ける立場を採っている[170]。

---

167)　294 F. Supp. 1327, 1328-29.
168)　6 Wright & Miller, §1498, at 513. なお，3 Moore, §15. 15〔4-1〕, at 213.
169)　6 Wright & Miller, §1499.
170)　Haworth, supra, at 562.

これに対し，ある論者は次のような提案をしている。すなわち，ⓐ 前出（本節3の⑷）の Meredith 判決やライト＆ミラーのように，第2文のノウティスとしては原告が一定の請求（権）を主張していることのノウティスで足りるとし（Washington 事件や Wentz 事件ではこの種のノウティスはあった），さらに，ⓑ 前出（本節3の⑸）の Martz 判決が示唆していたように，送達が出訴期間後になされた場合のことを考慮して，出訴期間内のノウティスという要件を出訴期間プラス送達に要する期間内のノウティスと規則改正することを前提として，単なる表示の誤りの訂正も第2文によって規律すべきであるという。このようにすれば，単なる表示の訂正が許可されなくなるケースはまずなくなるとともに，表示の訂正が第2文の "changing a party" に含まれ，かつまた，ノウティスはインフォーマルなもので足りる，と明記している諮問委員会注釈の方針にのっとった処理をすることができる。さらに，Martz 事件や Wentz 事件のような事案に直面した裁判所は，それが表示の訂正か当事者の変更かという難しい判断をせずとも妥当な結果を得ることができ，判例の不統一もなくなる，というのである[171]。そして近時，このⓑに基本的に賛成し，しかもそれを解釈論として実現可能と判示する上級審判例[172]も現われるに至った。

　第二の流れ（立法論か解釈論かはともかく）を採った場合の利点は，論者もいうように，表示の訂正か当事者の変更かまぎらわしい場合に悩まずにすみ，むしろこのいずれにあたるかという区別は重要性を失い，常に防御上の不当な不利益，ノウティスといったデュー・プロセスからくる考慮を働かせるところにある。とはいうものの，これは，同時に，思考経済の面からみれば欠点ともなりうる。単純な表示の訂正であることが明白な場合にまで第2文の要件をうんぬんするまでもないと考えられるからである。もっとも，そういう場合は，単に第2文の要件を満たしているとだけ判示すれば足りるから，さほどの手間でもないとはいえよう。しかし，たとえ出訴期限後のケースに限ってにせよ，表

---

171) Note, supra, at 108-14. なお，ヘイワースもこのⓑの方向を基本的に是認しているが，彼によれば第2文は当事者変更にしか適用されない。

172) Ingram v. Kumar, 585 F. 2d 566 (C. A. 2nd, 1978).

示の訂正と当事者変更の区別を大胆にも廃止するところまでいく必要性があるか否かは，より慎重な検討を要すると思われる。

IV まとめ

　以上で連邦民訴規則における当事者変更制度およびこれに関連する諸問題についての拙い概観を終える。邦語文献がほとんどない分野であるし，本稿では留保した論点も少なくないので，全体像を正確に捉え得たかは疑問であり，誤りの多いことをおそれる。同時に，判例を通じて歴史的に形成されてきたものに論理的体系化の手をあまり加えずにほぼそのままの形で残している法制度を外国人が理解することの難しさを痛感した——もちろん，これは筆者の未熟さの故でもある。そこで，最後にまとめらしきものを提示するにあたっても，強いて日本法との詳細な対比を試みるというよりも，本稿の論述の順序に沿って基本的な特色のいくつかを指摘するにとどめたい。

　1．訴訟は適格当事者によって提起されねばならないという提訴段階でのルールが存する一方で，これを満たさない場合直ちに訴えが却下されるのではなく，訴訟係属中に適格当事者への交替やその追加が寛大に許されるようになっていったのは，訴えの変更に関してロー・ツー・ロー変更禁止の原則から法的視点の変更許容の方針へと転向していった歴史と，ある意味ではパラレルの関係にあるということができよう。

　2．出訴期限経過前の訴答修正には，訴訟のきわめて早い段階で1回だけ許される当然の権利としての訴答修正と，相手方の同意または裁判所の許可に基づくそれとがある。相手方の同意に基づく訴答修正についてはあまり論じられていない（裁判例も少ないようである）ため，それによって被告の変更がなされる場合，旧被告の同意だけでよいか，新被告の同意をも要するかは明らかでない。裁判所の許可に基づく訴答修正[173]では，相手方の本案防御上の不当な不

---

　　173)　わが国では，裁判所の許可にかかる当事者変更は，行政事件訴訟法15条にみ

利益の有無などが考慮される。当事者変更の許否を判断する際に判例が実際に考慮しているファクターは，一般に日本の判例が挙げているものに酷似しているといえる[174]。

3．わが国では任意的当事者変更と消滅時効との関係はあまり論じられていない[175]。これに対し，アメリカではむしろ（消滅時効と類似の機能を果たす）出訴期間との関連がきわめて大きな比重を占めている（出訴期間満了後に当事者を変更する遡及的訴答修正）。これは，出訴期間満了前の場合と違って，原告にとっては死活の問題であるためであろう。また，30日や2カ月といったきわめて短期の出訴期間が定められている例が多く（たとえば行政機関に対する訴訟），期限ぎりぎりまで訴訟準備に費すためでもあろう。しかし，わが国でも消滅時効との関係で同じ問題が生ずる可能性は十分あり，対処の必要性がある[176]。その際，連邦規則15条(c)項はひとつの参考になるのではないか[177]。

4．利害が特に尖鋭化する出訴期間満了後のケースにつき，立法者は1966年改正で表示の訂正と当事者変更の双方に共通の基準を提供しようとした（15条(c)項第2文）。その方針は必ずしも実務に浸透していないが，立法者の意図を体現するような上訴裁判所判決（第2節注162）も現われている。この流れが広まるならば，出訴期間満了後に関する限り，表示の訂正か当事者変更かの区別は重要性を失うことになろう。

　　　られる。
174)　福永・前掲（注86）実務民訴Ⅰ104頁に列挙されているところを参照。
175)　学説については前掲（注81）参照。
176)　行政事件訴訟法15条3項は，出訴期間との関係で当事者変更の遡及効を認めたものといえる。連邦規則15条(c)項第3文参照。
177)　もちろん，消滅時効（通説によれば実体権の消滅）と出訴期限（訴権の消滅）の差異を考えなければならないが，「〔英米の〕出訴期限制度の趣旨はわが時効制度と同様で」あるとの興味深い指摘もある。『注釈民法(5)』274頁（早川武夫）（有斐閣，1967）。

付　　篇

1 A Comparative Analysis of Trial Preparation : Some Aspects of the New Japanese Code of Civil Procedure

I. Introduction

The law of civil procedure has been codified in Japan. The Code of Civil Procedure (*Minjisosho-Ho*) was first enacted in 1890, modeled after that of Germany. It was modified in 1926 and 1948. The 1948 amendments introduced some features of Anglo-American procedure such as crossexamination. Recently the new Code of Civil Procedure (new CCP) was promulgated on June 26, 1996 and will go into force on January 1, 1998, taking over the old Code.[1] This amendment is expected to bring about substantial changes in Japanese civil procedure. The main points of reform include : (1) reform of preparatory proceedings ; (2) improvement of devices and proceedings to prove ; (3) introduction of a small claims procedure in the summary courts ; and (4) reform of appeals to the Supreme Court.[2]

In 1997, "*Jiyuu to Seigi (Liberty and Justice)*," the monthly law journal of the Japan Federation of Bar Associations, featured the new Code of Civil Procedure in volume 48. There I discussed some aspects of the preparatory proceedings and the procedural devices to prove adopted in the new Code, in comparison with their counterparts under the US Federal Rules of Civil Procedure.[3] I wrote the article for those who know Japanese law but not US Civil Rules. This article is for those who are in the opposite situation.

---

1) There has also been a set of Rules of Civil Procedure (*Minjisosho-Kisoku*) (RCP) which supplements the code in detail. It was also revised and promulgated by the Supreme Court in December 17, 1996 and will take effect on January 1, 1998.
2) *Homusho-Minjikyoku-Sanjikanshitsu* (Counselors Office, Civil Affairs Bureau, the Ministry of Justice) (ed.), *ICHIMON-ITTO SHIN-MINJISOSHO-HO* (Q&A ON THE NEW CODE OF CIVIL PROCEDURE), at 5 (1996) (in Japanese).
3) Masahiko Omura, "*Shin-Minjisosho-Ho to Amerika-Ho : Soten-Seiri to Shoko-Shushu no Hikaku wo Chushin toshite* (The New Code of Civil Procedure and American Law : Focusing on Issue Formulation and devices to Obtain Evidence)," 48 *Jiyuu to Seigi (Liberty and Justice)* 82 (December 1997) (in Japanese).

II. Practice under the Old Code and Incentives to Trial Concentration

The structure of civil procedure in Japan has been said to be very different from that in the United States. What is most noteworthy is whether a trial is concentrated or not. There are several factors that are related to trial concentration and its degree.

First, Japanese civil justice doesn't have a jury system. In the field of criminal justice, there is a statutory provision that allows for jury trials, although it has been suspended for more than 50 years. As far as civil procedure is concerned, however, we don't have such a provision. Subsequently, there is no strong demand in Japan for dividing the procedure into trial and pretrial stages as is the case in the United States. It is true that there has been a preparatory proceeding (*Jumbi-Tetsuzuki*) to streamline cases for the formal or oral hearing (*Koto-Benron*, which is equivalent to trial in the United States, although the appearance is very different), but the preparatory proceeding has been unpopular with judges and attorneys for various reasons, such as a scarcity of human resources in the courts that made it difficult to spare able judges for preparation[4] ; apprehension about the harsh effect that the exclusion (or foreclosure) of materials not raised during this proceeding might have on the parties ; and some other practical reasons. Therefore, this proceeding has been seldom used. All conduct of the parties and judges regarding issue formulation and arrangement of evidence has usually been done through the course of formal oral hearings in the coutroom, and has often been mingled with the taking of proofs such as witness-examinations. Thus it can be said that Japanese civil procedure has not actually been clearly divided into the two phases of trial and pretrial.[5]

---

4) The total number of judges, from summary courts to the Supreme Court, is approximately 3,000.
5) To be precise, another type of preparatory proceeding has been admitted based on a provision of the old RCP. Art. 26 of the old RCP provides : "When the arrangement of issues and evidence has been completed in oral hearings without holding preparatory proceedings, an entry to that effect shall be made in the court record." This provision, in consideration of non-utilization of the preparatory proceeding (*Jumbi-Tetsuzuki*) provided for in the old CCP, is a kind of experimentation to allow a de facto preparatory proceeding called *Jumbiteki-Koto-Benron* (preparatory oral hearing). This proceeding is not provided for in the old CCP and, though it should be distinguished from main oral hearings which focus on proof-taking, the difference between them has not been made very clear. Jumbiteki-Koto-Benron too has

A Comparative Analysis of Trial Preparation   277

Accordingly, issue formulation and fact findings have been done bit by bit through unconcentrated and piecemeal formal hearings. Except in uncontested cases, there usually are several oral hearing sessions (*Koto-Benron-Kijitsu*) separated by intervals of a month or two. This is the traditional notion of "trial" in Japan. This is by no means a "High Noon"-type trial.

Second, under Japanese civil procedure, parties are not given American-type discovery devices. The unconcentrated and piecemeal formal hearings described above seem to have something to do with not only the malfunction of preparatory proceedings but also the weakness of the parties' ability to obtain information and evidence from each other outside the court. The burden to produce evidence in court is imposed on the parties, but they have neither interrogatories, depositions nor document discovery allowing them to get evidence or information outside the court.

Because of the weakness of the parties' ability to get information and evidence, they cannot prepare thoroughly for a concentrated trial. Thus trials tend to be piecemeal hearings, and all a party can do is ask the court to use its discretionary power to encourage an adversary to present faithfully all information in his possession which the court deems necessary. Some parties, worried about the bad impression their disobedience may give the judge, observe the requests of the court, but others do not.

Third, the number of attorneys in Japan is far smaller than that in the United States.[6] This seems to make concentration of trial difficult. Representation by attorneys (*Bengoshi*) is not required in Japan. Lay parties can represent themselves in court. In the district courts (the first instance of general jurisdiction), the percentages of cases where both parties are represented by attorneys, where either plaintiff or defendant is represented, and where none of the parties are represented are approximately 40%, 40% and 20% respectively.

---

been seldom used.
6) The number of attorneys (*Bengoshi*) in Japan is about 16,000. (Cf. The total population in Japan is 130,000,000.) They are authorized to provide all types of legal services, and most of them are trial lawyers or litigators. They are given a monopoly on legal representation in court proceedings, except for summary court proceedings. It is worth noting that there are also substantial numbers of various "lawyers" in Japan who are qualified for particular fields of legal services outside the courts, such as judicial scriveners (*Shihoshoshi*), tax lawyers (*Zeirishi*), administrative scriveners (*Gyoseishoshi*), and patent lawyers (*Benrishi*). These lawyers number in approximately 100,000 or more.

Growth in the number of attorneys will not necessarily raise the ratio of representation by attorneys, because this depends on other factors as well, such as the fee system and the regional distribution of attorneys. However, the number of attorneys will certainly influence the ratio of representation. In cases of self-representation, concentrated trials would not be practical except in very simple and small cases.

Even taking into consideration all of these factors, however, concentrated trials have been seen as an ideal in Japan by judges, commentators and progressive attorneys. According to judges who have experimented with concentrated proof-taking, its advantages are as follows :

(i) Concentrated trials are more effective than piecemeal trials in finding truth. This is because concentrated proof-taking, examining several witnesses at a time, makes it easier for judges to find differences in testimony and reduces the possibility of false testimony ; and,

(ii) Concentrated trials are useful to accelerate the disposition of litigation in most cases.

In order to make concentration of trials possible, cases should be well prepared for that purpose. Issues should be reduced and clear, and good evidence to prove them should be sifted out.

In this regard, I should mention a recent trend in Japanese practice. Trial courts have developed and used a new type of hearing called *"Benron-ken-Wakai"* (literally, argument and conciliation) for 10 years or more. This is a hearing session (or sessions) in a small room within the court, rather than in a formal courtroom, presided over by the judge who will render the final judgment. Issues are formulated and proof-taking arranged through informal oral discussions between the parties and the judge, and settlement, if feasible, is also attempted. This mode of hearing is rather different from the preparatory hearings and the formal oral hearings that are anticipated in the old CCP. Thus there is some dispute among scholars as to whether this mode of hearing is well-grounded in the Code or not, e.g., whether *"Benron-ken-Wakai"* is merely a trial-preparation-proceeding or a de facto trial, and whether or not the requirement of publicity can be fulfilled by allowing interested persons' ad hoc entrance into the room. The problem seems to be that a judge may form an impression about the facts in the case before a formal trial, throhgh informal discussions with the parties and based on basic documentary evidence the judge requests them to submit for the purpose of firm issue formulation. Even though the judge's impression might be changed by witness-examination and other proof-taking in the formal hearings later, there is the possibility of prejudgment. Nevertheless, the practice of "Benron-ken-Wakai" is growing more and more popular in trial courts because judges can grasp the points of the dispute effectively and sift out issues and evidence more easily, and thus settlement also becomes easier.

The root or origin of the recent inclination toward concentration of trial was in the former court rules enacted by the Supreme Court in 1950. The ideal of the rules, concentrated trial, which was inspired by American ideas of civil justice, has not yet been achieved. However, based on various attempts and experiments in the courts, as well as recent proposals from bar associations, the new Code of Civil Procedure of 1996 has employed this ideal more explicitly.[7] To get to this goal, the new Code has reformed the preparatory proceedings and improved the devices and proceedings to prove, although there is some controversy about the appropriateness of those amendments. In addition, the number of attorneys is going to increase gradually under the new policy of the Ministry of Justice, recently approved by the Japan Federation of Bar Associations, that aims to increase the number of successful applicants to the national bar examination.

III. Reform of Preparatory Proceedings

A. *Old Proceedings Compared with that of the US*

It is commonly understood that the role of judges and attorneys is fairly different between Anglo-American-type litigation and continental litigation. In the traditional American adversarial proceedings, a judge is seen as just an umpire and the initiative of attorneys is predominant over that of the judge. In contrast, continental civil procedure has been characterized as an 'inquisitorial system' where the role of the judge (or judges) is predominant. Germany and France are typical of this group. Japan, which has a hybrid system combining

---

7) Art. 182 of the new CCP provides : "Examination of witnesses and parties should take place intensively after completion of the arrangement of issues and evidence, as far as it is feasible." There are supplemental provisions to the same effect in the new RCP (arts. 100, 101 and 102).

German and American approaches, seems to be located somewhere between the two groups, probably nearer to the continental group.[8]

As far as the pretrial stage is concerned, the stereotype of adversarial and inquisitorial systems seems to be changing in the US due to continuous efforts of policymakers. One official demonstration of this change was the amendment of Rule 16 of the Federal Rules of Civil Procedure (FRCP) in 1983, which encouraged judicial control, through pretrial conferences, over a case at an early stage for the purpose of efficient trial preparation, as well as disposition of the case by settlement. More recent movement in the same direction was embodied in the Civil Justice Reform Act of 1990.[9]

However, it is an observation of Japanese judges who have witnessed American pretrial practices that there still exists a considerable difference between the US and Japan with respect to the degree of depth and density of judicial intervention into issue formulation and arrangement of relevant evidence.[10] Be this true, it might be natural because such work has primarily been seen as the responsibility of attorneys in the US and the main aim of the reform movement mentioned above seems to have been 'case management,' such as scheduling and planning of the pretrial phase. Introduction of the parties' obligation to "meet and confer" before a scheduling conference or a scheduling order (FRCP 26 (f)) in 1993 reconfirmed this idea.

B. *New Proceedings Compared*

Now let us turn to Japan's new preliminary preparatory proceedings. One of

---

8) Yasuhei Taniguchi, "Between *Verhandlungsmaxime* and Adversary System : in Search for Place of Japanese Civil Procedure," in *FESTSCHRIFT FUR KARL HEINZ SCHWAB ZUM 70. GEBURTSTAG* at 487, 488 (1990). Note that even the French and German systems of civil procedure can be viewed as sorts of adversarial systems from a comparative viewpoint. *Id.* at 447.

9) We should note that a change of legal rules does not easily bring about corresponding change in practice because of the inertia of lawyers, the influences of other social and economic conditions, and the like. *Id.* at 493. Empirical research about the implementation of the CJRA programs found that the law has been modestly successful only in expediting the disposition of cases, with no change in costs and satisfaction. See James Kakalik, "Just, Speedy, and Inexpensive? : Judicial Case Management under the Civil Justice Reform Act," 80 Judicature 184 (1997).

10) See, e.g., *Shihokenshujo* (The Legal Training and Research Institute) (ed.), *AMERIKA NIOKERU MINJISOSHO NO UNEI* (THE ADMINISTRATION OF CIVEL JUSTICE IN THE UNITED STATES), at 112 (1994) (in Japanese).

the characteristics of the new CCP in this regard is diversity. It has adopted three different types of proceeding : (i) *Jumbiteki-Koto-Benron* (preparatory oral hearing) (art. 164 CCP) ; (ii) *Benron-Jumbi-Tetsuzuki* (preparatory proceeding for formal hearing) (art. 168 CCP) ; and (iii) *Shomen-niyoru-Jumbi-Tetsuzuki* (preparatory proceeding in writing) (art. 175 CCP). (i) and (ii) are the revised versions of the existing proceedings[11] and (iii) is an innovation. *Jumbiteki-Koto-Benron* must be held in a courtroom open to the public, because the procedure is by nature the same as a formal hearing except that its purpose is focused on preparation. The new Code contains clear provisions to this effect (arts. 164-167), while the old version did not. *Benron-Jumbi-Tetsuzuki* is held in a small room not open to the public, but there can be ad hoc permission of entrance from the judge to interested persons and the judge must give permission to those whose entrance a party requests (art. 169 CCP). This proceeding should be informal and it is expected to incorporate the advantages of *Benron-ken-Wakai* discussed earlier. One of the major changes concerning *Benron-Jumbi-Tetsuzuki* is that proof-taking of documentary evidence is officially permitted for the purpose of making issue formulation accurate and firm (art. 170 CCP). *Shomen-niyoru-Jumbi-Tetsuzuki* can be used when parties or their attorneys reside so far from the court that a personal appearance is unreasonably costly and time consuming, or in other situations the court deems proper (art.175 CCP). In this proceeding the discussions between the judge and the parties will be by telephone conferencing where everybody can hear everybody else's speech (art. 176 CCP), and fax can also be used in combination.

The presiding judge has discretion to select one of the three proceedings after hearing the preferences of the parties, although the judge will not select any of them if the case is simple.

At the closing of all of these preparatory proceedings, the court shall confirm with the parties the issues that should be proved in the later formal hearings (arts. 165, 170 and 177 CCP). The most notable feature is that there is no exclusion (or foreclosure) as to materials not raised during these preparatory proceedings. Instead, a new scheme is adopted : the party who wants to submit, in the course of formal hearings, facts or evidence not raised during the

---

11) See *supra* note 5 and the preceding texts.

preparatory proceedings must explain why he/she could not assert or present them there, if the opponent requests an explanation (arts. 167, 174 and 178 CCP : Obligation to explain). But what happens when a party can not give any persuasive accounting or does not explain at all ? The Code is silent about this situation. Thus, general rules will apply. One possibility is that the allegation or presentation may be dismissed if the judge finds it willfully or negligently inopportune and that allowing the presentation will cause delay in the disposition of the litigation (art. 157 CCP). Another possibility is that the judge takes the facts or materials into consideration, but to a limited degree, namely reducing their effect on the judgement to some extent in the evaluation of the case as a whole (Cf. art. 247 CCP : *Jiyu-Shinsho-Syugi*, or principle of free judicial evaluation in fact-finding).[12]

Under the American FRCP, a final pretrial order fixes the issues and evidence that will be presented at trial. "After any [pretrial] conference held pursuant to this rule, an order shall be entered reciting the action taken. ... The order following a final pretrial conference shall be modified only to prevent manifest injustice" (Rule 16 (e) FRCP). This means that a foreclosure effect will be imposed on the parties unless there is a need to prevent manifest injustice. The actual state of application of this rule in the US courts is beyond my knowledge, but as far as the legal rules are concerned, the American norm apparently seems to be stricter than the new Japanese standard.

It is quite understandable that, in the background of the American norm, there is the jury system under which a trial should be a one-round event in principle and the content that is examined at that stage should be firmly fixed in order to avoid confusion and other difficulties on the part of jurors. In Japan, where the judge is the sole fact-finder, we can freely design the scheme, and the new Code adopted the obligation to explain. It is not clear whether the obligation will effectively prevent late presentation. If both parties fail to request explanations from each other, if the judge would make much of searching for truth (based on more evidence) rather than procedural fairness, and if this happens too frequently, the new preparatory proceedings will not be able to achieve their goal. Efforts to seek and form good practice by judges and at-

---

12) For the meaning and contents of the principle of free judicial evaluation, see Hattori and Henderson, CIVIL PROCEDURE IN JAPAN, § 7.05 [13] (1985).

torneys are expected.

Before concluding this section, I should refer to a new sub-scheme named *Shinko-Kyogi-Kijitu* (Scheduling Conference Sessions). These sessions can be held at any stage in the course of litigation. They are not for the substantial arrangement of issues and evidence, but for conferring about the schedule of litigation and the way the case is prepared and heard.[13] For example, particularly in complicated or mass-related cases, the time (date) and order of hearing issues and examining witnesses shall be scheduled in such a session, although the schedule may be planned in the various preparatory proceedings.[14] How these sessions will be utilized in practice is not clear, but their function seems akin to scheduling conferences in the United States.

IV. Improvement of Devices and Proceedings to Prove

A. The Situation under the Old Code

To give parties devices to obtain information and evidence regarding a case is necessary to secure the appropriateness of trial preparation. It is also desirable as the basis of the principles of party-presentation and burden of proof. This in particular has become a matter of keen interest, as modern industrialized society has increasingly produced disputes in which one party possesses important information and evidence while the other does not.

As for the ability to obtain information and evidence, parties in the United States are the best equipped in the world. Discovery and disclosure (rules 26-37 FRCP) are strong devices to force both parties to provide information and evidence to each other. These devices are for obtaining information and evidence between the parties before trial. Whether to present them at trial or not is another thing.

In Japan, devices for the parties to obtain information and evidence outside the court in advance of preparatory or formal hearings have been underdeveloped. Parties do not have any statutory power to obtain, before hearings, information or evidence in the custody of the opponent.[15]

---

13) Arts. 95 and 165 RCP. *Saikosaibansyo-jimusokyoku-Minjikyoku* (Civil Affairs Bureau, General Secretariat, the Supreme Court), *JOKAI MINJISOSHO-KISOKU* (AN NOTATED RULES OF CIVIL PROCEDURE), at 214 (1997) (in Japanese).

14) *Id.* at 348.

Although parties have procedural rights to make motions to the court for ordering a witness to testify in the courtroom or ordering a holder of documents to produce them in court, parties must investigate by themselves in a voluntary way to get information about relevant documents and witnesses. This makes it difficult for ordinary citizens to allege correctly and prove effectively in oral hearings in cases in which the opposite party (e.g., big businesses, government or its organizations) has exclusive possession of important information and evidence.

Moreover, under the old Code, the obligation of holders of documentary evidence to produce such evidence into court is very limited. The court can, on a motion by a party, order production of documents only when they fall in the requisites enumerated by the Code.[16]

Furthermore, when a party applies for a court order for production of documents, he must identify the particular documents that he wants the holder to produce by indicating their titles and/or an outline of their contents.[17] This is quite difficult, except when the opponent must have a legally required document of a certain title, because the documents are in the hands of an adversary and the party making the motion usually has never seen them before. The situation is totally different from that of American litigants who have document disclosure and discovery.

The new Code introduced a new information-obtaining device and im-

---

15) The only exception is that attorneys have been entitled, by art. 23.2 of the Law of Attorneys (*Bengoshi-Ho*), to send inquiries through their bar associations to public or private entities about information necessary to prepare for litigation (so-called *Bengoshikai-Shokai*, inquiry through bar associations). However, there are no sanctions in cases of refusal, and inquiries to private citizens are not allowed under this scheme.

16) Art. 312 of the old CCP permits production of documents only when (i) the documents are mentioned by the holder during the litigation, (ii) the party going to prove some fact by the documents is entitled to have or inspect them by a substantive law, or (iii) the documents were made for the benefit of the party who is making the motion for an order of production, or with respect to a legal relationship between him and the holder. Although the third requisite is most important, it is obscure and has been controversial when applied in concrete cases. See Hattori and Henderson, *supra* note 12, § 7.05 [11].

17) Art. 313 of the old CCP. Actually some courts are said to be not so strict in the interpretation of this provision and allow "fishing expeditions" to some extent by ordering production of documents identified categorically, where the applicant for the order for production has no other means of proof. However, according to the general view, this is contrary to the literal meaning of the provision.

proved the existing document-presentation procedure.

B. *Tojisha-Shokai*

Tojisha-Shokai (party inquiries or interrogatories) is a newly introduced device for obtaining information from the opposite party outside the court. It was modeled after American interrogatories. Under the new Code, after the action commences, parties can send written inquiries to the opposite party about matters necessary to prepare for allegations or proving, and can request answers in writing within a reasonable period of time set by the inquirer, provided that the inquiries are not inconcrete or unparticular ; insulting or perplexing ; repetitive ; asking for opinions ; requiring unreasonable cost or time to answer ; or regarding privileged matters if the answering party is to testify as a witness in hearings (art. 163 of the new CCP). Unlike the American interrogatories, however, there are no definite sanctions for refusing to answer or for incomplete answers, although the parties owe a general obligation to be faithful in litigation (art. 2 of the new CCP). Therefore, there is no provision for a court order to compel the opposite to answer. The practical effectiveness of *Tojisha-Shokai* has already been doubted, but bar associations, who requested the introduction of this device into the new Code, have prepared forms and guidelines to build up desirable practices. Indeed, professional ethics would seem to support good practice of *Tojisha-Shokai*. If, however, clients refuse to answer and disclose information in their possession, attorneys will encounter difficulty. They will be put in an ambivalent position between duty to their client and duty to the justice system. Moreover, as mentioned earlier, there are substantial numbers of cases where parties represent themselves. In such cases, there are almost no incentives to secure good functioning of *Tojisha-Shokai*, except anxiety or fear about the bad impression unfaithful refusal may give the judge (Cf. principle of free judicial evaluation : art. 247 CCP).

After all, though it is difficult to predict how well *Tojisha-Shokai* will function, it is a landmark in the history of Japanese civil procedure that the parties have been given an official device to obtain information outside of the court for the first time.

C. *Order for Production of Documents*

The proceeding of orders for the production of documents (*Bunsho-Teishut-*

su-Meirei) has undergone substantial changes under the new Code.

The scope of the obligation of holders to produce documents in their custody has been enlarged, and it has become a general obligation (art. 220 new CCP).[18] The new principle is that every holder of documents is obliged to produce them unless they come under the exceptions provided for in the new Code. Those exceptions include : (i) documents holding information that could potentially be used to prosecute the holder or his relatives ; (ii) documents containing information which certain professionals like medical doctors and attorneys obtained in their professional capacity and must keep confidential, or technical or professional secrets such as know-how, news sources, etc. ; and, (iii) documents prepared solely for the use of the holder (No. 4 art. 220 of the new CCP). The last exception, so-called self-use documents or internal documents, is crucial because, if it is interpreted broadly to include various kinds of documents made inside business corporations, the meaning of this amendment will be seriously reduced.

The proceeding has also been modified by introducing a document identification process, *in camera* examination, and an order for production of documents "in part".

Under the new Code, as under the old Code, a party applying for an order for production of documents must identify the particular documents by indicating their titles and outlines of their contents (art. 221 (1) new CCP). *Tojisha-Shokai* (party inquiries) is a possible device for getting such information in advance from a party-holder of the documents. In addition, the new Code introduced a document identification process to alleviate the difficulties for an applicant that could not be gotten rid of even by *Tojisha-Shokai*. This identification process is a portion of the proceeding of the document production order. When it is extremely difficult for the applicant to indicate titles and outlines, he can instead show other information from which the holder can

---

18) For the old provision, see *supra* note 16. Although art. 220 of the new CCP is understood to have made the obligation to produce documents a general one without doubt, its purport is not intelligible because it has preserved the same sentences from the old Code (No. 1, 2 and 3 of art. 220) and just added a catchall sentence (No. 4) with some exceptions of privileged documents cited in the following text. The structure of this provision may cause conflicts about its interpretation. This provision has exempted governmental documents from the generalized obligation in No. 4. Thus, only No. 1, 2 and 3 apply to them for the moment. Further amendment is scheduled in 1998 for governmental documents.

identify the documents sought or narrow down the candidates. Then the court, on the motion of the applicant to that effect, can request the holder to report titles and outlines of the particular documents sought or those of candidates (art. 222 new CCP). The problem is that the Code does not provide for any sanctions or methods to force an unwilling holder to report. Conflicting comments already exist with regard to this situation.[19]

In camera examination is a hearing by the presiding judge to examine whether documents sought fall under any of the exceptions (No. 4 art. 220 of the new CCP) listed above. The judge can request the holder to bring the documents into court, but no other person is entitled to seek disclosure of the documents during this hearing (art. 223 (3) new CCP). Here too there is no sanction against a holder who refuses to bring the pertinent documents to the judge.

An order for the production of documents "in part" is a production order in which the court orders the holder to produce a document excluding (or hiding) a certain part of it which the court finds privileged or irrelevant to the issue (art. 223 (1) new CCP). This order is, in its function, equivalent to a protective order in the United States, at least when it regards privileges.

Finally, the sanction for refusing (by a party) to comply with an order for production has been reinforced to allow the court to deem established, (i) not only the purport of the document concerned, (ii) but also the fact to be proved by the document when the applicant for the production of the document can

---

19) *ICHIMON-ITTO SHIN-MINJISOSHO-HO* (Q & A ON THE NEW CODE OF CIVIL PROCEDURE), *supra* note 2, at 260 & 263 states that, if the documents sought can not be identified by the titles and/or the outlines even after the document identification process has been tried, the motion for document production shall be dismissed. However, some commentators argue that the court has discretional power in such cases to order production of documents, if they are at least categorically identified, the production will not be too burdensome for the holder, and also the applicant does not have another means to prove the fact. See, *e.g.*, Mutsuo Tahara, "*Bunsho-Teishutsu-Gimu no Hanni to Huteishutsu no Koka* (The Scope of the Obligation for Production of Documents and the Effect of Non-production)." 1098 *Jurisuto (Jurist)* 65 (1996) (in Japanese) ; Koichi Miki, "*Bunsho-Teishutsu-Meirei 4 : Bunsho-Tokutei-Tetsuzuki* (Document Production Order 4 : Document Identification Process)," in Miyake, Shiozaki and Kobayashi (eds.), *SHIN-MINJISOSHO-HO TAIKEI (THE SYSTEM OF THE NEW CODE OF CIVIL PROCEDURE) VOL. 3*, at 197 & 202 (1997) (in Japanese) ; Teiichiro Nakano, *KAISETSU SHIN-MIN-JISOSHO-HO* (COMMENTARY ON THE NEW CODE OF CIVIL PROCEDURE), at 54 (1997) (in Japanese) ; Omura, *supra* note 3, at 91.

not concretely assert the contents of the document (art. 224 new CCP). The second type of sanction has been introduced by the new Code, adopting the theory of a High Court decision where the defendant (Japanese Government) was ordered to produce a report on an Air Force jet accident, but did not obey.[20]

V. Conclusion

The 1996 amendments to the Code of Japanese Civil Procedure are the first overall reform since 1926. These aimed at creating concentrated and intensive hearings because such heatings are believed to lead to just, speedy and cost-effective adjudication. The means to this goal is bifurcated : welldesigned preparatory proceedings and enhancement of parties' ability to obtain information and evidence.[21]

In the revised or newly introduced preparatory proceedings, the new Code seems to respect the will and voluntariness of the parties on the one hand, and allow the judge broader discretion on the other. The provisions regarding scheduling or planning are also related to the latter. Introduction of *Tojisha-Shokai* (party inquiries) and reform of the document production system are intended to raise the ability of parties to prove. All of these will probably improve the present state of practice, though the degree of success will depend mainly on the efforts of lawyers.

Nevertheless, from the viewpoint of American lawyers, these amendments may seem to be modest and conservative. It is true, for example, that there are few sanctions for disobeying a court order or "request" in the new devices and proceedings. This can be said to be a distinctly Japanese approach, where consent of the parties and the judge are given primary importance and compulsory means are not welcomed in general. Though there were opposing opinions in the process of legislation, the Japanese legislature has employed gradual progress. This is a reflection of Japan's legal culture and legal climate.

---

20) Judgement of Tokyo High Court, Oct. 18, 1979, 942 *Hanrei-Jiho* 17.
21) There are other aspects of the 1996 amendments where comparative analysis will be interesting, such as *Jokoku-Juri* (a Japanese certiorari), small claims procedure in the summary courts, and ADR in court proceedings.

This paper is one of the products of my comparative research subsidized from Chuo University (1996 *nendo Tokushukenkyu-Joseihi*).

2 The Trend of Japan's Legal Education System : In Pursuit of the Ideal in the Future

I. The Opening of the System and the Situation after Seven Years

A. *The Recommendations of the Justice System Reform Council (2001)*

The new Japanese law school system started in April, 2004, and is now in its seventh year. The new system was introduced as one of the core parts of the grand design of our judicial reform announced in 2001 by the Justice System Reform Council. In its report,[1] the Council pointed out two aims with regard to increasing the pool of legal professionals in Japan, as follows.

(1) 3,000 new lawyers should be produced every year by the year 2010,[2] and

(2) Highly qualified lawyers should be trained in various fields, including

---

*   This article is based on a report presented to the joint 125th anniversary conference of Yonsei University (Korea) and Chuo University (Japan) held on September 3, 2010 at Yonsei Law School.

1)   The Justice System Reform Council, *Recommendations of the Justice System Reform Council : For a Justice System to Support Japan in the 21st Century*, (June 12, 2001), available at http://www.kantei.go.jp/foreign/policy/sihou/singikai/990612_e.html

   ([I] n the future, legal demands in various aspects of the people's lives are expected to increase in number and also to become more diverse and more complicated. The reasons for this are too numerous to mention, but include advances in economic and financial globalization and the response to global issues such as human rights, environmental issues and international crimes ; increases in litigation requiring specialized knowledge in such fields as intellectual property rights, medical malpractice, and labor problems ; the necessity to redress the imbalance in lawyer population across geographical regions as a precondition for realizing "the rule of law" throughout Japan ; and the expansion of the role of the legal profession as "doctors for the people's social lives," against the backdrop of changes in the society and economy and changes in public awareness. From such a point of view, with regard to the legal population, this Council considers it necessary to aim, deliberately and as soon as possible, to secure 3,000 new entrants to the legal profession annually… [T]he aim should be to have 3,000 successful candidates per year for the new national bar examination around 2010, when the full switchover to the new system is scheduled to occur, paying heed to the progress of establishment of the new legal training system, including law schools, which aim to accept students from 2004).

2)   The number of the successful applicants to the existing bar examination in the year 2001 was around 1,000.

internationalization.

The Council also proposed that the new bar examination introduced in 2006 should be used as a test to check the result of legal education in the new law schools, and that the ideal passing rate of the bar examination should be 70-80 %. Under such situations, law students will be able to take their time to study a variety of specialized subjects without worrying about competition in the bar examination.

In 2003, with this ideal figure in mind, each university prepared a featured program of its own and submitted a proposal for establishing a law school to the Ministry of Education, Culture, Sports, Science and Technology (hereinafter, the Ministry of Education). Because the screening was done basically on a laissez-faire principle resulting from the deregulation policy undertaken by the then-government, almost all of the proposals were approved. Finally, 74 law schools were chartered , and the total capacity of those schools swelled up to approximately 5,800. Under such circumstances, it was impossible for the passing rate of the new bar examination to reach 70%, and law students would not be able to avoid the harsh competition. Therefore, it was obvious from the beginning that the design of the Justice System Reform Council was bound to collapse in a couple of years. All we, teachers and students, could do at that stage was to put ourselves into a survival race, hoping that the competition would be somewhat relaxed in the future through the natural selection of the law schools by their applicants.

B. Declining Tendency of the Passing Rate in the New Bar Examination

The proposition of the Justice System Reform Council that Japan should have 3,000 successful candidates per year in the new bar examination was endorsed by Cabinet decision. Subsequently the Ministry of Justice, which has jurisdiction over the bar examination, announced a schedule on how it would increase the number gradually from 2006 to 2010.

Because there was not an extremely large number of examinees for the first new bar examination in 2006, the average passing rate was not criticized. However, as the number of the new graduates and the repeat exam-takers (unsuccessful applicants of the former years) increases rapidly, the average acceptance rate steadily went down (Table 1). This was a situation that was easily predictable when 74 law schools were chartered.

What is especially striking is that the number of the successful applicants in 2009, which was decided by the vote of the Bar Examiners Committee, was less than that of 2008. This was apparently against the schedule announced by the Ministry of Justice three years ago, which showed about 2,500 as a prospective number. Therefore, the results attracted keen interest and attention from the law teachers and students who were expecting an increase in the number of successful applicants.[3]

Table 1 : The number and the rate of success in the new bar examination[4]

2006 (the first bar exam)	1,009	48.3%
2007 (the second bar exam)	1,851	40.2%
2008 (the third bar exam)	2,065	33.0%
2009 (the fourth bar exam)	2,043	27.6%

C. Certified Evaluation (Accreditation)

The law schools are required to undergo an evaluation (accreditation) process by a specified third-party institution every five years, which is called the "Certified Evaluation and Accreditation for Law Schools" (*ninshou hyouka*)." All law schools were subject to the first certified evaluation in 2008 or 2009, and the third party institutions[5] pointed out various problems. The institutions found that 24 of the 74 law schools did not meet the accreditation standards, *inter alia*, for reasons such as excessively large class sizes in fundamental law subjects, lack of adequate balance in the subject classification of the curriculum (i.e., too much weight on fundamental legal subject groups), lack of strict

---

3) We encountered similar results in the year 2010, which was announced on September 9. The number of successful applicants was 2074 and the average passing rate was 25.4%. [Supplemented after the conference]. This is far from the target figure of the Justice System Reform Council (see the text of note 2). This restraining tendency apparently has its basis on the opinion mentioned in note 10 and its text.

4) All of the statistics shown in the tables in this article are based on the figures officially announced by the Ministry of Education and the Ministry of Justice, with some supplementation by Committee on Occupational Development, Japan Association of Law Schools, of which I am a member.

5) There are three such institutions that are in charge of certification evaluation of law schools, namely, National Institution for Academic Degrees and University Evaluation, Japan University Accreditation Association, and Japan Law Foundation (the last is an affiliated organization of Japan Federation of Bar Associations).

scholastic grading, teaching methods that resembled prep-schools, and lack of required number of full-time teachers in fundamental subjects. Most of the substandard schools were able to regain accreditation in the following year by barely improving the identified defects.

What became clear by the certification evaluation is that the competitive rate of entrance examination, scholastic ability of students, educational power of teachers, and, on the whole, the level of legal education varied greatly from school to school. Based on such a perception, a strong criticism arose that a substantial number of law schools had mass-produced inferior graduates, reminiscent of slipshod or irresponsible manufacturing. The criticism was related to the fact that the passing rate for the new bar examination varied considerably among the law schools. The rank or position of each law school has been almost fixed during the previous four years, and there seems to be a tendency of bipolarization between the high-ranking and the low-ranking schools.

D. Each Law School's Characteristics such as Training of International Lawyers

Each law school adopted various characteristics such as training lawyers who are skilled at specialized fields including international corporate law, international trade law, and intellectual property law. The areas of expertise were reflected in their curriculum. However, as the passing rate of the new bar examination decreases, the students cannot help being nervous about the subjects included in the new bar examination, and the number of students taking elective courses of international and innovative nature seems to be decreasing.

So far, Japan's attempt to encourage students to acquire dual degrees in both Japan and in a foreign country has not produced successful results.[6]

Such a state of affairs is rather disappointing and regrettable in light of the original idea of Japan's new legal education system.[7]

---

6) Chuo Law School had only one student who passed the New York Bar Examination before he graduated from Chuo. He also passed the Japanese new bar exam in the year he graduated. This is one of the rare exceptions all over Japan.

7) Masahiko Omura, Satoru Osanai & Malcolm Smith, *Japan's New Legal Education System : Towards International Legal Education?* 10 Zeitschrift für Japanisches Recht/Journal of Japanese Law [Z. JapnaR/J. Japan. L] 20, 39 (2005).

E. The Problem Regarding Mishusya

Every law school is required to accept students who were educated in non-legal fields (*Mishusya*), or who have been working members of society (*Shakaijin*) for at least 20%, and preferably 30% of each new entering class. This can be seen as an affirmative action to produce new lawyers from diverse backgrounds.

However, students who lack undergraduate legal education (*Mishusya*), have had trouble catching up in three years with those who have had undergraduate legal education (*Kishusya*). This becomes clear when comparing the passing rates of *Mishusya* and *kishusya* in the new bar examination. Even in the high-ranking law schools, the difference between the two groups is apparent.

Table 2 : A comparison of passing rate between *mishusya* and *kishusya* in 2009 new bar examination

	Mishusya	Kishusya	Total
All 74 law schools	777 (18.9%)	1,266 (38.7%)	2,043 (27.6%)
Tokyo Univ.	48 (41.0%)	168 (61.8%)	216 (55.5%)
Chuo Univ.	26 (21.1%)	136 (54.4%)	162 (43.4%)
Keio Univ.	29 (29.3%)	118 (54.1%)	147 (46.4%)
Kyoto Univ.	25 (30.1%)	120 (58.5%)	145 (50.3%)
Waseda Univ.	114 (31.3%)	10 (62.5%)	124 (32.6%)
Meiji Univ.	30 (21.4%)	66 (38.8%)	96 (31.0%)
Hitotsubashi Univ.	23 (56.1%)	60 (65.9%)	83 (62.9%)
Kobe Univ.	14 (35.0%)	59 (54.1%)	73 (49.0%)

Since the *Mishusya* course constitutes the main curriculum for students without undergraduate legal education as well as working members of society, these data mean that the goal declared by the Justice System Reform Council to secure diversification of lawyers is becoming more and more difficult to realize.

Under the present system of Japanese law schools, *Mishusya* is expected to acquire basic knowledge and the way of thinking of the seven fundamental law subjects in the first academic year. However, this is not an easy task to fulfill in one year, and the burden has proven overwhelming. Some law schools are trying to reduce their burden by shifting procedural law or administrative law subjects to the second year, but the problem does not seem to have been resolved yet.

The issue of *Mishusya* is a problem that all Japanese law schools commonly share, and it is necessary to continuously consider a variety of countermeasures, such as an introductory mini-course at the beginning, or even prior to, the first semester.

II. Critical Opinions from Outside of the Law Schools

A. The Ministry of Education

The Ministry of Education is struggling with this troubled situation. The Ministry itself has been criticized from various sectors of society, but its basic standpoint is that we should continue to promote the reform, along with the idea of educating students through the new law school system. On the other hand, the Ministry has become aware that too many law schools being established has resulted in the level of legal education varying from school to school. Consequently, the level of education is quite low in a considerable number of law schools. Therefore, the Ministry of Education is demanding, as a means of improving the quality of the students and the schools, a voluntary cut in the entrance capacity of each law school. At the same time, it is trying to persuade some law schools to withdraw from legal education, i.e. close down their law school program altogether.[8]

The "Special Committee on Law Schools" of the Central Council of Education in the Ministry of Education announced a report entitled "Regarding the Methods for Improving the Quality of Law School Education" in April, 2009. The report expressed opinions and evaluation about the present and future of the law schools as follows.

On the one hand, the graduates of the new law schools have acquired a good reputation in that they have an attitude of spontaneous and positive learning, capacity in legal research, and superior communication and presentation skills. On the other hand, there are graduates who lack basic knowledge and understanding of law. In addition, the contents of legal practice education are different from school to school, and consequently, their standard of legal

---

8) Himeji Dokkyo University Law School announced in March 2010 that they will give up recruitment of new students and will close down when the existing students graduate.

practice is uneven. The report concluded that this state of affairs should be improved.

Then, the Committee proposed a number of measures and plans to be undertaken by the law schools, including the following.

1. Securing quality and diversity of the entrants to law schools [9]

The 42 law schools whose applicant to entrant ratio fell short of 2.0 should curtail their entrance capacity to raise the competition rate. Applicants whose score in the national aptitude test for law school falls within the lower 15% should not be allowed to enter any law school.

2. Securing quality of the law school graduates

A core curriculum should be adopted, and the minimum standard required of all graduates should be clarified.

Each law school can introduce additional credits (up to 6 credits) into the fundamental subjects for the first year students in order to improve basic legal education.

Each law school should set a strict standard for their students to advance from the first-year class to the second-year class. Law schools with a low passing rate in the new bar examination should reduce their entrance capacity. Law schools passing the threshold are also expected to consider curtailing their entrance capacity in order to reduce the number of unsuccessful applicants in the new bar examination.

3. Quality-oriented system of certification evaluation (accreditation)

In the certification evaluation (accreditation), a greater importance is to be placed on the quality of teachers based on academic performance and teaching capability, strict scholastic evaluation of students, bar examination passing rate, and active information disclosure of each law school.

All law schools have been encouraged to reduce their entrance capacity by the Ministry of Education and through instructions from the Special Commit-

---

[9] The critical importance of securing the quality of entrants, in other words, of recruiting high level students, is emphasized in Korea too. Young-Cheol K. Jeong, *Korean Legal Education for the Age of Professionalism : Suggestions for More Concerted Curricula*, 5 E. Asia L. J. 155, 195 (2010).

tee. The current nationwide statistics can be summarized as follows (Table 3).

Table 3 : Total nationwide entrance capacity

Year 2004	5,825
Year 2009	5,765
Year 2010	4,904
Year 2011	4,500

B. *The Supreme Court and the Ministry of Justice*

The Supreme Court and the Ministry of Justice have dispatched judges and prosecutors as teachers to many law schools, and have cooperated with law schools in other ways as required by law. However, the Court and the Ministry have noted their opinion that some of the law apprentices (*Shiho-Shushusei*) displayed a lack of basic legal knowledge. As the number of such apprentices was increasing, they came to have some doubt about the quality of law school graduates in general. Now, a considerable number of judges and prosecutors seem to be against increasing the number of successful applicants to the new bar exam. Especially, the Department of Judicial System of the Ministry of Justice is of the opinion that the initial goal of passing 3,000 applicants is based on the condition that the quality of the applicants is guaranteed. Thus, if the quality is substandard, target number of 3,000 need not necessarily be adhered to. They insist that this opinion had been approved through the Cabinet's decision.[10] It is likely that this was the thought process underlying the unex-

---

10) The Justice System Reform Council, *supra* note 1, at Part 1. The Cabinet's decision adopted all of the report of the Justice System Reform Council, which said "[T]he aim should be to have 3,000 successful candidates per year for the new national bar examination around 2010, ······ *paying heed to the progress of establishment of the new legal training system, including law schools* ······" (emphasis added). The Ministry of Justice seems to say that if there are many law school graduates whose legal knowledge is insufficient, the progress of the law school system is deemed to be behind the schedule set by the Council. To the contrary, Professor Masahito Inoue at University of Tokyo, who was a member of the Justice System Reform Council, explained that this phrase merely pointed out the need to take into account how many law schools should be established, since the number was totally unpredictable at the time of discussion in the Council. *See also* Inoue Masahito, Keynote Address at the Working Team to Investigate in the Problems of Legal Education System Conference : housou yousei seido(tokuni houkadaigakuin oyobi shinsihousiken)o meguru genkano zyou-

pected result of the fourth bar examination in 2009.

On the other hand, the salary system for judicial apprentices is scheduled for abolishment in 2010, a decision made by the Supreme Court when it introduced the new training system several years ago. Therefore, as far as the framework on the side of Supreme Court is concerned, no additional budget is required to accommodate 3,000 new apprentices.

C. *The Japan Federation of Bar Associations*

The Japan Federation of Bar Associations (JFBA) has established an internal department designated to provide law schools with cooperation for legal training. The department has conducted several activities including dispatching attorneys as teachers and developing various externship programs. However, strong opposition has developed among attorneys, as the number of new lawyers has increased drastically while employment on the side of the law firms has not increased proportionately. Recently, JFBA's executives announced that the number of the new entrants to the legal profession should be maintained at approximately 2,000, because there will be constant difficulty in finding jobs as well as difficulty to senior lawyers training new attorneys. There is also widespread belief that the negative effects caused by a continuation of the current situation (e.g. decrease of income, decline of professional ethics, etc.) will be harmful to clients in the end.

The complaints of the local bar associations was so strong that, in the election of the President of JFBA in 2010, the candidate from the mainstream party lost to a candidate who insisted on reducing the bar examination passage quota to 1,500. Since the election, however, it does not seem that the new President is adhering to his original 1,500 number commitment, as he has recently indicated that the increase in the number of legal professionals is an issue that should be decelerated and reargued.

The JFBA has also objected to the abolition of the salary system for law apprentices. Once the loan system replaces the salary system, the amount of apprentices' debt will inevitably increase, in addition to the student loans. Com-

---

kyou ni tsuite [The Current Situation regarding the Law School Systems and the New National Bar Examination] (April 12, 2010) (transcript *available at* http://www.moj.go.jp/content/000047578.pdf).

paring the two systems, the salary system is inevitably a better option from the viewpoint of apprentices. However, in order to maintain the salary system for 3,000 new attorneys, much more funding will be necessary than ever. Thus, maintaining the salary system while greatly increasing the number of apprentices would not be feasible under the government's present economic conditions. Moreover, the salary system regardless of means of each apprentice will not be seen reasonable from the view point of average citizens, since there is a possibility of exemption from the loan debt under the loan system depending on the economic conditions of each lawyer.

III. Job Seeking by the Law School Graduates

A. *The Need for Developing New Fields of Lawyers' Activity*

The Justice System Reform Council announced its idea that the traditional attitude of lawyers to focus their activity on litigation-related field should be changed in order to make "the rule of law" prevail in every corner of the society. This attitude was linked with the fact that there had been a lower number of legal professionals in Japan than that of western developed countries. To break this linkage between these two factors and increase the lawyer population, it is necessary for us to encourage lawyers to find new professional roles in various fields of society other than litigation-related work. This is, however, not an easy task, as will be discussed later.

The "Authorized Attorney Qualification System"[11] will be an useful mechanism to both increase the lawyer population and develop new occupational fields. Under this system, a person who passed the bar examination and has over seven years of experience in law-related practice in a business corporation or in the public sector can qualify to be an attorney after taking a two month training course provided by the Japan Federation of Bar Associations, without going through the one year practical legal training course provided by the Legal Training and Research Institute. I think this is an interesting attempt to facilitate development of new occupational fields for lawyers and it should

---

11) This is the author's tentative translation. It is enacted in the statute named "Law of Attorneys." The information is *available at* http://www.moj.go.jp/content/000004377.pdf (Japanese).

be utilized from now on, although the required number of years in practice (7 years) should be shortened a bit.

If we follow the original ideal proposed by the Justice System Reform Council, much effort should be made toward developing new occupational fields. Otherwise, the increase of the lawyer population will face substantial difficulties.

B. Job Hunting Competition

Despite expectations for a great increase in the number of people joining the job hunt, the Japan Federation of Bar Associations (JFBA) was not swift in promoting employment for its member attorneys. It was the year when the first graduating students from law schools entered into the Legal Training and Research Institute that JFBA began its promotion for employment of new attorneys to its member lawyers.[12]

The biggest employers of new faces are, of course, large law firms in urban areas. Local lawyers and law offices also met the request of the JFBA considerably well ; nevertheless, huge complaints eventually emerged that there is no room for new attorneys in small cities. The situation is becoming similar even in urban areas. It is said that a considerable number of apprentices will not be able to find jobs in 2010. As of June, 2010, it is reported that 43% of judicial apprentices are still seeking jobs. These numbers are even more discouraging than last year, when the unemployment rate was 30% during the same period.

Table 4 : Employment data of the 2009 legal apprentices

Successful applicants of new bar exam 2008	2,065
New faces finished legal apprenticeship	1,992
Assistant judges	99
Prosecutors	67
Attorney registrant	1,785
Others (non-registrant)	41*

* This number includes 14 people who found a job at business companies, government offices, universities, etc. without registering as an attorney to JFBA.

---

12) JFBA has a website called "Sunflower job-offer /job-hunting Navi." The website is available at http://www.nichibenren.or.jp/ja/legal_apprentice/himawari_navi/index.html (Japanese).

Last year, the job-hunting competition was very harsh indeed, but almost all of job applicants eventually found employment in the end . Therefore, I hope the same or similar results will be seen this year.

C. *The Activity of Japan Association of Law Schools*

The Japan Association of Law Schools has carried out a variety of activities, but, partly because of the underdevelopment of its website, they remained largely unknown. Owing to the recent renewal of its website, information regarding its history, opinions and activities has become much easier to access by the public.[13]

In December 2007, The Association installed the "Committee on Occupational Development Issues." This committee has been conducting activities in cooperation with the Ministry of Education and the Ministry of Justice to develop or broaden new fields for legal professionals, such as holding conferences and symposia to introduce more information to law students on corporate legal practice in the private sector and public legal practice in governmental offices. The Committee has also been establishing contacts with many business corporations, the Federation of Economic Organizations (*Keidannren*) and governmental offices to provide information regarding the law school system and to facilitate employment of law school graduates, regardless of their success in the new bar examination.[14]

A law-related job-offer and job-hunting website "jurinavi"[15] is a new attempt which was set up by ten law schools including Meiji University, Hosei University and Chuo University, in close cooperation with the Committee on Occupational Development, and with a subsidy of the Ministry of Education. To date, all but three of the 74 law schools have joined "jurinavi," and many of their students and graduates have registered on the website. The problem is, however, that the number of corporations offering jobs is too scarce in com-

---

13) The website of the Japan Association of Law Schools is available at http://www.lawschool-jp.info/index.html (Japanese)
14) Some business corporations say that they do not necessarily hire based on passage of the new bar examination, but examine the applicants' ability and personality based on their own criteria.
15) The website is available at https://www.jurinavi.com (Japanese).

parison with the number of law school graduates. I should say many difficulties lie ahead. Moreover, the effort to develop and broaden new occupational areas for legal professionals is a challenge to the existing and stubborn social structure, which does not easily change. Therefore, longstanding plans and repeated attempts will be necessary to accomplish the ideal of the Justice System Reform Council.

Table 5 : The number of in-house (corporate) counsels and the number of new faces employed therein

Year 2007	242	28
Year 2008	347	65
Year 2009	412	57

Table 6 : The number of law school graduates who succeeded in the national examination for 1st class government officials, and the number of those who were actually employed therein

Year 2006	26	4
Year 2007	65	11
Year 2008	87	18
Year 2009	71	15

* It is unknown if these people passed the new bar examination or not.
* Some governmental branches have adopted applicants who passed the new bar examination but not the examination for government officials, though the number is few.

IV. Some Other Movements of Interest

Some of the former members of the Justice System Reform Council announced "A Proposal on the Reform of the Legal Education System" dated February 24, 2010. The main points of this paper are as follows :

Japan should make self-renewal, and become a "problem-solution type nation". To that end, we should extend the role of legal professionals, and must switch it from "domestic litigation representatives" to "problem solvers both in domestic and global areas." Diverse backgrounds are necessary to develop such problem solvers.

Some portion of governmental officials, local government officials, or policy secretaries of the Diet members should be adopted from the legal profession. Corporations listed in the stock market should be obligated to adopt a qualified lawyer as a legal compliance officer.

The number of the successful applicants to the new bar examination should be 3,000 per year. Integration and abolition of law schools and reduction of the entrance capacity should be pushed forward, and necessary financial measures for such law schools should be taken.

This proposal by the former members of the Justice System Reform Council is an attempt to reinforce the original idea of the Council. I believe that development of the new occupational fields for legal profession stressed in this proposal is a critical point in order to promote increase of the lawyer population.

"The Working Team to Investigate in the Problems of Legal Education System" was organized in early 2010, with the Vice Ministers of Education and Justice as its co-chairs. The Working Team submitted its report on July 6, 2010, which scrutinized each problem and proposed a forum to discuss and decide on an improvement policy for the legal education.[16] We should pay attention to how the forum will be formed and which direction it will take.

The Preliminary Test for the Bar Examination was allowed to be introduced by the Justice System Reform Council for the purpose of relieving the financial burden of the expensive education in the new law schools.[17] The test, however, is contradictory to the basic idea of the "process-oriented" legal education system adopted by the Council, since it makes possible to skip law school education. If the Ministry of Justice introduces the preliminary test in an easy and lenient form, it may destroy the ideal role that the Justice System Reform Council gave to the law school system. Therefore, there were substantial discussions in the Working Team mentioned above.

It is my opinion that, unless the Ministry of Justice strictly curtails the preliminary test, it will degenerate into, on the one hand, a mere bypass or short-

---

16) Ministry of Justice, Housou yousei seido ni kansuru kentou wakinguchimu [Review on Legal Education System] (2010), *available at* http://www.moj.go.jp/shingi1/shingi03400004.html (Japan).

17) Ministry of Justice, Sihousikenyohisiken no sikumi [the Framework and Contents of the Preliminary Test] (2010), available *at* http://www.moj.go.jp/jinji/shihoushiken/shiken_shin-qa01-08.html (Japanese).

cut for those undergraduate law students who are very young and able, and, on the other hand, a revival route for those who were struck out from the normal course to legal profession . Neither will be a desirable situation, indeed, in the light of the purpose for which the preliminary test was introduced.

It can be said a wise decision that Korea did not introduce a preliminary test which might bring about such a troublesome problems.

V. Conclusion

The number of applicants to Japanese law schools is decreasing year by year, and the proportion comprising of members of society (so-called *shakaijin*) is also going down. This is paralleled by the fact that the average passing rate of the new bar examination is going down quickly. Meanwhile, the competitiveness of the job market among new lawyers is becoming increasingly harsh. The number of lawyers who advance into the new areas such as corporate legal departments or public legal departments remain at a low level. If time goes by under these conditions, the legal profession may lose vocational popularity, even among undergraduate law students.

It is a bad tendency of the Japanese to postpone difficult tasks to the future. The fact that we could not take drastic measures at the outset has caused this vicious downward spiral. Japan, however, is struggling to adjust the orbit and to reform the present system step by step. Most law school teachers are continuing steady efforts. There seems to be no quick remedy. Our progress will be very slow ; nevertheless I believe we are stepping forward in a desirable direction.

I hope that Japanese law schools will become streamlined through a natural selection process by applicants, as well as an artificial selection process by the Ministry of Education. On the other hand, we must devise and try various measures for new lawyers to find their way into a new vocational world. Then, the number of new lawyers could be increased gradually, and we will be able to approach the ideal that the Justice System Reform Council designed ten years ago. This process may prove to be painful, but it will have a historical significance to be evaluated by the next generation.

Korea and Japan have introduced a similar system of legal education for the first time in East Asia. Therefore, it is a request of history that we should lead this reform to a fruitful success in the future.

索　引

【あ 行】

アドヴァサリ・システム …………………… 23
オプトアウト型 ……………………………… 83
オプトイン型 ………………………………… 83

【か 行】

回避義務 …………………………………… 203
簡易陪審トライアル ……………………… 159
規則15条 …………………………………… 228
規則17条 …………………………… 218,228
規則授権法 ………………………………… 125
規則26条 …………………………………… 17
忌避 ………………………………………… 189
忌避事由開示義務 ………………………… 202
共通義務確認訴訟 ………………………… 105
共通争点 …………………………………… 114
近似分配 …………………………………… 84
クラスアクション ……………… 83,108,128

【さ 行】

債権譲渡 …………………………………… 212
集合訴訟 …………………………………… 81
出訴期限経過後の訴答修正 ……………… 250
出訴期限経過前の訴答修正 ……………… 243
出訴期限法の目的 ………………………… 239

初期ディスクロージャー ……………… 29,41
除斥と忌避の相対的把握 ………………… 193
信認関係 …………………………………… 101
信認義務 …………………………………… 98
請求の特定 ………………………………… 112
総額賠償 …………………………………… 84
総額判決 …………………………………… 99
早期中立的評価 …………………………… 159
争点整理 …………………………………… 66
訴訟管理 …………………………………… 172
訴訟原因 …………………………………… 237
訴訟承継 …………………………………… 211
訴答書面の修正 …………………………… 228

【た 行】

ディスカヴァリ …………………………… 4,6
ディスクロージャー ……………………… 4,36
適格当事者 …………………… 211,217,219,221
当事者照会 ………………………………… 71
当事者の表示の訂正 ……………………… 264
当事者変更 ………………………………… 227

【な 行】

二段階型 …………………………………… 85
任意的当事者変更 ………………………… 210

【は 行】

陪審制 …………………………………… 64
表示の誤り ……………………………… 264
費用と遅延の減少計画 ………………… 161
プリーディング ………………………… 128
文書提出命令 …………………………… 75
法的視点 ………………………………… 238

【ま 行】

ミニトライアル ………………………… 159
民事司法改革法 ……………………… 14,125
名称誤記 ………………………………… 231

【ら 行】

流動賠償 ………………………………… 84
類型別事件管理システム ……………… 157
連邦民事訴訟規則 ……………………… 227

【英 語】

aggregate award ………………………………… 84
cause of action ………………………………… 237
chose in action ………………………………… 212
class action ……………………………………… 108
Differentiated Case Management …………… 157
disclosure ………………………………………… 5
misdescription ………………………………… 264
misnomer …………………………………… 231,264
real party in interest …………………… 211,219
self-disqualification …………………………… 189
standing to sue ………………………………… 224

大村 雅彦（おおむら まさひこ）
1954年兵庫県生まれ，中央大学法学部法律学科卒，同大学院博士前期課程修了，
1979年法学部助手，同助教授を経て，1990年同教授（～2004年まで）
2004年中央大学法科大学院院長（～2007年まで）・同教授（現在に至る）。
テキサス大学ロースクール，ケンブリッジ大学，カリフォルニア大学ヘイスティングス・ロースクールにて在外研究。

〔主な著書〕
『手続保障の比較法的研究』（共訳）中央大学出版部（1982年）
『ADRと民事訴訟』（編訳）中央大学出版部（1997年）
『基礎講義破産法』青林書院（2002年）
『アメリカ民事訴訟法の理論』（共編著）商事法務（2006年）
『ロースクール民事訴訟法』（分担執筆）有斐閣（2008年）
『民事訴訟法』（共著）中央大学通信教育部（2009年）

比較民事司法研究

日本比較法研究所研究叢書（89）

2013年3月30日　初版第1刷発行

著　者　大村雅彦
発行者　遠山　曉
発行所　中央大学出版部
〒192-0393
東京都八王子市東中野742-1
電話 042-674-2351　FAX 042-674-2354
http://www2.chuo-u.ac.jp/up/

© 2013　大村雅彦　　ISBN978-4-8057-0588-9　　㈱千秋社

日本比較法研究所研究叢書

1	小島武司 著	法律扶助・弁護士保険の比較法的研究	A5判	2940円
2	藤本哲也 著	CRIME AND DELINQUENCY AMONG THE JAPANESE-AMERICANS	菊判	1680円
3	塚本重頼 著	アメリカ刑事法研究	A5判	2940円
4	小島武司／外間寛 編	オンブズマン制度の比較研究	A5判	3675円
5	田村五郎 著	非嫡出子に対する親権の研究	A5判	3360円
6	小島武司 編	各国法律扶助制度の比較研究	A5判	4725円
7	小島武司 著	仲裁・苦情処理の比較法的研究	A5判	3990円
8	塚本重頼 著	英米民事法の研究	A5判	5040円
9	桑田三郎 著	国際私法の諸相	A5判	5670円
10	山内惟介 編	Beiträge zum japanischen und ausländischen Bank- und Finanzrecht	菊判	3780円
11	木内宜彦／M・ルッター 編著	日独会社法の展開	A5判	(品切)
12	山内惟介 著	海事国際私法の研究	A5判	2940円
13	渥美東洋 編	米国刑事判例の動向Ⅰ	A5判	5145円
14	小島武司 編著	調停と法	A5判	(品切)
15	塚本重頼 著	裁判制度の国際比較	A5判	(品切)
16	渥美東洋 編	米国刑事判例の動向Ⅱ	A5判	5040円
17	日本比較法研究所 編	比較法の方法と今日的課題	A5判	3150円
18	小島武司 編	Perspectives on Civil Justice and ADR : Japan and the U.S.A	菊判	5250円
19	小島・清水・渥美・外間 編	フランスの裁判法制	A5判	(品切)
20	小杉末吉 著	ロシア革命と良心の自由	A5判	5145円
21	小島・清水・渥美・外間 編	アメリカの大司法システム(上)	A5判	3045円
22	小島・清水・渥美・外間 編	Système juridique français	菊判	4200円

日本比較法研究所研究叢書

23	小島・渥美 清水・外間 編	アメリカの大司法システム(下)	Ａ５判	1890円
24	小島武司・韓相範 編	韓 国 法 の 現 在 (上)	Ａ５判	4620円
25	小島・渥美・川添 清水・外間 編	ヨーロッパ裁判制度の源流	Ａ５判	2730円
26	塚 本 重 頼 著	労使関係法制の比較法的研究	Ａ５判	2310円
27	小島武司・韓相範 編	韓 国 法 の 現 在 (下)	Ａ５判	5250円
28	渥 美 東 洋 編	米国刑事判例の動向 Ⅲ	Ａ５判 (品切)
29	藤 本 哲 也 著	Crime Problems in Japan	菊 判 (品切)
30	小島・渥美 清水・外間 編	The Grand Design of America's Justice System	菊 判	4725円
31	川 村 泰 啓 著	個人史としての民法学	Ａ５判	5040円
32	白 羽 祐 三 著	民法起草者穂積陳重論	Ａ５判	3465円
33	日本比較法研究所 編	国際社会における法の普遍性と固有性	Ａ５判	3360円
34	丸 山 秀 平 編著	ドイツ企業法判例の展開	Ａ５判	2940円
35	白 羽 祐 三 著	プロパティと現代的契約自由	Ａ５判	13650円
36	藤 本 哲 也 著	諸 外 国 の 刑 事 政 策	Ａ５判	4200円
37	小島武司他 編	Europe's Judicial Systems	菊 判 (品切)
38	伊 従 寛 著	独占禁止政策と独占禁止法	Ａ５判	9450円
39	白 羽 祐 三 著	「日本法理研究会」の分析	Ａ５判	5985円
40	伊従・山内・ヘイリー 編	競争法の国際的調整と貿易問題	Ａ５判	2940円
41	渥 美 ・ 小 島 編	日韓における立法の新展開	Ａ５判	4515円
42	渥 美 東 洋 編	組織・企業犯罪を考える	Ａ５判	3990円
43	丸 山 秀 平 編著	続ドイツ企業法判例の展開	Ａ５判	2415円
44	住 吉 博 著	学生はいかにして法律家となるか	Ａ５判	4410円

日本比較法研究所研究叢書

45	藤本哲也 著	刑事政策の諸問題	A5判 4620円
46	小島武司 編著	訴訟法における法族の再検討	A5判 7455円
47	桑田三郎 著	工業所有権法における国際的消耗論	A5判 5985円
48	多喜 寛 著	国際私法の基本的課題	A5判 5460円
49	多喜 寛 著	国際仲裁と国際取引法	A5判 6720円
50	眞田・松村 編著	イスラーム身分関係法	A5判 7875円
51	川添・小島 編	ドイツ法・ヨーロッパ法の展開と判例	A5判 1995円
52	西海・山野目 編	今日の家族をめぐる日仏の法的諸問題	A5判 2310円
53	加美和照 著	会社取締役法制度研究	A5判 7350円
54	植野妙実子 編著	21世紀の女性政策	A5判 (品切)
55	山内惟介 著	国際公序法の研究	A5判 4305円
56	山内惟介 著	国際私法・国際経済法論集	A5判 5670円
57	大内・西海 編	国連の紛争予防・解決機能	A5判 7350円
58	白羽祐三 著	日清・日露戦争と法律学	A5判 4200円
59	伊従・山内 ヘイリー・ネルソン 編	APEC諸国における競争政策と経済発展	A5判 4200円
60	工藤達朗 編	ドイツの憲法裁判	A5判 (品切)
61	白羽祐三 著	刑法学者牧野英一の民法論	A5判 2205円
62	小島武司 編	ＡＤＲの実際と理論Ｉ	A5判 (品切)
63	大内・西海 編	United Nation's Contributions to the Prevention and Settlement of Conflicts	菊判 4725円
64	山内惟介 著	国際会社法研究第一巻	A5判 5040円
65	小島武司 著	CIVIL PROCEDURE and ADR in JAPAN	菊判 (品切)
66	小堀憲助 著	「知的(発達)障害者」福祉思想とその潮流	A5判 3045円

日本比較法研究所研究叢書

67	藤本哲也 編著	諸外国の修復的司法	A5判 6300円
68	小島武司 編	ADRの実際と理論Ⅱ	A5判 5460円
69	吉田 豊 著	手付の研究	A5判 7875円
70	渥美東洋 編著	日韓比較刑事法シンポジウム	A5判 3780円
71	藤本哲也 著	犯罪学研究	A5判 4410円
72	多喜 寛 著	国家契約の法理論	A5判 3570円
73	石川・エーラース グロスフェルト・山内 編著	共演 ドイツ法と日本法	A5判 6825円
74	小島武司 編著	日本法制の改革:立法と実務の最前線	A5判 10500円
75	藤本哲也 著	性犯罪研究	A5判 3675円
76	奥田安弘 著	国際私法と隣接法分野の研究	A5判 7980円
77	只木 誠 著	刑事法学における現代的課題	A5判 2835円
78	藤本哲也 著	刑事政策研究	A5判 4620円
79	山内惟介 著	比較法研究第一巻	A5判 4200円
80	多喜 寛 編著	国際私法・国際取引法の諸問題	A5判 2310円
81	日本比較法研究所 編	Future of Comparative Study in Law	菊判 11760円
82	植野妙実子 編著	フランス憲法と統治構造	A5判 4200円
83	山内惟介 著	Japanisches Recht im Vergleich	菊判 7035円
84	渥美東洋 編	米国刑事判例の動向Ⅳ	A5判 9450円
85	多喜 寛 著	慣習法と法的確信	A5判 2940円
86	長尾一紘 著	基本権解釈と利益衡量の法理	A5判 2625円
87	植野妙実子 編著	法・制度・権利の今日的変容	A5判 6195円
88	畑尻 剛 工藤達朗 編	ドイツの憲法裁判第二版	A5判 予価8400円

＊価格は消費税5％を含みます。